Beck-Rechtsberater:
Mein Recht als Schwerbehinderter

W0046674

Beck-Rechtsberater:
Mein Recht als Schwerbehinderter

Von Dr. Monika Majerski-Pahlen,
Richterin am Landessozialgericht, und
Dr. Ronald Pahlen,
Vorsitzender Richter am Landesarbeitsgericht

3., überarbeitete Auflage
Stand: Oktober 1991

Deutscher
Taschenbuch
Verlag

Redaktionelle Verantwortung: Verlag C.H. Beck, München
Umschlaggestaltung: Celestino Piatti
Umschlagbild: Klaus Bäulke
Gesamtherstellung: C.H. Beck'sche Buchdruckerei, Nördlingen
ISBN 3 423 05252 X (dtv)
ISBN 3 406 35933 7 (C.H. Beck)

Vorwort zur 3. Auflage

Die Notwendigkeit zur Überarbeitung und Ergänzung der 2. Auflage dieses Leitfadens ergab sich zum einen aus den zwischenzeitlichen Rechtsänderungen, von denen insbesondere das Rentenreformgesetz 1992 vom 19. 12. 1989 (BGBl. I S. 33) hervorzuheben ist. Zum anderen ging es vor allem darum, die davon betroffenen Bürger in den neuen Bundesländern über ihre Rechte als Schwerbehinderte zu unterrichten. Das Schwerbehindertenrecht, das aufgrund des Einigungsvertrages vom 31. 8. 1990 (BGBl. II S. 889) in den neuen Bundesländern eingeführt worden ist, gilt zwar ebenso wie das gesamte Arbeits- und Sozialrecht im Grundsatz seit 1. 1. 1991 im gesamten Bundesgebiet. Auf dem Wege zur Rechtseinheit waren aber Übergangsregelungen unumgänglich. So sind z. B. die Wertmarken in den neuen Bundesländern bis zum 31. 12. 1992 ermäßigt. Die Ausweise zum Nachweis der Schwerbehinderteneigenschaft gelten dort bis längstens 31. 12. 1993 weiter. Wichtige Übergangsregelungen enthalten das Rechtsangleichungsgesetz vom 28. 6. 1990 (BGBl. I S. 496), die zweite Rechtsanpassungsverordnung vom 14. 6. 1991 (BGBl. I S. 1300) und das Rentenüberleitungsgesetz vom 25. 7. 1991 (BGBl. I S. 1606). Die sich aus diesen Rechtsvorschriften für die Bürger in den neuen Bundesländern ergebenden Rechte können hier im einzelnen nicht dargestellt werden; die für die Schwerbehinderten sich ergebenden Besonderheiten werden aber angesprochen, zumindest soweit sie auch noch nach dem 31. 12. 1991 von Bedeutung sein werden. Spätestens am 1. 1. 1992 soll – von Übergangsfristen abgesehen – im Grundsatz die Rechtseinheit hergestellt sein.

Berlin, im Oktober 1991   Die Verfasser

Vorwort zur 2. Auflage

Seit der Veröffentlichung der 1. Auflage unseres Leitfadens mit dem Stand von Januar 1987 ist das Schwerbehindertenrecht nicht nur durch die Rechtsprechung weiterentwickelt worden; bedeutsame Änderungen und Neuerungen hat vor allem das – als Strukturreform der gesetzlichen Krankenversicherung gepriesene – GRG vom 20. 12. 1988 (BGBl. I S. 2477) gebracht. Mit der Eingliederung der gesetzlichen Krankenversicherung in das Sozialgesetzbuch als dessen fünftes Buch (= SGB V) soll das Recht der gesetzlichen Krankenversicherung für die Versicherten „besser lesbar" gemacht werden. Mit der inhaltlichen Änderung der krankenversicherungsrechtlichen Bestimmungen der RVO sollen u. a. eine *Verstärkung der Prävention*, vor allem durch Früherkennung von Krankheiten, und eine *bessere soziale Absicherung des Pflegefallrisikos* erreicht werden. Im Hinblick auf rund zwei Millionen pflegebedürftiger Menschen, eine Anzahl, die wegen der bestehenden Altersstruktur der Bevölkerung eine steigende Tendenz aufweist, sind als Neuerung in der gesetzlichen Krankenversicherung die *Leistungen bei Schwerpflegebedürftigkeit* (§§ 53 bis 57 SGB V) in den Leistungskatalog aufgenommen worden, wegen der desolaten Finanzlage der gesetzlichen Krankenversicherung allerdings erst vom 1. Januar 1991 an. Soweit die Bundesregierung mit der *häuslichen Pflegehilfe* ein „politisches Signal" setzen wollte, „daß die Pflegebedürftigen und ihre Angehörigen nicht allein gelassen werden" (vgl. die Begründung zum Gesetzentwurf der Bundesregierung in BR-Drucksache 200/88 auf Seite 45), bleibt dieses Signal also „Zukunftsmusik" ebenso wie beabsichtigte Steuererleichterungen für Pflegebedürftige, die im Steuerreformgesetz 1990 vorgesehen sind.

„Rauhe Wirklichkeit" sind demgegenüber die durch das GRG vorgenommenen Kürzungen im Leistungsrecht durch die Einführung der Kostenbeteiligung der Versicherten und den Wegfall des Dauerkrankengeldes für „Langzeit-Arbeitsunfähige" (vgl. § 48 SGB V).

Soweit eine – einkommensabhängige – vollständige oder teilweise Befreiung von der Zuzahlung zu den Kosten möglich ist

(§§ 61, 62 SGB V), können damit nur in Einzelfällen für den Versicherten unzumutbare Härten ausgeglichen werden. Die generelle Zuzahlungspflicht bei Medikamenten, Heil- oder Hilfsmitteln und Fahrkosten, die das GRG eingeführt hat, bleibt eine schwere Belastung für die Kranken und insbesondere für die behinderten Mitglieder der gesetzlichen Krankenkassen.

Berlin, im März 1989   Die Verfasser

Inhaltsübersicht

Abkürzungsverzeichnis

b + p	Zeitschrift „Betrieb und Personal"
BR	Bundesrat
BRRG	Beamtenrechtsrahmengesetz
BSG	Bundessozialgericht
BSGE	Entscheidungssammlung des Bundessozialgerichts
BSHG	Bundessozialhilfegesetz
BStBl.	Bundessteuerblatt
BT	Bundestag
BUrlG	Bundesurlaubsgesetz
BVBl.	Bundesversorgungsblatt
BVerfG.........	Bundesverfassungsgericht
BVerfGE	Entscheidungssammlung des Bundesverfassungsgerichts
BVerwG	Bundesverwaltungsgericht
BVerwGE.......	Entscheidungssammlung des Bundesverwaltungsgerichts
BVG	Bundesversorgungsgesetz
DAngVers	Zeitschrift „Die Angestelltenversicherung"
DB	Zeitschrift „Der Betrieb"
DÖV	Zeitschrift „Die öffentliche Verwaltung"
DRiG	Deutsches Richtergesetz
EStDV	Einkommensteuerdurchführungsverordnung
EStG	Einkommensteuergesetz
EStR...........	Einkommensteuerrichtlinien
EU	Erwerbsunfähigkeit
EV	Einigungsvertrag
f................	(die) folgende (Seite)
ff.	(die) folgenden (Seiten)
GdB	Grad der Behinderung
GemABl.	Gemeinsames Amtsblatt
GG	Grundgesetz
GMBl.	Gemeinsames Ministerialblatt
GRG	Gesundheits-Reformgesetz
GrStG	Grundsteuergesetz
GVBl...........	Gesetz- und Verordnungsblatt
HAG	Heimarbeitsgesetz
HFSt	Hauptfürsorgestelle

i.d.F.	in der Fassung
i.ü.	im übrigen
JWG	Jugendwohlfahrtsgesetz
KraftStG	Kraftfahrzeugsteuergesetz
KSchG	Kündigungsschutzgesetz
LAG	Landesarbeitsgericht
LVA	Landesversicherungsanstalt
MdE	Minderung der Erwerbsfähigkeit
MinBl.	Ministerialblatt
MTB	Manteltarifvertrag für Arbeiter des Bundes
MTL	Manteltarifvertrag für Arbeiter der Länder
MuSchG	Mutterschutzgesetz
NJW	Zeitschrift „Neue Juristische Wochenschrift"
n.v.	nicht veröffentlicht
OEG	Opferentschädigungsgesetz
OVG	Oberverwaltungsgericht
PBefG	Personenbeförderungsgesetz
RdA	Zeitschrift „Recht der Arbeit"
RehaAnglG	Rehabilitations-Angleichungsgesetz
RRG 1992	Rentenreformgesetz 1992
RÜG	Renten-Überleitungsgesetz
RVO	Reichsversicherungsordnung
S.	Seite
SchwbAV	Schwerbehinderten-Ausgleichsabgabeverordnung
SchwbeschG	Schwerbeschädigtengesetz
SchwbG	Schwerbehindertengesetz
SGB I	Sozialgesetzbuch – Allgemeiner Teil
SGB IV	Sozialgesetzbuch – Gemeinsame Vorschriften
SGB V	Sozialgesetzbuch – Gesetzliche Krankenversicherung
SGB VI	Sozialgesetzbuch – Gesetzliche Rentenversicherung
SGB X	Sozialgesetzbuch – Verfahren
SozR	Sozialrecht, Sammlung der Entscheidungen des Bundessozialgericht

Einleitung

Die Rechte der Schwerbehinderten sind in einer kaum mehr zu überblickenden Vielzahl von Einzelgesetzen geregelt. Vergünstigungen bzw. *Nachteilsausgleiche,* wie die Rechte der Schwerbehinderten in der seit 1. August 1986 geltenden neuen Fassung des SchwbG vom 26. 8. 1986 (BGBl. I S. 1421), zuletzt geändert durch den Einigungsvertrag vom 31. 8. 1990 (BGBl. II S. 889), jetzt bezeichnet werden (vgl. z. B. § 4 Abs. 5 Satz 2 SchwbG n. F.), gibt es dabei insbesondere auf dem Gebiet des Arbeitsrechts, des Sozialversicherungs- und Versorgungsrechts und auf dem Gebiet des Steuerrechts. Diese Darstellung versucht einen zumindest teilweise systematisierten Überblick über alle diese Rechte zu geben, indem zum einen die Rechte des Schwerbehinderten im Zusammenhang mit einem Arbeitsverhältnis oder aufgrund sonstiger Erwerbstätigkeit (Teil B) sowie andererseits die Rechte der Schwerbehinderten aufgelistet werden, die grundsätzlich unabhängig von der Ausübung einer Erwerbstätigkeit, z. B. aufgrund sozial- oder steuerrechtlicher Gesetze, begründet sind (Teil C bis E). Dabei können jedoch nur die bundeseinheitlichen Regelungen berücksichtigt werden. Dieser Leitfaden will in diesem Bereich dem Schwerbehinderten eine Orientierungshilfe an die Hand geben. Weitere Rechte bestehen für den Schwerbehinderten aber vielfach auch noch aufgrund von landesgesetzlichen Regelungen. Bei schwierigen Fragen erscheint es daher jedenfalls zweckmäßig, wenn sich der Schwerbehinderte mit der Bitte um Auskunft und Beratung z. B. an den Vertrauensmann der Schwerbehinderten in seinem Betrieb, an den Betriebs- oder Personalrat oder aber an die zuständige Gemeindeverwaltung wendet. Auskunft und Beratung für den sozialrechtlichen Bereich erteilen aber vor allem auch die Auskunfts- und Beratungsstellen der Krankenkassen, der Rentenversicherungsträger (das sind die Landesversicherungsanstalten, die Bundesversicherungsanstalt für Angestellte, die Bundesknappschaft, die Seekasse, die Bundesbahnversicherungsanstalt), die Träger der gesetzlichen Unfallversicherung (das sind z. B. die Berufsgenossenschaften), die Versorgungsbehörden, die Arbeitsämter und die Versicherungsämter. Alle diese Aus-

kunfts- und Beratungsstellen kann man an diesem Zeichen erkennen:

Die in §§ 14, 15 SGB I ausdrücklich geregelte Pflicht zur Auskunft und Beratung seitens der Sozialleistungsträger und der nach
Landesrecht zuständigen Stellen (wer das ist, ergibt sich aus den
§§ 18 bis 29 SGB I, das sind z.B. die Arbeitsämter, die Versorgungsämter, die Krankenkassen, gewerbliche und landwirtschaft-
liche Berufsgenossenschaften, die Landesversicherungsanstalten,
die Bundesversicherungsanstalt für Angestellte) bietet aber nicht
nur eine – letztlich unverbindliche – Information für den ratsu-
chenden Schwerbehinderten. Bei Verletzung der Auskunfts- und
Beratungspflichten, zum Beispiel bei einer falschen Auskunft und
dadurch bedingter Fristversäumnis, erwächst dem Schwerbehinderten unter Umständen vielmehr aufgrund des sogenannten sozialrechtlichen Herstellungsanspruchs ein durchsetzbarer Rechtsanspruch gegen einen Sozialleistungsträger (grundlegend zum sozialrechtlichen Herstellungsanspruch: Urteile des BSG vom
18. 12. 1975 = BSGE Band 41 S. 126 ff. und vom 12. 10. 1979 =
BSGE Band 49 S. 76 ff.).

I. Entstehung und Entwicklung des Schwerbehindertenschutzes

Seinen Ursprung hat der heutige Schwerbehindertenschutz in
der durch die Kriegsfolgen bedingten Notwendigkeit, die
Schwerkriegsbeschädigten gesundheitlich wiederherzustellen und
dauerhaft in Arbeit, Beruf und Gesellschaft wieder einzugliedern.
Insbesondere die Opfer zweier Weltkriege erforderten ein umfas-
sendes Tätigwerden des Staates. So fielen im 1. Weltkrieg 1,9 Millionen deutscher Soldaten, im 2. Weltkrieg waren es 3,2 Millionen; außerdem waren 500 000 getötete Zivilpersonen zu beklagen.

Einschließlich der Opfer aus dem 1. Weltkrieg lebten im Gebiet der Bundesrepublik 1,5 Millionen Kriegsbeschädigte, davon etwa die Hälfte mit einer MdE von über 50 v. H. (= GdB von 50).

Das aufgrund dieses Massenproblems zwingend erforderlich gewordene, 1953 verabschiedete Schwerbeschädigtengesetz erfaßte allerdings nur die Personen, die ihren Gesundheitsschaden im Dienst der Allgemeinheit erlitten hatten, sowie Blinde und Gehörlose. Eine bereits bei der Änderung des Schwerbeschädigtengesetzes im Jahre 1961 beabsichtigte Ausdehnung des geschützten Personenkreises auf alle Schwerbeschädigten wurde dann erst mit dem SchwbG vom 29. 4. 1974 (BGBl. I S. 1005) verwirklicht. Damit ist der Wechsel vom Kriegsfolgegesetz zum Schutzgesetz für Schwerbehinderte vollzogen, ein Anliegen, dessen Dringlichkeit im Hinblick auf die am 31. 12. 1983 gezählten 5,6 Millionen schwerbehinderter Mitbürger in der Bundesrepublik für jedermann offenkundig ist (wegen der Einzelheiten wird auf den Anhang I sowie die Angaben in RdA 1985 S. 298 verwiesen).

Gleichzeitig mit dem SchwbG trat am 1. 10. 1974 das RehaAnglG vom 7. 8. 1974 (BGBl. I S. 1881) in Kraft, mit dem erstmals der Versuch unternommen wurde, die Maßnahmen und Leistungen zur Eingliederung von körperlich, geistig oder seelisch behinderten Menschen über mehrere Sozialleistungsbereiche hinweg zu koordinieren. Obwohl das RehaAnglG neben dem SchwbG und dem Gesetz über die Sozialversicherung Behinderter vom 7. 5. 1975 (BGBl. I S. 1061) das Kernstück eines umfangreichen, innerlich verbundenen Gesetzeswerkes bildet, war sein Wirkungsgehalt im Unterschied zu den anderen beiden Gesetzen schon von der Konzeption her begrenzt. Denn das RehaAnglG schafft keine Grundlage für gesicherte Rechtsansprüche der Behinderten, sondern beschränkt sich auf allgemeine Verfahrensvorschriften und Rahmenbestimmungen zur Vereinheitlichung der Leistungen. Im Klagewege durchsetzbare Rechtsansprüche des Behinderten sind weiterhin nur in den nach Sachgebieten, zum Beispiel Kranken-, Unfall- und Rentenversicherung, untergliederten sozialrechtlichen Einzelgesetzen aufzufinden. Insbesondere das wichtige BSHG blieb im Rahmen des RehaAnglG völlig unberücksichtigt. Das ist um so bedauerlicher, weil das BSHG im Bereich der Rehabilitation für Behinderte ein hoch differenziertes und äußerst leistungsfähiges Maßnahmeangebot bereit hält, das allerdings auf die einkommensschwachen Behinderten beschränkt ist.

Als Fazit der gesetzgeberischen Bemühungen in den 70er Jahren bleibt die nach wie vor bestehende Rechtszersplitterung zu beklagen, die es für den Behinderten nicht nur erschwert – wenn nicht gar unmöglich macht –, die ihm zustehenden Rechtsansprüche zu überschauen, sondern ihn auch noch bei der Durchsetzung seiner Ansprüche möglicherweise auf jeweils andere Rechtswege verweist, so zu den Arbeits-, Sozial- und Verwaltungsgerichten. Dem in § 5 Abs. 1 RehaAnglG angesprochenen „Interesse an einer raschen und dauerhaften Eingliederung der Behinderten" hat die Behindertengesetzgebung damit jedenfalls nicht ausreichend Rechnung getragen.

II. Aufgabe und Inhalt des Schwerbehindertenschutzes

Der Schwerbehindertenschutz will die Folgen der Behinderung ausgleichen und dazu dienen, den Behinderten möglichst auf Dauer in Arbeit, Beruf und Gesellschaft einzugliedern (§ 1 Abs. 1 RehaAnglG). Zu diesem Zweck werden medizinische (vgl. im einzelnen § 10 RehaAnglG), berufsfördernde (§ 11 RehaAnglG) und ergänzende Leistungen zur Rehabilitation (§ 12 RehaAnglG) gewährt; zu den ergänzenden Leistungen zählen insbesondere das Übergangs- oder Krankengeld, das Verletztengeld und das Versorgungskrankengeld.

Die wesentliche sozialstaatliche Errungenschaft des heutigen Schwerbehindertenschutzes ist, daß die Vergünstigungen bzw. Nachteilsausgleiche für alle Behinderten bei einem GdB von mindestens 50 einsetzen, unabhängig von Art und Ursache der Behinderung und ohne Rücksicht auf die Herkunft oder die Staatsangehörigkeit. Diese grundlegende Zielvorstellung des SchwbG, den geschützten Personenkreis auf alle derart durch ihre Behinderung schwer betroffenen Personen auszudehnen, kommt schon in der geänderten Terminologie zum Ausdruck: Statt der – durch Krieg oder Arbeitsunfall – *Schwerbeschädigten* sind es seit 1974 die *Schwerbehinderten*, die Anspruch auf besondere gesetzliche Schutzmaßnahmen haben.

Auf dem Gebiet des Arbeitsrechts begründet das SchwbG für den geschützten Personenkreis der Schwerbehinderten besondere

Rechte bei der Einstellung, während des Arbeitsverhältnisses und bei der Kündigung.

Gerichtet an alle Arbeitgeber, auch die öffentlichen Arbeitgeber, normiert das SchwbG unter bestimmten Voraussetzungen eine *Pflicht zur Beschäftigung* von Schwerbehinderten, deren sich der Arbeitgeber nur durch Zahlung einer *Ausgleichsabgabe* entledigen kann. Neben der Beschäftigungspflicht, mit der allerdings kein Recht des Behinderten auf Einstellung korrespondiert, und den damit zusammenhängenden Pflichten des Arbeitgebers auf verständnisvolle Förderung der Behinderten nach ihrem Können und nach ihren Fähigkeiten besteht neben dem allgemeinen Kündigungsschutz ein *verstärkter Kündigungsschutz* als Mittel zur Erhaltung des Arbeitsplatzes. Danach ist z.B. *jede Kündigung* – also auch die außerordentliche Kündigung – nur nach *vorheriger Zustimmung* der Hauptfürsorgestelle möglich.

Verstärkt worden ist im SchwbG auch die Stellung des *Vertrauensmannes* für Schwerbehinderte, der in jedem Betrieb mit mindestens fünf beschäftigten Schwerbehinderten gewählt werden muß (§§ 24ff. SchwbG).

Die Förderung von *Werkstätten für Behinderte*, zum Beispiel durch Vergabe von Aufträgen an Behindertenwerkstätten, dient überdies als Instrument zur Eingliederung Behinderter, die es wegen Art oder Schwere ihrer Behinderung noch nicht geschafft haben, einen Arbeitsplatz auf dem allgemeinen Arbeitsmarkt zu erlangen (vgl. § 54 SchwbG). Es muß sich allerdings um eine *anerkannte* Werkstatt für Behinderte handeln (zum Anerkennungsverfahren siehe § 57 SchwbG).

rücksichtigen, das Lebensalter ist also nicht geeignet, die Schwerbehinderteneigenschaft zu begründen. Da das Lebensalter keine Rolle spielt, vermag es andererseits auch nicht die Schwerbehinderteneigenschaft auszuschließen; so können zum Beispiel auch Jugendliche Schwerbehinderte sein.

Der Bezug einer Rente oder von Versorgung nach dem BVG sind für die Schwerbehinderteneigenschaft nicht mehr erforderlich.

Voraussetzung für die Schwerbehinderteneigenschaft ist nicht erst die behördliche Anerkennung in dem auf Antrag des Behinderten durchgeführten Feststellungsverfahren (vgl. § 4 SchwbG), sondern allein das Vorliegen eines GdB in dem vom Gesetz geforderten Ausmaß von 50. Damit kann der Schwerbehindertenschutz entsprechend einer dahin gehenden ärztlichen Feststellung unter Umständen auch rückwirkend zugebilligt werden.

Der festgestellte GdB von 50 darf allerdings nicht nur vorübergehend bestehen, er muß vielmehr über einen Zeitraum von sechs Monaten hinaus andauern (§ 3 Abs. 1 Satz 3 SchwbG).

Der Schwerbehindertenschutz erfaßt bei Vorliegen dieser Merkmale alle Personen unabhängig von ihrer Staatsangehörigkeit und damit auch *alle Ausländer,* die rechtmäßig im Gebiet der Bundesrepublik Deutschland wohnen oder sich hier rechtmäßig aufhalten oder hier rechtmäßig eine Beschäftigung als Arbeitnehmer ausüben. Auch bei Nichtdeutschen folgt der Schutz des Gesetzes allein aus der Tatsache des entsprechenden GdB.

II. Gleichgestellte

Personen, deren GdB nicht nur vorübergehend, also über sechs Monate hinaus, weniger als 50, aber wenigstens 30 beträgt, *sollen* auf *ihren Antrag* vom *Arbeitsamt* den Schwerbehinderten gleichgestellt werden, wenn sie infolge ihrer Behinderung ohne diese Gleichstellung einen geeigneten Arbeitsplatz nicht erlangen oder nicht behalten können (§ 2 Abs. 1 Satz 1 SchwbG).

Die Ausdehnung des Schwerbehindertenschutzes auf diese sogenannten *Minderbehinderten* ist allerdings beschränkt auf die aufgrund des SchwbG begründeten Rechte im Arbeitsleben. Ausgenommen ist dabei der den Schwerbehinderten zugebilligte Zusatzurlaub.

Die Gleichstellung ist davon abhängig gemacht, daß der Minderbehinderte wegen seines – bereits festgestellten – GdB in Höhe von mindestens 30 ohne die Gleichstellung keinen geeigneten Arbeitsplatz erhalten – bei versuchter Arbeitsaufnahme – oder behalten – beim Innehaben eines Arbeitsplatzes – könnte. Die Gleichstellung *hat* in der Regel zu erfolgen und darf nur ausnahmsweise abgelehnt werden, wenn besondere sachliche Gründe einer Gleichstellung entgegenstehen (Urteile des BSG vom 20. 3. 1973 = BSGE Band 35 S. 267 und des BVerwG vom 15. 10. 1964 = BVerwGE Band 20 S. 117).

Die Gleichstellung muß *beim Arbeitsamt beantragt* werden, und zwar von dem Minderbehinderten selbst, nicht vom Arbeitgeber. Besteht ein Arbeitsverhältnis, ist allerdings der Arbeitgeber des Behinderten vor der Entscheidung über den Gleichstellungsantrag dazu anzuhören. Lehnt das Arbeitsamt die Gleichstellung ab, kann der Minderbehinderte dagegen Widerspruch einlegen und bei Erfolglosigkeit des Widerspruchs Klage zum Sozialgericht erheben; auch das sozialgerichtliche Verfahren ist für ihn kostenfrei.

Das Arbeitsamt kann die Gleichstellung auf unbestimmte Zeit aussprechen, kann sie aber auch zeitlich befristen (vgl. § 2 Abs. 1 Satz 3 SchwbG).

Durch die Gleichstellung erlangt der Minderbehinderte denselben Schutz wie ein Schwerbehinderter; ausgenommen sind nur das Recht auf den Zusatzurlaub (§ 47 SchwbG) und die Rechte auf kostenlose Beförderung im öffentlichen Personenverkehr (§§ 59 ff. SchwbG).

Während nach der bisherigen Rechtslage die Gleichstellung erst mit der Bekanntgabe des Gleichstellungsbescheides wirksam wurde, wird die Gleichstellung nach dem neuen Recht bereits mit dem Zeitpunkt des Eingangs des Antrags beim Arbeitsamt, also rückwirkend wirksam (§ 2 Abs. 1 Satz 2 SchwbG). Damit kann auch den Gleichgestellten schon von diesem Zeitpunkt an der besondere Kündigungsschutz für Schwerbehinderte zur Verfügung gestellt werden.

III. Abgrenzung zu verwandten Rechtsbegriffen

Im Unterschied zu dem Schwerbehinderten im Sinne des SchwbG mit einem GdB von mindestens 50 wird im Versorgungsrecht derjenige, der in seiner Erwerbsfähigkeit um mindestens 50 v. H. beeinträchtigt ist, als *Schwerbeschädigter* bezeichnet (§ 31 Abs. 3 Satz 1 BVG). Dieser Grad der MdE führt im Versorgungsrecht zu erhöhten Geldleistungen, z. B. zur Gewährung einer Schwerstbeschädigtenzulage (§ 31 Abs. 5 BVG).

Im Unfallversicherungsrecht heißt demgegenüber derjenige, der wegen einer MdE von mindestens 50 v. H. eine Verletztenrente bezieht, *Schwerverletzter* (§ 583 Abs. 1 RVO).

Der GdB ist im Unterschied z. B. zur Berufs- oder Erwerbsunfähigkeit in der gesetzlichen Rentenversicherung unabhängig von der bei Eintritt der Behinderung ausgeübten Berufstätigkeit zu beurteilen. Der festgestellte GdB und damit auch die Schwerbehinderteneigenschaft erlauben daher *keinerlei Rückschlüsse auf das Ausmaß des verbliebenen Leistungsvermögens*, sogenanntes Restleistungsvermögen, das z. B. über die Gewährung einer Rente wegen Berufs- oder Erwerbsunfähigkeit in der gesetzlichen Rentenversicherung entscheidet. Diese Rechtsbegriffe sind daher ebenso wie die Arbeitsunfähigkeit in der gesetzlichen Krankenversicherung oder die Dienstunfähigkeit im Beamten- oder Richterrecht völlig unabhängig von dem nach dem SchwbG festgestellten GdB zu beurteilen.

Die *Arbeitsunfähigkeit* ist eine spezielle Leistungsvoraussetzung für den Bezug von Krankengeld in der gesetzlichen Krankenversicherung. Dieser Rechtsbegriff wird allerdings mit der gleichen Bedeutung wie in der Krankenversicherung auch noch in anderen Sozialversicherungsbereichen verwandt. Arbeitsunfähig ist derjenige Arbeitnehmer, der infolge einer bestehenden Krankheit nicht mehr oder nur unter der Gefahr, seinen Zustand zu verschlimmern, in der Lage ist, seine bisher ausgeübte Arbeitstätigkeit oder eine ähnliche Beschäftigung oder Tätigkeit zu verrichten (Urteil des BSG vom 30. 5. 1967 = BSGE Band 26 S. 288; vgl. auch das Urteil des BSG vom 17. 8. 1982 = USK 1982 S. 108).

Erwerbsunfähigkeit in der gesetzlichen Rentenversicherung liegt demgegenüber vor, wenn der Behinderte infolge von Krankheit oder anderer Gebrechen oder von Schwäche seiner körperli-

chen oder geistigen Kräfte auf nicht absehbare Zeit eine Erwerbstätigkeit in gewisser Regelmäßigkeit nicht mehr ausüben oder
nicht mehr als nur geringfügige Einkünfte, das sind derzeit 480,–
DM in den alten Bundesländern – in den neuen Bundesländern
liegt die Geringfügigkeitsgrenze vom 1. Juli 1991 an bei 250,–
DM –, durch Erwerbstätigkeit erzielen kann (§ 1247 Abs. 2 RVO
bzw. § 44 Abs. 2 SGB VI).

Erwerbsunfähigkeit im Sinne des BVG liegt demgegenüber vor,
wenn die MdE mehr als 90 v. H. beträgt (§ 31 Abs. 3 Satz 2 BVG).

Berufsunfähigkeit als das gegenüber der Erwerbsunfähigkeit in
der gesetzlichen Rentenversicherung weniger gravierende Sta-
dium einer geminderten Erwerbsfähigkeit ist nach der gesetzlichen Definition anzunehmen, wenn die Erwerbsfähigkeit wegen
Krankheit oder Behinderung auf weniger als die Hälfte derjenigen körperlich, geistig und seelisch gesunder Versicherter mit
ähnlicher Ausbildung und gleichwertigen Kenntnissen und Fähigkeiten gesunken ist. Der Kreis der Tätigkeiten, nach denen die
Erwerbsfähigkeit des Versicherten zu beurteilen ist, umfaßt dabei
auch die sogenannten Verweisungstätigkeiten, das sind Tätigkeiten, die dem Behinderten aufgrund seiner Kräfte und Fähigkeiten
und seiner Ausbildung sowie seines bisherigen Berufs zugemutet
werden können (vgl. jetzt § 43 Abs. 2 SGB VI, gültig ab 1. 1.
1992, ebenso § 1246 Abs. 2 RVO).

Den sehr unvollkommenen gesetzlichen Regelungen zur Be-
rufs- und Erwerbsunfähigkeit in der gesetzlichen Rentenversicherung hat die jahrzehntelange Rechtsprechung des BSG einen eigenen Gehalt gegeben. Die dazu entwickelten Grundsätze (sogenanntes Mehrstufenschema) müssen in den einschlägigen Kommentaren zur gesetzlichen Rentenversicherung nachgelesen werden. Zitiert werden sollen an dieser Stelle nur die beiden wegwei-
senden Entscheidungen des Großen Senats des BSG vom 11. 12.
1969 = BSGE Bd. 30 S. 167 ff. und vom 10. 12. 1976 = SozR 2200
§ 1246 Nr. 13. Danach kommt es für die Beurteilung der Berufs-
oder Erwerbsunfähigkeit auch darauf an, ob für den leistungsge-
minderten Versicherten Arbeitsplätze in ausreichendem Umfang,
egal, ob frei oder besetzt, vorhanden sind.

Dienstunfähigkeit ist schließlich bei *Beamten und Richtern* anzunehmen, wenn sie infolge körperlicher Gebrechen oder wegen
Schwäche ihrer körperlichen und geistigen Kräfte zur Erfüllung
ihrer *Amtspflichten* dauernd unfähig sind.

IV. Die Feststellung der Schwerbehinderteneigenschaft

Zwecks Feststellung der Behinderung und des dadurch bedingten GdB muß der Behinderte einen *Antrag* bei der örtlich zuständigen Versorgungsbehörde stellen. Nach dem Einigungsvertrag sind bis zur Errichtung entsprechender Behörden in den neuen Bundesländern dort die in den Kreisen, kreisfreien Städten und Stadtbezirken bestimmten Behörden zuständig.

Eine Beschränkung des Antrags auf die Feststellung bestimmter Behinderungen ist zulässig ebenso wie ein nachträglicher Verzicht auf die Feststellung bestimmter Behinderungen; diese Behinderungen bleiben dann aber auch bei der Festsetzung des GdB außer Betracht (Urteil des BSG vom 26. 2. 1986 = BSGE Band 60 S. 11 ff.).

Das sich anschließende Feststellungsverfahren ist nur dann überflüssig, wenn eine Feststellung über den GdB schon in einem Rentenbescheid (Unfall- oder Versorgungsrente), einer entsprechenden Verwaltungs- oder Gerichtsentscheidung oder einer vorläufigen Bescheinigung der für diese Entscheidung zuständigen Dienststelle getroffen worden ist, es sei denn, der Behinderte macht ein Interesse an anderweitiger Feststellung glaubhaft (§ 4 Abs. 2 SchwbG). Ein derartiges Interesse an anderweitiger Feststellung ist dann anzunehmen, wenn nach anderen Rechtsvorschriften und anderen dort geltenden Beurteilungsmaßstäben eine MdE-Feststellung getroffen worden ist, die mit der Feststellung des GdB nach dem SchwbG nicht deckungsgleich sein muß, das gilt zum Beispiel für die Feststellung der MdE in der gesetzlichen Unfallversicherung.

Zur Feststellung des GdB wird der Behinderte durch einen Arzt begutachtet, der die Gesundheitsstörungen und ihre Auswirkungen feststellt und den GdB *schätzt.* Der GdB ist in Zehnergraden anzugeben, die durch 10 teilbar sein müssen. Die Gradzahlen für die verschiedenartigen Gesundheitsstörungen leiten sich dabei von Mindestvomhundertsätzen ab, die in der – auch bei der Behindertenbegutachtung zu beachtenden – Verwaltungsvorschrift Nr. 4 zu § 30 BVG für erhebliche äußere Körperschäden angegeben sind.

Der Bundesminister für Arbeit und Sozialordnung hat zur Feststellung der MdE „Anhaltspunkte für die ärztliche Gutachtertätigkeit im sozialen Entschädigungsrecht und nach dem Schwerbehindertengesetz" herausgegeben (zuletzt 1983), die diesen Mindestvomhundertsätzen angepaßt sind. Je nach der besonderen Lage des Einzelfalles kann von den Vomhundertsätzen bzw. jetzt Gradzahlen mit einer die besonderen Gegebenheiten darstellenden Begründung abgewichen werden, zum Beispiel bei besonderen Schmerzen oder seelischen Begleiterscheinungen. Die bei der Feststellung des GdB nach dem SchwbG gegenüber der gesetzlichen Unfallversicherung in manchen Fällen höheren GdB-Werte gegenüber den MdE-Werten ergeben sich durch die in der Verwaltungsvorschrift festgelegten Mindestvomhundertsätze für erhebliche äußere Körperschäden.

Eine Behinderung setzt eine nicht nur vorübergehende und damit über den Zeitraum von sechs Monaten hinausgehende Gesundheitsstörung voraus, wie bereits ausgeführt wurde. Das ist zum Beispiel bei abklingenden Gesundheitsstörungen zu berücksichtigen: Es ist dann nur der GdB festzusetzen, der dem über sechs Monate hinaus verbleibenden Schaden entspricht. Schwankungen im Gesundheitszustand, zum Beispiel beim Magengeschwürleiden, chronischer Bronchitis, Anfallsleiden und bei längerem Leidensverlauf, ist mit einem *Durchschnitts-GdB* Rechnung zu tragen, der dem durchschnittlichen Ausmaß der Beeinträchtigung entspricht.

Gesundheitsstörungen die erst in der Zukunft zu erwarten sind, sind bei der Beurteilung des GdB nicht zu berücksichtigen.

Liegen mehrere Behinderungen vor, so ist ein *Gesamt-GdB* festzusetzen; dabei dürfen jedoch die Einzel-GdB-Grade nicht einfach addiert werden. Maßgebend sind vielmehr die Auswirkungen der einzelnen Funktionsbeeinträchtigungen in ihrer Gesamtheit unter Berücksichtigung ihrer wechselseitigen Beziehungen zueinander (§ 4 Abs. 3 Satz 1 SchwbG). Dabei ist in der Regel von derjenigen Behinderung auszugehen, die den höchsten Einzel-GdB-Grad bedingt. Zusätzliche leichte Gesundheitsstörungen, für die nur ein GdB von 10 anzusetzen ist, führen regelmäßig zu keiner wesentlichen Zunahme des Ausmaßes der Gesamtbeeinträchtigung und damit auch nicht zu einer Erhöhung des Gesamt-GdB.

Stirbt der Behinderte, dann erlischt der Anspruch auf Feststellung der Behinderung, des GdB und sonstiger gesundheitlicher Merkmale mit seinem Tod; seine Rechtsnachfolger sind auch nicht berechtigt, ein bereits begonnenes Feststellungsverfahren weiterzuführen (Urteil des BSG vom 6. 12. 1989 = SozR 3870 § 4 Nr. 4).

Nach Durchführung des Verfahrens zur Feststellung des GdB stellen die Versorgungsämter den GdB in einem Bescheid fest und erteilen dem Behinderten einen Ausweis über die Eigenschaft als Schwerbehinderter, die Höhe des GdB sowie gegebenenfalls über weitere gesundheitliche Merkmale (§ 4 Abs. 5 SchwbG). Dieser Ausweis dient als Nachweis der Berechtigung zur Inanspruchnahme von Rechten und sonstigen Hilfen bzw. Nachteilsausgleichen, die dem Schwerbehinderten zustehen.

Ist der Schwerbehinderte mit der getroffenen Entscheidung nicht einverstanden oder wendet er sich gegen eine Berichtigung oder Einziehung des ihm erteilten Ausweises, dann hat er zunächst gegen diese Entscheidung Widerspruch bei dem Versorgungsamt einzulegen, das die Entscheidung erlassen oder das den Erlaß einer von dem Behinderten gewünschten Entscheidung abgelehnt hatte; bleibt dieser Widerspruch erfolglos, dann kann der Behinderte innerhalb eines Monats das Sozialgericht anrufen; Kosten entstehen ihm dadurch nicht. Andererseits ist die Klage des Arbeitgebers gegen oder auf die Feststellung der Schwerbehinderteneigenschaft eines seiner Arbeitnehmer unzulässig (Urteil des BSG vom 22. 10. 1986 = BSGE Band 60 S. 284 ff.).

Gegen das Urteil des Sozialgerichts kann dann als Berufungsgericht das Landessozialgericht – ebenfalls kostenfrei – angerufen werden, eine Möglichkeit, die bislang ausgeschlossen bzw. eingeschränkt war (vgl. § 3 Abs. 6 SchwbG a. F.).

Für Behinderte in den neuen Bundesländern gilt, daß Anerkennungen als Beschädigte nach der Anordnung über die Anerkennung als Beschädigte und Ausgabe von Beschädigtenausweisen vom 10. 6. 1971 (GBl. II Nr. 56 S. 493) bis zum Ablauf ihrer Gültigkeit, längstens aber bis zum 31. 12. 1993 als Feststellungen über das Vorliegen einer Behinderung und den GdB anzusehen sind, solange die Voraussetzungen für die Anerkennung fortbestehen, der Leidenszustand des Behinderten sich also nicht gebessert hat. Dabei ist bei Ausweisstufe I ein GdB von 30 anzunehmen, bei Ausweisstufe II ein GdB von 50, bei Ausweisstufe III ein GdB von 80 und bei Ausweisstufe IV ein GdB von 100. Schwer- und Schwerstbeschädigtenausweise, die nach der Anordnung vom 10. 6. 1971 in den neuen Bundesländern ausgegeben worden sind, gelten bis zum Ablauf ihrer Gültigkeit, längstens aber bis zum 31. 12. 1993 als Ausweise über die Eigenschaft als Schwerbehinderter, und zwar mit einem GdB von 50 bei Ausweisstufe II, 80 bei Ausweisstufe III und 100 bei Ausweisstufe IV.

V. Der Wegfall des Schwerbehindertenschutzes

Sinkt der GdB auf weniger als 50, dann entfällt die Schwerbehinderteneigenschaft kraft Gesetzes (§ 38 Abs. 1 SchwbG). Um dem Schwerbehinderten jedoch nicht sofort den Schwerbehindertenschutz zu entziehen, genießt er diesen Schutz noch für eine *Schonfrist* von 3 Kalendermonaten (bislang: 1 Jahr) nach Unanfechtbarkeit des Bescheides über die Herabsetzung des GdB.

Beispiel: Der Bescheid über die Neufestsetzung des GdB wird dem zuvor Schwerbehinderten am 31. 3. 1986 zugestellt, dieser Bescheid wird dann am 30. 4. 1986 unanfechtbar, der Schwerbehindertenschutz erlischt am 31. 7. 1986.

Der Schwerbehindertenschutz entfällt für die den Schwerbehinderten gleichgestellten sogenannten Minderbehinderten mit dem Widerruf oder der Rücknahme der Gleichstellung (§ 38 Abs. 2 SchwbG). Im Unterschied zur bisherigen Rechtslage, nach der ein Widerruf der Gleichstellung frühestens nach Ablauf von 2 Jahren nach der Bekanntgabe der Gleichstellung zulässig war, ist ein Widerruf der Gleichstellung allerdings jederzeit möglich. Auch bei den Minderbehinderten entfällt jedoch der Schwerbehindertenschutz nicht sofort, sondern erst nach einer anschließenden Schonfrist von 3 Kalendermonaten nach Eintritt seiner Unanfechtbarkeit (bisher 1 Jahr).

Ein (Feststellungs-)bescheid ist *unanfechtbar,* wenn er mit dem Widerspruch oder nach Erteilung des Widerspruchsbescheides mit der Klage zum Sozialgericht nicht mehr angefochten werden kann, weil die dafür eingeräumte Frist von einem Monat bereits verstrichen ist. Als unanfechtbar ist der Feststellungsbescheid aber auch dann anzusehen, wenn vor dem Sozialgericht der Rechtsstreit, der um die Herabsetzung des GdB geführt wurde, durch einen *Vergleich* oder eine *Klagerücknahme* beendet wurde oder aber die Klage des Behinderten – rechtskräftig – abgewiesen wurde.

Sowohl den Schwerbehinderten als auch den Minderbehinderten kann der Schwerbehindertenschutz auch *zeitweilig* bis zur Höchstdauer von 6 Monaten *entzogen* werden (§ 39 SchwbG). Voraussetzung dafür ist die *unberechtigte Weigerung*, einen zumutbaren Arbeitsplatz anzunehmen oder zu behalten oder an einer berufsfördernden Maßnahme zur Rehabilitation teilzunehmen. Auch dann, wenn der Behinderte sonstwie schuldhaft seine Eingliederung in Arbeit und Beruf vereitelt, kann ihm der Schwerbehindertenschutz entzogen werden. In allen diesen Fällen muß der Behinderte aber *vorher angehört* werden. Die vorübergehende Entziehung des Schwerbehindertenschutzes stellt gleichsam ein „Beugemittel" dar, um den Behinderten von pflichtwidrigem Verhalten abzuhalten. Denn der Schwerbehinderte hat nicht nur Rechte, sondern auch *Pflichten:* So darf er insbesondere durch sein Verhalten nicht die Maßnahmen der Hauptfürsorgestelle oder des Arbeitsamtes durchkreuzen, und er muß wie jeder andere Arbeitnehmer auch die aufgrund des Arbeitsvertrages gegenüber seinem Arbeitgeber begründeten Pflichten erfüllen.

Gegen all diese Entscheidungen (Herabsetzung des GdB, Widerruf oder Rücknahme der Gleichstellung, vorübergehende Entziehung) steht dem Behinderten nach Einlegung und Erfolglosigkeit des Widerspruchs wiederum der Rechtsweg offen. Im Unterschied zu den gegen die Herabsetzung des GdB oder den Widerruf oder die Rücknahme der Gleichstellung geführten Klagen – hier sind die Sozialgerichte zuständig –, muß die Entscheidung der Hauptfürsorgestelle über die vorübergehende Entziehung des Schwerbehindertenschutzes nach Durchführung des Widerspruchsverfahrens (siehe dazu §§ 40 bis 43 SchwbG) allerdings von den Verwaltungsgerichten überprüft werden. In den neuen Bundesländern nehmen bis zur Errichtung der Hauptfürsorgestellen die *Arbeitsämter* die den Hauptfürsorgestellen obliegenden Aufgaben wahr. Auch deren Entscheidungen sind aber gleichermaßen mit Widerspruch und Klage angreifbar.

B. Rechte der Schwerbehinderten bei Erwerbstätigkeit

I. Aufgrund eines Arbeitsverhältnisses

1. Bei Begründung des Arbeitsverhältnisses

a) Beschäftigungspflicht und Ausgleichsabgabe

§ 5 Abs. 1 SchwbG verpflichtet sowohl private als auch die Arbeitgeber der öffentlichen Hand (Bundes- und Landesbehörden, Gebietskörperschaften sowie sonstige Körperschaften, Anstalten und Stiftungen des öffentlichen Rechts, § 5 Abs. 3 SchwbG), die über mehr als 16 Arbeitsplätze verfügen, auf mindestens 6% davon Schwerbehinderte zu beschäftigen. Die näheren Einzelheiten sind in den §§ 6 bis 10 SchwbG geregelt.

Die Pflicht zur Beschäftigung von Schwerbehinderten besteht unabhängig von deren tatsächlicher Möglichkeit. Gegebenenfalls hat der Arbeitgeber seinen Betrieb entsprechend einzurichten. Ebensowenig kommt es auf die finanzielle Leistungsfähigkeit des Arbeitgebers an. Kann er einen zusätzlichen Arbeitnehmer nicht beschäftigen, hat er einen besetzten Arbeitsplatz frei zu machen, wobei die Verpflichtung aus § 5 Abs. 1 SchwbG im Regelfall einen ausreichenden betrieblichen Grund im Sinne des § 1 Abs. 2 Kündigungsschutzgesetz darstellt. Schließlich kann der Arbeitgeber sich seiner Beschäftigungspflicht nicht mit dem Hinweis darauf entziehen, in seinem Betrieb könnten nur besonders qualifizierte Arbeitnehmer beschäftigt werden. Von einem Schwerbehinderten kann nämlich allenfalls eine durchschnittliche Qualifikation und Leistung verlangt werden. Ebensowenig wird der Arbeitgeber von der Verpflichtung zur bevorzugten Einstellung und Beschäftigung Schwerbehinderter entbunden, wenn er in anderen Gesetzen enthaltene Einstellungs- und Beschäftigungsgebote erfüllt. Diese sind gegenüber seiner Pflicht aus dem Schwerbehindertengesetz nachrangig (§ 44 SchwbG).

Bei sich änderndem Bedarf an Pflichtplätzen kann die Bundesregierung den Pflichtsatz mit Zustimmung des Bundesrates gemäß § 5 Abs. 2 SchwbG durch Rechtsverordnung auf höchstens 10% anheben oder auch bis zu 4% herabsetzen, wobei die Festsetzung nur einheitlich erfolgen kann. Unterschiede dürfen nur zwischen den öffentlichen Arbeitgebern und denen der Privatwirtschaft gemacht werden, wobei der Pflichtsatz für den öffentlichen Dienst stets nur höher oder gleich wie in der Privatwirtschaft, nicht aber niedriger als dort festgesetzt werden darf. Differenzierungen innerhalb einzelner Wirtschaftszweige oder gar besondere Festsetzungen für einzelne Arbeitgeber sind unzulässig.

Diese gesetzlich normierte *Beschäftigungspflicht* ist eine öffentlich-rechtliche *Verpflichtung* des Arbeitgebers *gegenüber dem Staat*. Kommt er ihr nicht nach, hat er für jeden nicht besetzten Pflichtplatz eine der vierjährigen Verjährungsfrist des § 197 BGB unterliegende (Urteil des OVG Nordrhein-Westfalen vom 3. 4. 1986 = DB 1987 S. 392; Urteil des OVG Lüneburg vom 22. 2. 1989 = NZA 1989 S. 722) *Ausgleichsabgabe* von 200,– DM zu zahlen, die von der Hauptfürsorgestelle festgesetzt und erhoben wird. Vor dem Wirksamwerden des Beitritts der ehemaligen DDR nach § 11 Abs. 1 des Gesetzes zur Sicherung der Eingliederung Schwerbehinderter in Arbeit, Beruf und Gesellschaft (Schwerbehindertengesetz – SchwbG) vom 21. 6. 1990 (GBl. I S. 381) entstandene Verpflichtungen zur Zahlung von Ausgleichsabgaben für in der Zeit vom 1. 7. 1990 bis zum Beitritt unbesetzte Pflichtplätze bleiben bestehen (Anlage 1 Kapitel VIII Sachgebiet E Abschnitt III Nr. 1 Buchst. b des EV). Die Verwendung der dadurch anfallenden Mittel ist gesetzlich vorgeschrieben. § 11 Abs. 3 SchwbG sieht vor, daß sie nur für Zwecke der Arbeits- und Berufsförderung Schwerbehinderter (bzw. der ihnen Gleichgestellten) sowie für Leistungen zur begleitenden Hilfe im Arbeitsleben verwendet werden dürfen. Ins einzelne gehende Regelungen enthält die auf Grund dieses Gesetzes erlassene Zweite Verordnung zur Durchführung des Schwerbehindertengesetzes (Schwerbehinderten Ausgleichsabgabenverordnung – SchwbAV) vom 28. 3. 1988 (BGBl. I S. 484). Die gesetzliche Anordnung dieser Sonderabgabe ist mit dem Grundgesetz vereinbar (Urteile des BVerfG vom 26. 5. 1981 = NJW 1981 S. 2107). Die Abgabe besitzt keinen Zwangs- oder Beugecharakter, sondern soll lediglich die durch die Beschäftigung von Schwerbehinderten auftretende Belastung der ihre Pflichtquote erfüllenden Arbeitgeber ausgleichen. Dementsprechend sah ein Beschluß der Arbeitsgemeinschaft der Deutschen Hauptfürsorgestellen vom 15./16. 6. 1983 (RdA 1984 S. 110) vor, daß sie dann nicht entrichtet werden müsse, wenn der Arbeitgeber einen objektiv schwerbehinderten

Arbeitnehmer beschäftige, dem die Stellung eines entsprechenden Antrags aus besonderen Gründen nicht möglich oder zumutbar sei. Abweichend davon hat allerdings zwischenzeitlich das Bundesverwaltungsgericht (Urteil vom 21. 10. 1987 = NZA 1988 S. 431) unter Hinweis auf die Höchstpersönlichkeit der Entscheidung über die Inanspruchnahme der Rechte aus dem Schwerbehindertengesetz sowie die bessere Praktikabilität dieser Rechtsauffassung entschieden, daß bei der Berechnung der Anzahl der besetzten Pflichtplätze nur diejenigen Arbeitnehmer zu berücksichtigen seien, bei denen die Schwerbehinderteneigenschaft förmlich festgestellt worden sei. Mit der Höhe der Abgabe soll erreicht werden, daß die unterlassene Beschäftigung von Schwerbehinderten für den Arbeitgeber nicht einträglich ist. Die Belastung durch die Ausgleichsabgabe soll der durch die Beschäftigung von Schwerbehinderten entstehenden wirtschaftlich zumindest gleichkommen. Dabei ist zu berücksichtigen, daß eine gesetzliche Regelung, die den steuerlichen Abzug der Abgabe ausschließt, fehlt. Angesichts der dadurch nach bisher geltendem Recht verbleibenden effektiven Belastung von 50–60 DM für jeden nicht besetzten Pflichtplatz sowie der Entwicklung der Bruttoeinkommen seit 1974 war bereits bei der Neufassung des Gesetzes im Jahre 1986 eine Anhebung der Ausgleichsabgabe erforderlich (BR-Drucksache 431/84 S. 14). Durch den Einigungsvertrag vom 31. 8. 1990 (BGBl. II S. 889, 1040) wurde sie einheitlich auf 200,– DM festgesetzt.

Auf die jeweils zu leistende Abgabe können nach Maßgabe des § 55 SchwbG 30% des Rechnungsbetrages solcher Aufträge angerechnet werden, die von Arbeitgebern an Werkstätten für Behinderte vergeben werden. Dabei wird allerdings vorausgesetzt, daß die Rechnung im Veranlagungszeitraum der Ausgleichsabgabe bezahlt worden ist (Urteil des BVerwG vom 6. 3. 1986 = NZA 1987 S. 472).

Die Zahlung der *Ausgleichsabgabe entbindet* den privaten Arbeitgeber jedoch *nicht* von der öffentlich-rechtlichen Verpflichtung zur Erfüllung der Pflichtquote (§ 11 Abs. 1 Satz 2 SchwbG). Ein Verstoß dagegen stellt eine *Ordnungswidrigkeit* dar, die mit einer Geldbuße bis zu 5000,– DM geahndet werden kann (§ 68 Abs. 1 Ziff. 1, Abs. 2 SchwbG).

Aus der *Beschäftigungspflicht des Arbeitgebers* resultiert nun aber *nicht*, wie man auf den ersten Blick glauben könnte, ein *subjektiver Anspruch des einzelnen Schwerbehinderten* auf Einstellung bei einem Arbeitgeber, der seine Pflichtzahl noch nicht erfüllt hat. Ein Beschäftigungsanspruch besteht immer nur auf der Grundlage eines Arbeitsvertrages.

Ein Arbeitsvertrag kommt im Gegensatz zu früherem Recht (§ 10 alter Fassung) nicht zwangsweise zustande. Denn das *Schwerbehindertengesetz* ist ein *Gesetz des „guten Willens"*, das auf dem Grundsatz der freien Entschließung des Arbeitgebers bei seiner Durchführung aufgebaut ist (§ 30 SchwbG) und ihn nur mittelbar zur Erfüllung der gesetzlichen Verpflichtung anhält. Dazu gehören die Ausgleichsabgabe und die Möglichkeit zur Verhängung von Bußgeldern ebenso wie die Schaffung finanzieller Anreize für die Arbeitgeber, deren Einzelheiten im Anschluß an Sonderprogramme des Bundes und der Länder nunmehr in den §§ 1–13 SchwbAV geregelt sind. So wird z. B. das Entgeltrisiko durch erhebliche Einarbeitungszuschüsse, die bis zu 80 v. H. des zum Zeitpunkt der Einstellung maßgeblichen tariflichen oder ortsüblichen Arbeitsentgelts betragen können, deutlich gemildert.

Dies hat dazu geführt, daß die Pflichtquote von 6% zwar nicht ganz, jedoch mit 4,9% (Privatwirtschaft 4,6%, öffentlicher Dienst: 5,8%) zu einem erheblichen Teil erfüllt wurde (Stand: Oktober 1988; Quelle: ANBA 1990 S. 70f.), wenngleich 30% der 125 000 beschäftigungspflichtigen Arbeitgeber nicht einen einzigen Schwerbehinderten eingestellt haben (BR-Drucksache 431/84 S. 14).

b) Bevorzugte Einstellung von Schwerbehinderten

§ 14 Abs. 1 Satz 1 SchwbG verpflichtet jeden Arbeitgeber bei der Besetzung freier Arbeitsplätze, insbesondere bei Neueinstellungen, zu der Prüfung, ob dort – vor allem beim Arbeitsamt gemeldete – Schwerbehinderte beschäftigt werden können (krit. Großmann, BB 1987 S. 261). Bei dieser Prüfung soll der Arbeitgeber den Vertrauensmann der Schwerbehinderten gemäß § 25 Abs. 2 SchwbG beteiligen und die in § 23 SchwbG genannten Vertretungen (Betriebs-, Personal-, Richter- und Präsidialräte) hören. Diese Prüfung hat möglichst frühzeitig einzusetzen, nicht erst zu einem Zeitpunkt, zu dem bereits Bewerbungen (unter anderem auch von Schwerbehinderten) vorliegen. Die *Prüfungs-*

pflicht trifft jeden Arbeitgeber ohne Rücksicht auf seine Beschäftigungspflicht. Sie besteht auch dann fort, wenn der Arbeitgeber seine Pflichtquote gemäß § 5 Abs. 1 SchwbG bereits erfüllt hat. Gegenüber privaten Arbeitgebern ist sie allerdings nicht zwangsweise durchzusetzen, während dies bei Arbeitgebern der öffentlichen Hand im Wege der Dienstaufsicht durchaus möglich ist.

Gehen Bewerbungen auch von Schwerbehinderten ein, sind diese gemäß § 14 Abs. 1 Satz 2 SchwbG mit dem Vertrauensmann zu erörtern, wenn der Bewerber dies nicht ausdrücklich abgelehnt hat. Das Ergebnis der Beratung ist der an der Einstellung beteiligten Beschäftigtenvertretung (Betriebs-, Personal- bzw. Präsidialrat) mitzuteilen. Diese Verpflichtung, deren Verletzung gemäß § 68 Abs. 1 Ziffer 6 SchwbG mit einem Bußgeld geahndet werden kann, führt wiederum mittelbar zu einer bevorzugten Einstellung von Schwerbehinderten, weil die an der jeweiligen Einstellung beteiligte Beschäftigtenvertretung in derartigen Fällen ihrer gesetzlichen Verpflichtung zur Förderung der Eingliederung der Schwerbehinderten (z.B. § 80 Abs. 1 Ziffer 4 BetrVG, § 68 Abs. 1 Ziffer 4 BPersVG) nachkommen wird. Nach der Rechtsprechung des Bundesarbeitsgerichts (Beschluß vom 14. 11. 1989 = DB 1990 S. 636; a.A. LAG München, Beschluß vom 21. 9. 1988 = BB 1989 S. 424) kann der Betriebsrat seine Zustimmung zur Einstellung eines nicht behinderten Arbeitnehmers unter Hinweis auf einen Verstoß gegen § 14 Absatz 1 SchwbG verweigern (§ 99 Abs. 2 Ziffer 1 BetrVG), wenn der Arbeitgeber vor der Einstellung eines nicht behinderten Arbeitnehmers nicht geprüft hat, ob der Arbeitsplatz mit einem Schwerbehinderten besetzt werden kann. Für den Bereich des öffentlichen Dienstes liegt – soweit ersichtlich – eine solche Entscheidung noch nicht vor (vgl. den Beschluß des VGH Baden-Württemberg vom 13. 12. 1988 = ZBR 1989 S. 153).

c) Arbeitsaufnahme und Sozialversicherungsschutz

Nimmt der Schwerbehinderte eine Beschäftigung auf, dann erwachsen ihm nicht nur als Arbeitnehmer besondere Rechte im Rahmen des bestehenden Arbeitsverhältnisses; gleichzeitig tritt unter der Voraussetzung, daß es sich bei dem Arbeitsverhältnis um ein abhängiges, gegen Arbeitsentgelt ausgeübtes und damit sozialversicherungspflichtiges Beschäftigungsverhältnis handelt

(das ist bei einem Arbeitsverhältnis als Arbeiter oder Angestellter
in der Regel der Fall), *kraft Gesetzes – automatisch – mit der
Arbeitsaufnahme der Sozialversicherungsschutz* ein. Durch die
Arbeitsaufnahme wird *Versicherungspflicht* in der Kranken- und
Rentenversicherung mit daraus resultierender Verpflichtung zur
Zahlung von Kranken- und Rentenversicherungsbeiträgen sowie
Beitragspflicht in der Arbeitslosenversicherung begründet (in der
Arbeitslosenversicherung spricht man nicht von Versicherungs-
pflicht, sondern nur von *Beitragspflicht*, vgl. § 168 AFG).
Schließlich ist der Arbeitnehmer auch noch – für ihn kostenfrei –
in der gesetzlichen Unfallversicherung versichert; die Beiträge
trägt der Unternehmer. Hinsichtlich all dieser Rechtsfolgen einer
Arbeitsaufnahme im sozialrechtlichen Bereich gilt insofern für
den behinderten Arbeitnehmer nichts anderes als für den nicht
behinderten Arbeitnehmer.

Der Sozialversicherungsschutz beginnt mit dem Beginn des Ta-
ges, an dem die Beschäftigung angetreten wird, (also 0.00 Uhr),
nicht erst mit dem Zeitpunkt der tatsächlichen Arbeitsaufnahme
(Urteil des BSG vom 28. 2. 1967 = BSGE Band 26 S. 124). Erleidet der Behinderte, zum Beispiel am Tag der Arbeitsaufnahme
auf dem Weg zur Arbeit nach Durchschreiten der Haustür, einen
Unfall, dann genießt er Versicherungsschutz in der gesetzlichen
Unfall- und in der gesetzlichen Krankenversicherung, und zwar
auch dann, wenn die zuständige Krankenkasse noch gar nichts
von dem neuen Mitglied weiß und auch noch keinen einzigen
Beitrag erhalten hat.

Der Grundsatz, daß die Arbeitsaufnahme den Sozialversicherungsschutz begründet, gilt allerdings nicht ausnahmslos. Denn
es gibt Beschäftigungsverhältnisse, die als versicherungsfrei angesehen werden. Eine versicherungsfreie Beschäftigung liegt dann
vor, wenn der Arbeitnehmer regelmäßig weniger als 15 Stunden
in der Woche arbeitet und außerdem sein regelmäßiges monatli-
ches Arbeitsentgelt derzeit 480,– DM (in den neuen Bundesländern beträgt die Geringfügigkeitsgrenze derzeit 250,– DM), bzw.
bei höherem Arbeitsentgelt ⅙ des Gesamteinkommens nicht
übersteigt (§ 8 Abs. 1 Nr. 1 SGB IV). Beide Voraussetzungen
müssen kumulativ erfüllt sein, damit das Beschäftigungsverhältnis
nicht der Versicherungspflicht unterfällt. Arbeitet also jemand 15
Stunden und mehr in der Woche, dann ist er versicherungspflichtig, und zwar unabhängig von der Höhe seines Arbeitsverdien-

stes. Erhält der Arbeitnehmer zusätzlich zu den 480,– DM Sonderzuwendungen, die mit Sicherheit zu erwarten sind wie das Urlaubs- oder Weihnachtsgeld, dann sind diese Zuwendungen mit einem Zwölftel auf das monatliche Arbeitsentgelt anzurechnen mit der Folge, daß Versicherungspflicht eintritt.

Ein gelegentliches Überschreiten der Grenze von 480,– DM führt jedoch nicht gleich zur Versicherungspflicht. Als gelegentlich ist ein im voraus befristeter Zeitraum bis zu 2 Monaten oder 50 Arbeitstagen anzusehen. So kann z. B. eine Raumpflegerin, die ansonsten weniger als 15 Stunden in der Woche arbeitet und nicht mehr als 480,– DM verdient, durchaus eine Urlaubsvertretung übernehmen, ohne dadurch versicherungspflichtig zu werden.

Bei der zweiten Ausnahme handelt es sich um eine *eng zu begrenzende* Ausnahme von der grundsätzlich am Faktischen orientierten Versicherungspflicht. Dieser Ausnahmetatbestand greift dann ein, wenn der Behinderte bereits vor dem vereinbarten Tag der Arbeitsaufnahme – also von vornherein – arbeitsunfähig krank war und zwar zu arbeiten beginnt, sich aber alsbald gezwungen sieht, wegen seiner schlechten gesundheitlichen Verfassung die Arbeit noch vor Ablauf eines wirtschaftlich ins Gewicht fallenden Zeitraums wieder aufzugeben. In einem solchen Fall spricht man von einem sogenannten *mißglückten Arbeitsversuch* und hält es hier für gerechtfertigt, den Versicherungsschutz zu versagen (ständige Rechtsprechung, vgl. zum Beispiel das Urteil des BSG vom 19. 12. 1978 = SozR 2200 § 165 Nr. 33). Arbeitet der Behinderte in einem derartigen Falle jedoch weiter, obwohl er dazu gesundheitlich nicht in der Lage ist, und leistet er tatsächlich brauchbare Arbeit über einen wirtschaftlich ins Gewicht fallenden Zeitraum (hinsichtlich der Länge dieses Zeitraums hat sich das BSG bisher nicht festgelegt), dann darf ihm entsprechend dem Grundsatz, daß der Versicherungsschutz mit dem Beschäftigungsbeginn eintritt, der Versicherungsschutz nicht versagt werden (BSG a. a. O.).

Bei der Frage, wann ein wirtschaftlich ins Gewicht fallender Zeitraum anzunehmen ist, darf eine Beschäftigung hinsichtlich ihrer Dauer dann nicht isoliert betrachtet werden, wenn sie sich – ohne wesentliche Änderung der gesundheitlichen Verhältnisse – an ein der Art nach gleichgelagertes vorangegangenes Beschäftigungsverhältnis anschließt (BSG a. a. O.).

In dem vom BSG entschiedenen Streitfall war ein jugoslawischer Gastarbeiter, bei dem am 1. 2. 1971 eine offene Lungentuberkulose festgestellt wurde, zuvor vom 19. 2. 1970 bis 4. 8. 1970, vom 11. 10. 1970 bis 6. 1. 1971 und zuletzt vom 8. 1. 1971 bis 31. 1. 1971 bei jeweils anderen Firmen als Facharbeiter beschäftigt gewesen. Die aufgrund des letzten Beschäftigungsverhältnisses ab 1. 8. 1971 in Anspruch genommene Krankenkasse weigerte sich, die Kosten für die Heilbehandlung des Gastarbeiters zu übernehmen, mit der Begründung, es habe sich um einen mißglückten Arbeitsversuch gehandelt. Das BSG sah jedoch im Hinblick auf die vorangegangene Beschäftigung vom 11. 10. 1970 bis 6. 1. 1971 und die Auskunft der Arbeitgeber zur Qualität der erbrachten Arbeitsleistung als erwiesen an, daß der Gastarbeiter trotz seiner Krankheit in der Lage gewesen war, tatsächlich brauchbare Arbeit über einen wirtschaftlich ins Gewicht fallenden Zeitraum zu verrichten.

2. Während des Arbeitsverhältnisses

a) Arbeitsrechtliche Ansprüche

Rechte und Pflichten des Schwerbehinderten im Rahmen eines Arbeitsverhältnisses ergeben sich zunächst aus dem Inhalt der von den Arbeitsvertragsparteien getroffenen Vereinbarung. Daneben finden die Bestimmungen von Tarifverträgen, Tarifordnungen und Betriebsvereinbarungen bei Erfüllung der dafür maßgeblichen Voraussetzungen unabhängig davon Anwendung, ob sie sich günstig oder ungünstig für den Schwerbehinderten auswirken. Dieser steht hinsichtlich der Arbeitsbedingungen nämlich nicht anders als seine nicht behinderten Kollegen. Eine Ausnahme gilt lediglich insofern, als ihm gesetzlich bestimmte Vergünstigungen (zum Beispiel Sonderkündigungsschutz, Dauer der Kündigungsfrist, Zusatzurlaub) eingeräumt werden, auf die er wegen ihres zwingenden Charakters auch nicht wirksam verzichten kann.

aa) Beschäftigung

Die Verpflichtung des Arbeitgebers aus § 5 Abs. 1 SchwbG erschöpft sich nicht im bloßen Abschluß von Arbeitsverträgen mit einer entsprechenden Anzahl von Schwerbehinderten. Er hat sie in diesem Rahmen dann auch unter normalen Arbeitsbedingungen zu *beschäftigen*. Das Gesetz will dem Schwerbehinderten nämlich nicht nur zur Entlastung des Staates eine gesicherte materielle Existenz bieten, sondern ihm durch normale produktive Arbeit eine Stellung in der Gemeinschaft garantieren, in der er seine beruflichen Fähigkeiten verwerten kann. In der amtlichen Begründung des Schwerbehindertengesetzes (S. 16) heißt es ausdrücklich:

> Die Arbeit gibt dem Schwerbehinderten erst das Bewußtsein wieder, ein vollwertiges Mitglied der menschlichen Gesellschaft zu sein und erleichtert ihm die Auseinandersetzung mit seinem Schicksal.

Dementsprechend besitzt der Schwerbehinderte über den allgemein anerkannten Beschäftigungsanspruch von Arbeitnehmern im Rahmen eines bestehenden Arbeitsverhältnisses (vgl. die Entscheidungen des BAG vom 26. 5. 1977 = AP Nr. 5 zu § 611 BGB Beschäftigungspflicht sowie vom 27. 2. 1985 = DB 1985 S. 2197 ff.) hinaus einen besonderen *Anspruch auf tatsächliche Beschäftigung,* der seine Grundlage in § 14 Abs. 2 SchwbG hat, aber auch aus der besonderen *Fürsorgepflicht des Arbeitgebers* gegenüber diesem Personenkreis abgeleitet werden kann (Urteile des BAG vom 10. 11. 1955 = AP Nr. 2 zu § 611 BGB Beschäftigungspflicht sowie vom 23. 1. 1961 = AP Nr. 2 zu § 12 SchwbG). Der Arbeitgeber ist deshalb auch nicht berechtigt, den schwerbehinderten Arbeitnehmer bis zum Eingang der von ihm beantragten Zustimmung der Hauptfürsorgestelle zur fristlosen Kündigung des Arbeitsverhältnisses von der Arbeit freizustellen (Urteil des BAG vom 20. 12. 1976 = AP Nr. 1 zu § 18 SchwbG). In Übereinstimmung mit den für alle Arbeitnehmer geltenden Grundsätzen ist der Arbeitgeber auch zur Weiterbeschäftigung des gekündigten Arbeitnehmers über den Ablauf der Kündigungsfrist oder den Zeitpunkt des Zugangs der fristlosen Kündigung hinaus verpflichtet, wenn die Kündigung unwirksam ist und überwiegende schutzwerte Interessen des Arbeitgebers einer solchen Beschäftigung nicht entgegenstehen (Beschluß des Großen Senats des BAG vom 27. 2. 1985 = AP Nr. 14 zu § 611 BGB Beschäftigungspflicht). Dementsprechend ist die Weiterbeschäftigungsverpflichtung begründet, wenn die Kündigung (z. B. wegen des Fehlens der Zustimmung der Hauptfürsorgestelle, ggf. deren Aufhebung im verwaltungsgerichtlichen Verfahren, vgl. das Urteil des ArbG Siegen vom 17. 2. 1987 = ArbuR 1988 S. 90) offensichtlich unwirksam ist oder die das Nichtbeschäftigungsinteresse des Arbeitgebers begründende Ungewißheit über den Prozeßausgang durch das Vorliegen einer (wenn auch nicht rechtskräftigen) dem Arbeitnehmer günstigen Entscheidung des Arbeitsgerichts oder Landesarbeitsgerichts erschüttert ist und ein Fall der Unzumutbarkeit der auch nur einstweiligen Weiterbeschäftigung nicht vorliegt (BAG a. a. O.). Diese Grundsätze sind auch in den Fällen anzuwenden, in denen über die Wirksamkeit einer Befristung oder auflösenden Bedingung des Arbeitsverhältnisses (z. B. die Auflösung des Arbeitsverhältnisses bei Gewährung einer Rente wegen Erwerbsunfähigkeit) gestritten wird (Urteil des BAG vom 13. 6. 1985 = AP Nr. 19 zu § 611 BGB Beschäftigungspflicht).

Kommt der Arbeitgeber der Verpflichtung zur tatsächlichen Beschäftigung des Schwerbehinderten nicht nach, kann dieser beim Arbeitsgericht auf Erfüllung klagen und gegebenenfalls, wenn er Erfolg gehabt hat, aus dem Urteil die Zwangsvollstreckung betreiben. Das bedeutet: Wenn der Arbeitgeber der im Urteil ausgesprochenen Verpflichtung zur tatsächlichen Beschäftigung des Schwerbehinderten nicht nachkommt, kann gegen ihn gemäß § 888 ZPO ein Zwangsgeld oder Zwangshaft verhängt werden. Erleidet der Schwerbehinderte durch die Nichtbeschäftigung einen Schaden, kann er dafür Ersatz verlangen. Daneben behält er bei Nichtannahme der Arbeitskraft durch den Arbeitgeber seinen Lohnanspruch auch dann, wenn dieser ihn nicht einsetzen kann, z. B. weil er gar nicht über behindertengerechte Arbeitsplätze verfügt. Dies gilt allerdings nicht bei völliger Arbeitsunfähigkeit des Schwerbehinderten (Urteil des LAG Köln vom 28. 5. 1990 = BB 1991 S. 211; Urteil des BAG vom 10. 7. 1991 = AP Nr. 17 zu § 14 SchwG). Jedoch kann in einem solchen Fall die Verletzung der Förderungspflicht des § 14 Abs. 2 Satz 1 SchwbG zu einem Schadenersatzanspruch des schwerbehinderten Arbeitnehmers führen (BAG aaO.).

Die Zahlung des Arbeitsentgelts entbindet den Arbeitgeber jedoch nicht von seiner Beschäftigungspflicht. Er kann also gleichwohl wegen der in der tatsächlichen Nichtbeschäftigung des Schwerbehinderten liegenden Ordnungswidrigkeit gemäß § 68 Abs. 1 Ziffer 1 SchwbG mit einem Bußgeld belegt werden.

Die vom Arbeitgeber eingestellten Schwerbehinderten sind jedoch nicht einfach nur zu beschäftigen. Dies hat nach dem Willen des Gesetzgebers auch in ganz besonderer Weise zu geschehen. Sie sind nämlich sinnvoll mit solchen Arbeiten zu beschäftigen, die ihren Kenntnissen, Neigungen und verbleibenden Fähigkeiten entsprechen und nach Möglichkeit deren weitere Entwicklung sichern. Die beste Möglichkeit dazu bietet ein Einsatz im erlernten oder einem artverwandten Beruf, während eine Ausweichtätigkeit als Bote, Pförtner oder Fahrstuhlführer denjenigen Schwerbehinderten vorbehalten bleiben sollte, für die es eine ihrer Eignung entsprechende Beschäftigung nicht gibt.

Die dem Schwerbehinderten übertragene Arbeitsaufgabe soll seiner Behinderung angepaßt sein. Dabei führt die richtige Auswahl einer auf die Besonderheiten des Einzelfalles zugeschnittenen Tätigkeit, bei der insbesondere die Dienststellen der Bundesanstalt für Arbeit Hilfestellung leisten, zu dem sozialpolitisch wünschenswerten und volkswirtschaftlich richtigen Ergebnis der Eingliederung der Schwerbehinderten. Denn durch ausreichenden Verdienst und die Aussicht auf eine Dauerbeschäftigung werden wirtschaftliche Existenzsorgen genommen. Andererseits führt ihre Beschäftigung nicht zu besonderen Belastungen des Betriebes. Wurde dem Schwerbehinderten eine solche geeignete Tätigkeit übertragen, ist es auch gerechtfertigt, von ihm grundsätzlich die gleiche Arbeitsleistung wie von einem gesunden Arbeitnehmer zu erwarten; allerdings muß der Arbeitgeber stets auf die körperliche und seelische Konstitution des Schwerbehinderten Rücksicht nehmen.

Zur Erreichung der umrissenen gesetzlichen Leitvorstellung gewährt § 14 Abs. 2 SchwbG dem einzelnen Schwerbehinderten einen ggf. *mit einer Klage durchsetzbaren Anspruch* auf eine seinen Fähigkeiten und Kenntnissen angepaßte *Beschäftigung*. Damit wird zwar kein Recht auf einen bestimmten Arbeitsplatz oder eine Beschäftigung ganz nach den Neigungen des Schwerbehinderten garantiert (Urteil des BAG vom 19. 9. 1979 = AP Nr. 2 zu § 11 SchwbG), jedoch hat der Arbeitgeber aufgrund seiner erhöhten Fürsorgepflicht den Schwerbehinderten im Rahmen des bestehenden Arbeitsvertrages unter Berücksichtigung der betrieblichen Möglichkeiten mit dessen Fähigkeiten und Kenntnissen entsprechenden Tätigkeiten zu betrauen. Ein Verstoß gegen diese Verpflichtung, auf deren Einhaltung der Schwerbehinderte rechtswirksam nicht verzichten kann (Urteil des BAG vom 4. 5. 1962 = AP Nr. 1 zu § 12 SchwbG), führt zu einem Schadenersatzanspruch, der sowohl auf den Gesichtspunkt der Vertragsverletzung als auch auf § 823 Abs. 2 BGB in Verbindung mit § 14 Abs. 2 SchwbG gestützt werden kann. § 14 Abs. 2 SchwbG ist ein Schutzgesetz im Sinne dieser Vorschrift (Urteil des BAG vom 12. 11. 1980 = AP Nr. 3 zu § 11 SchwbG).

Ebensowenig darf der Schwerbehinderte im Rahmen des *Direktionsrechts* auf einen anderen als einen seiner Eignung entsprechenden Arbeitsplatz versetzt werden. Dies erfordert den Ausspruch einer *Änderungskündigung*, die der Zustimmung der Hauptfürsorgestelle gemäß § 15 SchwbG bedarf. Kann der Schwerbehinderte im Rahmen seines durch die besondere Fürsorgepflicht des Arbeitgebers konkretisierten Arbeitsvertrages mit verschiedenen seinen Fähigkeiten und Kenntnissen entsprechenden Tätigkeiten betraut werden, ist im Rahmen des Direktionsrechts bei Beachtung des § 315 BGB ohne Zustimmung der Hauptfürsorgestelle eine Versetzung von einem Arbeitsplatz auf einen anderen möglich.

bb) Förderung und Beförderung

Häufig konnten Schwerbehinderte als Folge des Wehrdienstes oder wegen ihrer Behinderung Ausbildungsmöglichkeiten nicht nutzen. Über die allgemeinen Maßnahmen der Rehabilitation und der Berufsförderung hinaus (vgl. dazu Fuchs, Die Förderung von Behindertenarbeitsplätzen nach dem Schwerbehindertengesetz 1986 und der Ausgleichsabgabeverordnung 1988, DB 1988 S. 1064 ff. sowie Rindt, Die berufliche Eingliederung Behinderter, AuA 1991 S. 1 ff.) gibt § 14 Abs. 2 SchwbG dem Schwerbehinderten einen Anspruch auf bevorzugte Teilnahme an innerbetrieblicher Berufsbildung, der ebenso wie der Anspruch auf angemessene Beschäftigung gerichtlich durchsetzbar ist. Darüber hinaus ist dem Schwerbehinderten die Teilnahme an außerbetrieblicher Berufsförderung in zumutbarem Umfang zu erleichtern. Maßgeblich sind die Umstände des Einzelfalls. Unzumutbar kann die Freistellung zu einer solchen Maßnahme jedoch nur dann sein, wenn der Schwerbehinderte wegen der von ihm zu verrichtenden Arbeiten im Betrieb absolut unabkömmlich ist. Ob während des Freistellungszeitraums die Vergütung fortzuzahlen ist, richtet sich insbesondere nach den insoweit bestehenden betrieblichen oder dienstlichen Regelungen. Da dem Schwerbehinderten während der Dauer der Fortbildung vom Träger der Rehabilitationsmaßnahme ohnehin Unterhalt gewährt wird, kann der Arbeitgeber ihn jedoch zunächst auf diese Leistungen verweisen. Weitere Ansprüche (etwa auf Fahrtkostenbeihilfe oder einen Beitrag zur doppelten Haushaltsführung) bestehen nur dann, wenn diese Leistungen sonst betriebsüblich sind, gerade dem Schwerbehinderten aber verweigert werden. Im übrigen liegt die Bestimmung von Art und Umfang der dem Schwerbehinderten gewährten Erleichterungen im gerichtlich nur ausnahmsweise nachprüfbaren Ermessen des Arbeitgebers, der deren zumutbaren Umfang im Rahmen seiner gesteigerten Fürsorgepflicht festzulegen hat.

Hat der Schwerbehinderte durch die Teilnahme an Fortbildungsmaßnahmen oder als Folge gesetzesentsprechender Beschäftigung seine Fähigkeiten und Kenntnisse weiterentwickelt, gegebenenfalls Zusatzprüfungen bestanden, ist er in einer seiner neuen Qualifikation angemessenen Position zu beschäftigen, wenn dies betrieblich möglich und zumutbar ist. Die Kündigung eines anderen Arbeitnehmers aus diesem Anlaß wird nur ausnahmsweise in Betracht kommen (Urteil des BAG vom 8. 2. 1966 = AP Nr. 4 zu § 12 SchwbG). Die *Förderungspflicht* besteht nicht erst bei einem entsprechenden Antrag des Schwerbehinderten, dem auch – gegebenenfalls auf Zeit – zur Erprobung sowie weiterer Qualifikation höherwertige Tätigkeiten zu übertragen sind. Auch dieser Anspruch kann vom einzelnen Schwerbehinderten ggf. vor dem Arbeitsgericht durchgesetzt werden, wenn der Arbeitgeber seiner Verpflichtung nicht nachkommt. Jedoch besteht die Förderungspflicht nur im Rahmen der Kenntnisse und Fähigkeiten des Schwerbehinderten. Sind nicht behinderte Mitbewerber besser qualifiziert, gehen sie dem Schwerbehinderten grundsätzlich vor. Insoweit ist dem Leistungsprinzip auch in diesen Fällen der Vorzug zu geben. Dies gilt allerdings dann nicht, wenn die Minderleistung gerade durch die Behinderung hervorgerufen wird. In diesem Fall ist der Schwerbehinderte zu bevorzugen, weil das Gesetz diesen Nachteil gerade ausgleichen will. Nach der Rechtsprechung des Bundesverwaltungsgerichts (Urteil vom 25. 2. 1988 = ZBR 1988 S. 219), die auf Kritik gestoßen ist (Schnellenbach, Die Personalvertretung 1988 S. 472), gilt dies allerdings nur für behinderungsbedingte Defizite in der Arbeitsmenge, während qualitative Mängel zur Vermeidung einer fiktiven Beurteilung des Schwerbehinderten außer Betracht bleiben müßten.

Bei gleicher Qualifikation des Schwerbehinderten und seiner Mitbewerber kann es geboten sein, den Schwerbehinderten vorzuziehen, ohne daß daraus – schon im Interesse der an ihrer Vollwertigkeit im Berufsleben interessierten Schwerbehinderten – ein allgemeiner Anspruch auf die bevorzugte *Beförderung* von Schwerbehinderten abgeleitet werden könnte (ständige Rechtsprechung des BAG, z.B. Urteil vom 12. 11. 1980 = AP Nr. 3 zu § 11 SchwbG). Voraussetzung einer solchen bevorzugten Behandlung ist jedoch neben dem Vorliegen gleichwertiger Leistungen auf der Grundlage allgemein gültiger Kriterien, daß seiner Verwendung auf der erstrebten Stelle nicht billigenswerte vernünftige Gründe entgegenstehen, die auch betrieblicher Natur sein können. Die Entscheidung darüber ist im Einzelfall unter Abwägung der Interessen des Schwerbehinderten, der nichtbehinderten Bewerber sowie der Belange des Betriebes zu treffen (Urteil des BAG vom 19. 9. 1979 = AP Nr. 2 zu § 11 SchwbG).

Diese Grundsätze gelten auch im *öffentlichen Dienst*, insbesondere auch für Beamte. Ein Anspruch auf Übernahme ins Beamtenverhältnis, in der eine Förderung im Sinne des § 14 Abs. 2 SchwbG liegen kann, besteht allerdings dann nicht, wenn die wahrgenommene Angestelltentätigkeit der erstrebten Beamtenposition gleichwertig ist (Urteil des BAG vom 9. 6. 1966 = AP Nr. 5 zu § 12 SchwbG).

cc) Ausgestaltung und Sicherheit des Arbeitsplatzes

Über die genannten Verpflichtungen hinaus haben alle Arbeitgeber die Beschäftigung von Schwerbehinderten auch im Hinblick auf die konkrete Ausgestaltung der ihnen angebotenen Arbeitsplätze zu fördern. Eine dazu geeignete Maßnahme kann die betriebsorganisatorisch wenig aufwendige Teilung eines Arbeitsplatzes in zwei Teilzeitarbeitsplätze für Schwerbehinderte sein, die nicht für die gesamte Arbeitszeit arbeitsfähig sind. Daneben kommt die Ausstattung der Arbeitsplätze von Schwerbehinderten mit technischen Arbeitshilfen in Betracht, auf die gemäß § 14 Abs. 3 SchwbG ein klagbarer Anspruch besteht. Darunter sind entweder am Körper des Schwerbehinderten oder an Betriebseinrichtungen angebrachte Vorrichtungen zu verstehen, die in der Berufsarbeit dazu dienen, ihm Arbeitsleistungen und -verrichtungen zu ermöglichen, die er wegen seines Körperschadens ohne sie nicht zu leisten in der Lage wäre. Die dafür erforderlichen Kosten können gegebenenfalls ganz oder teilweise aus den Mitteln der Ausgleichsabgabe bestritten werden. Die Einzelheiten sind in der SchwbAV, insbesondere den §§ 15 und 26, geregelt.

Darüber hinaus trifft den Arbeitgeber eine auch durch § 618 BGB nicht begrenzte Fürsorgepflicht, die ihm zum Beispiel die Unterbringung eines Blindenführhundes während der Arbeitszeit in der Nähe des Schwerbehinderten aufgibt. Entsprechendes gilt für Rollstühle und Kraftfahrzeuge, die von den Schwerbehinderten für den Weg von der Wohnung zur Arbeitsstelle benötigt werden. Im Rahmen der bestehenden Möglichkeiten hat der Arbeitgeber dafür zu sorgen, daß für die Kraftfahrzeuge von Schwerbehinderten bevorzugte Parkmöglichkeiten in der Nähe von deren Arbeitsplätzen geschaffen werden. Schließlich gelten für den Arbeitgeber im Rahmen seiner Fürsorgepflicht auch gesteigerte Anforderungen im Hinblick auf den Unfallschutz, da die bereits geminderte Leistungsfähigkeit der Schwerbehinderten durch eine erneute Schädigung weiter vermindert oder gar beseitigt werden könnte und der Schwerbehinderte schon wegen seiner Behinderung betrieblichen Gefahren stärker als der Gesunde ausgesetzt ist.

dd) Vergütungsanspruch

Dem Schwerbehinderten steht wie jedem Arbeitnehmer für die von ihm geleistete Arbeit eine Vergütung zu (§§ 611, 614 BGB), deren Höhe sich grundsätzlich nach der mit dem Arbeitgeber getroffenen Vereinbarung richtet, aber auch durch einen Tarifvertrag, gegebenenfalls durch eine Betriebsvereinbarung (vgl. dazu §§ 77 Abs. 3 und 87 Abs. 1 Betriebsverfassungsgesetz) bestimmt sein kann. Fehlen solche Regelungen, ist der ortsübliche Lohn zu zahlen (§ 612 Abs. 2 BGB).

Besondere Festlegungen über die Höhe des dem Schwerbehinderten geschuldeten Entgelts enthält das Schwerbehindertengesetz nicht. Dies erklärt sich aus seiner Grundkonzeption, nach der Schwerbehinderte grundsätzlich genau wie ihre nicht behinderten Kollegen zu behandeln sind und nur die gerade durch die Behinderung entstandenen Nachteile ausgeglichen werden sollen.

Dieser Zweck wird in dem hier behandelten Zusammenhang dadurch erreicht, daß die Schwerbehinderten *durch* ein gesetzliches *Verbot der Berücksichtigung sowie Anrechnung von Renten* bei der Bemessung der ihnen geschuldeten Vergütung *vor* einer Ausnutzung ihrer schlechten Lage auf dem Arbeitsmarkt durch *Lohndrückerei geschützt* werden (§ 45 SchwbG). Beide Bestimmungen sind unabdingbar. Der Schwerbehinderte kann einzelvertraglich nicht auf ihre Einhaltung verzichten. Davon abweichende Tarifverträge oder Betriebsvereinbarungen sind wegen Gesetzesverstoßes unwirksam (Urteile des BAG vom 1. 2. 1957

= AP Nr. 1 zu § 32 SchwbG sowie vom 16. 11. 1982 = AP Nr. 6 zu § 42 SchwbG).

Das Anrechnungsverbot gilt für alle Schwerbehinderten und ihnen Gleichgestellte sowie für Witwen und Ehefrauen von Schwerbehinderten im Sinne des § 8 SchwbG 1961, soweit sie nach Art. III § 8 des Gesetzes zur Weiterentwicklung des Schwerbehindertenrechts vom 24. 4. 1974 noch weiterbeschäftigt werden. Es ist unabhängig von der Art der Beschäftigung, gilt also sowohl im Beamten-, Arbeiter- als auch Angestelltenverhältnis.

Keine Auswirkungen hat es nach dem neu eingefügten § 45 Abs. 2 SchwbG allerdings auf Zeiträume, in denen die Beschäftigung nicht ausgeübt wird und die Vorschriften über die Gewährung der Rente oder vergleichbaren Leistung ein Ruhen vorsehen, wenn Arbeitsentgelt oder Dienstbezüge gezahlt werden. Die Neuregelung war erforderlich, um eine vom Gesetzgeber nicht beabsichtigte Differenzierung zwischen nicht behinderten und schwerbehinderten Arbeitnehmern zu vermeiden, die nach der Rechtsprechung des BAG (Urteil vom 28. 3. 1984 = AP Nr. 11 zu § 42 SchwbG) in besonderen Fällen beim Zusammentreffen von Krankenbezügen und Rentenbezügen auftreten konnte (BR-Drucksache 431/84 S. 25f.).

Das *Anrechnungsverbot* schützt alle Renten und sonstigen einmaligen oder wiederkehrenden Leistungen, die wegen der Behinderung gezahlt werden. Betroffen sind demnach vor allem *Renten nach dem Bundesversorgungsgesetz* sowie *Unfallrenten* und solche wegen *Berufs- oder Erwerbsunfähigkeit.* Grundsätzlich *nicht* in Betracht kommen dagegen *Alters- und Hinterbliebenenrenten*, es sei denn, sie würden allein wegen der Behinderung vorzeitig bezogen. Eine solche Rente könnte nämlich ein nichtbehinderter Arbeitnehmer nicht in Anspruch nehmen (Urteil des BAG vom 16. 11. 1982 = AP Nr. 6 zu § 42 SchwbG). *Zulässig* ist dagegen die vereinbarte *Rückforderung eines Ausgleichs* für den Fall der Rentenzahlung (Urteil des BAG vom 10. 11. 1982 = AP Nr. 4 zu 42 SchwbG). Hier wird dem Schwerbehinderten nicht mittelbar der wegen der Minderung der körperlichen oder geistigen Leistungsfähigkeit gewährte Ausgleich wieder genommen, sondern ohne Verstoß gegen § 45 SchwbG in Anknüpfung an die für die Rentengewährung maßgeblichen Umstände zur Aufrechterhaltung des Lebensstandards gleichsam ein Vorschuß auf die zu erwartenden Sozialleistungen gewährt. Dies rechtfertigte im Umfang der erhaltenen Leistungen sogar die Abtretung der Rente (§ 53 Abs. 2 SGB I). Nicht zu beanstanden ist auch die in einem Sozialplan enthaltene Verpflichtung zur Inanspruchnahme des vorgezogenen Altersruhegeldes, da § 1248 Abs. 2 RVO (bzw. 25 Abs. 2 AVG) keine Sonderrechte für Behinderte begründet, sondern für alle Arbeitnehmer gilt (Urteil des BAG vom 10. 11. 1982 = AP Nr. 5 zu § 42 SchwbG).

Als Arbeitsentgelt im Sinne des § 45 SchwbG kommen sämtliche Geldleistungen oder geldeswerten Leistungen in Betracht, die für die erbrachte Tätigkeit gewährt werden. Zu denken ist an Lohn, Gehalt, Provisionen, Zulagen, Urlaubsentgelt oder Gratifikationen (Urteil des BAG vom 10. 11. 1982 = AP Nr. 4 zu § 42 SchwbG mit weiteren Nachweisen).

Dem Anrechnungsverbot unterliegen nicht betriebliche Versorgungsleistungen, die in ihrer Zweckbestimmung den anzurechnenden gesetzlichen Sozialleistungen entsprechen, also den gleichen Versorgungsbedarf decken sollen wie diese. Solche Leistungen haben zwar auch Entgeltcharakter, jedoch führt ihre Anrechnung nicht zu einer Vereitelung des Sonderschutzes für Schwerbehinderte (Urteil des BAG vom 10. 11. 1982 = AP Nr. 4 zu § 42 SchwbG). Diesem Gedanken folgend kann eine *Verletztenrente* nach der vom Bundesverfassungsgericht (Beschluß vom 9. 2. 1990 = HV – Info 1990 S. 757) bestätigten Rechtsprechung des Bundesarbeitsgerichts insoweit auf die *Leistungen der betrieblichen Altersversorgung* angerechnet werden, als sie nicht für den Verlust der körperlichen Unversehrtheit entschädigt, sondern wie die betriebliche Altersversorgung der Sicherung des Lebensstandards dient (Urteile des BAG vom 19. 7. 1983 = AP Nr. 8 und 9 zu § 5 BetrAVG, vom 8. 11. 1983 = AP Nr. 12 zu § 5 BetrAVG, vom 2. 2. 1988 = AP Nr. 25 zu § 5 BetrAVG sowie vom 23. 2. 1988 = NZA 1988 S. 609). Eine solche Anrechnungsmöglichkeit kann unter bestimmten Voraussetzungen nach dem Grundsatz der Billigkeit (§ 315 Abs. 1 BGB) auch nachträglich zu Lasten des Arbeitnehmers eingeführt werden (Urteil des BAG vom 2. 2. 1988 = AP Nr. 25 zu § 5 BetrAVG).

Diese Überlegung gilt im Grundsatz auch für jene Fälle, in denen der Bezug einer Verletztenrente zum Ruhen der Rente aus der gesetzlichen Altersversorgung geführt hat (§ 1278 RVO, § 55 AVG) und der ruhende Teil der gesetzlichen Altersrente einen höheren Betrag ergibt als der anrechenbare Teil der Verletztenrente. Unter diesen Voraussetzungen kann der versorgungspflichtige Arbeitgeber mindestens den Teil der Verletztenrente anrechnen, der dem ruhenden Teil der gesetzlichen Altersrente entspricht (wegen der Einzelheiten wird auf das Urteil des BAG vom 8. 11. 1983 = AP Nr. 12 zu § 5 BetrAVG verwiesen). Sieht die Leistungsordnung der Versorgungseinrichtung eine Aufteilung nicht vor oder ist der anrechnungsfreie Betrag in unbilliger Weise zu niedrig angesetzt (vgl. zur Frage der Billigkeit einer Anrechnungsregel das Urteil des BAG vom 10. 4. 1984 = AP Nr. 17 zu § 5 BetrAVG), erfolgt sie gemäß § 315 Abs. 3 Satz 2 BGB durch den Richter. Dabei kann inhaltlich auf das Recht der Kriegsopferversorgung zurückgegriffen werden, das eine vergleichbare Regelung enthält (BAG a.a.O.). Hat der Arbeitgeber die Unfallrente zu Unrecht auf betriebliche Versorgungsleistungen angerechnet, ist er zur Auszahlung der unberechtigt einbehaltenen Beträge verpflichtet (Urteil des BAG vom 13. 9. 1983 = AP Nr. 11 zu § 5 BetrAVG). Diese Grundsätze gelten sowohl bei der Anwendung von Gesamtversorgungsobergrenzen (vgl. dazu die Urteile des BAG vom 24. 4. 1990 = DB 1990 S. 2171 sowie vom 23. 10. 1990 = NZA 1991 S. 242) als auch für normale Anrechnungsklauseln in Versorgungszusagen (Urteil des BAG vom 24. 3. 1987 = AP Nr. 24 zu § 5 BetrAVG).

Im Bereich der Hinterbliebenenversorgung sind sie allerdings nicht anwendbar. Die Anrechnung von gesetzlichen Unfallwitwenrenten auf Leistungen der betrieblichen Altersversorgung verstößt auch im allgemeinen nicht gegen den Gleichbehandlungsgrundsatz; dies gilt jedenfalls dann, wenn Unfallwitwen gegenüber solchen, die keine Ansprüche aus der gesetzlichen Unfallversicherung besitzen, ein Versorgungsvorsprung verbleibt (Urteil des BAG vom 6. 8. 1985 = AP Nr. 21 zu § 5 BetrAVG).

Keine Bedenken bestehen auch, wenn betriebliche Versorgungsregelungen vorsehen, daß eine Invalidenrente nur geschuldet wird, wenn der Invaliditätsfall nach Vollendung eines bestimmten Mindestalters (z. B. des 50. Lebensjahres) eintritt (Urteil des BAG vom 20. 10. 1987 = BB 1987 S. 836). Auch kann die Gewährung einer Betriebs-Invalidenrente davon abhängig gemacht werden, daß der (ehemalige) Arbeitnehmer eine gesetzliche Invalidenrente bezieht (Urteil des BAG vom 23. 4. 1986 = NZA 1987 S. 465).

Nicht mehr zum Arbeitsentgelt rechnet auch das *Übergangsgeld* gemäß § 62 BAT, das Angestellte aus Anlaß ihres Ausscheidens aus dem öffentlichen Dienst erhalten. Es wird nämlich für das Ausscheiden aus dem Arbeitsverhältnis gezahlt und dient der Erleichterung des Übergangs aus dem aktiven Beschäftigungsverhältnis bei Aufrechterhaltung des sozialen Status (Urteil des BAG vom 27. 11. 1986 = AP Nr. 11 zu § 62 BAT). Dementsprechend kann das Übergangsgeld nach der durch das 2. Haushaltsstrukturgesetz mit Wirkung zum 1. 1. 1982 erfolgten Einfügung der Worte „... aus einem bestehenden Arbeitsverhältnis ..." in den Text des § 42 (nunmehr 45 Satz 1) SchwbG, gegen die durchgreifende verfassungsrechtliche Bedenken nicht bestehen (Beschluß des BVerfG vom 20. 1. 1988 = ArbuR 1988 S. 219), nach Maßgabe der zeitweilig nicht anwendbaren (Urteil des BAG vom 27. 11. 1986 = AP Nr. 11 zu § 62 BAT; abw. das Urteil des BAG vom 21. 8. 1984 = AP Nr. 13 zu § 42 SchwbG) Anrechnungsvorschrift des § 62 Absatz 4 Unterabsatz 2 BAT gekürzt werden.

Der Anwendung tariflicher *Minderleistungsklauseln*, nach deren Inhalt der Lohn nach der Leistungsfähigkeit gezahlt wird, steht § 45 SchwbG nicht entgegen. Ist der Schwerbehinderte für die von ihm verrichtete Tätigkeit tatsächlich minderleistungsfähig, muß er eine entsprechende Tarifvorschrift wie jeder andere Arbeitnehmer gegen sich gelten lassen. Enthält der Tarifvertrag eine dazu ermächtigende Regelung, kann der Arbeitgeber daher den Lohn des Schwerbehinderten für den Fall der Minderleistungsfähigkeit ebenso wie den der übrigen Arbeitnehmer auch ohne Zustimmung der Hauptfürsorgestelle herabsetzen. Fehlt eine solche Bestimmung, hat der Schwerbehinderte stets Anspruch auf den vollen Tariflohn. Dies gilt auch, wenn der Arbeitgeber den Schwerbehinderten zu vollem Tariflohn einstellt und von der Minderleistungsklausel keinen Gebrauch macht. Wird im Betrieb allgemein im Akkord gearbeitet, kann der Schwerbehinderte eine Beschäftigung im Zeitlohn nicht verlangen. Führt dies zu einem relativ niedrigen Einkommen, hat er dies wie jeder andere Arbeitnehmer hinzunehmen.

Aus dem Vorliegen der Behinderung an sich kann jedoch keineswegs geschlossen werden, daß der Schwerbehinderte die Voraussetzungen einer tariflichen Minderleistungsklausel erfüllt. Die Minderleistungsfähigkeit muß im Vergleich zu einem normalen Arbeitnehmer mit der gleichen Tätigkeit konkret festgestellt werden, wobei vom Schwerbehinderten nur eine Durchschnittsleistung verlangt werden kann. Dabei wird ihm regelmäßig zugute kommen, daß der Arbeitgeber ihm nur einen solchen Arbeitsplatz zuweisen darf, der für ihn geeignet ist und den er voll ausfüllen kann. Erbringt er dort vollwertige Arbeit, steht ihm auch der volle Tariflohn zu.

Streitigkeiten über die Höhe des dem Schwerbehinderten geschuldeten Entgelts fallen als bürgerliche Rechtsstreitigkeiten zwischen Arbeitnehmern und Arbeitgebern aus dem Arbeitsverhältnis gemäß § 2 Abs. 1 Ziff. 3a Arbeitsgerichtsgesetz in die Zuständigkeit der Gerichte für Arbeitssachen. Findet auf das Arbeitsverhältnis als Folge beiderseitiger Tarifbindung, einzelvertraglicher Vereinbarungen oder Allgemeinverbindlichkeit Tarifrecht Anwendung, ist insbesondere auf das mögliche Eingreifen von Ausschlußfristen zu achten (Urteil des BAG vom 16. 11. 1982 = AP Nr. 6 zu § 42 SchwbG). Da diese sehr kurz sein können, ist hier besondere Aufmerksamkeit geboten.

ee) Mehrarbeit

Durch die Regelung des § 46 SchwbG, nach der sie auf ihr Verlangen von Mehrarbeit freizustellen sind, werden Schwerbehinderte und ihnen Gleichgestellte ohne Rücksicht auf Grad und Ursache der Erwerbsminderung vor einer ungebührlichen *Ausnutzung ihrer Arbeitskraft* geschützt (Ausschußbericht BT-Drucksache 7/1515 zu Nr. 41a, S. 15f.). Aus der Verwendung des Begriffes „Mehrarbeit" ist nach Ansicht des Bundesarbeitsgerichts (Urteil vom 8. 11. 1989 = NZA 1990 S. 309; a. A. LAG Hamm, Urteil vom 1. 7. 88 = ARST 1989 S. 178) zu schließen, daß in dieser Vorschrift nicht die Überschreitung der individuellen Arbeitszeit des Schwerbehinderten angesprochen wird, sondern dieser lediglich solche Arbeiten ablehnen darf, die die werktägliche Dauer von 8 Stunden (§ 3 AZO) überschreiten. Dieses Ablehnungsrecht gilt allerdings nicht für nur vorübergehende Tätigkeiten in Notfällen oder außergewöhnlichen Fällen, deren Eintritt vom Arbeitgeber nicht zu beeinflussen ist und deren Folgen nicht auf andere Weise zu beseitigen sind. Beispielhaft zu nennen sind insoweit das drohende Verderben von Rohstoffen oder Lebensmitteln sowie das Mißlingen von Arbeitserzeugnissen (§ 14 AZO).

Der für die *Freistellung* erforderliche *Antrag* bedarf keiner Begründung. Der Schwerbehinderte ist in der Inanspruchnahme dieser Regelung völlig frei. Will er davon Gebrauch machen, hat er dies dem Arbeitgeber allerdings so rechtzeitig und unmißverständlich anzuzeigen, daß dieser sich darauf einstellen kann. Er darf nicht ohne weiteres der Überarbeit fernbleiben oder sich vom Arbeitsplatz entfernen. Verstößt der Schwerbehinderte gegen diese Verpflichtung, kann dies arbeitsrechtliche Konsequenzen nach sich ziehen, insbesondere kann er zum Ersatz eines durch sein nicht angekündigtes Fernbleiben entstandenen Schadens verpflichtet werden.

Ergänzend zu § 46 SchwbG dürfen Schwerbehinderte im Gebiet der ehemaligen DDR bis zum 31. 12. 1992 nur unter Berücksichtigung von Art und Schwere ihrer Behinderung zur Nachtarbeit herangezogen werden. Diese ist für Schwerbehinderte unzulässig, wenn ärztlich festgestellt wird, daß sie diese auf Grund ihrer Behinderung nicht leisten können (vgl. den Einigungsvertrag vom 31. 8. 1990, BGBl. II S. 889, 1040).

ff) Zusatzurlaub

Gemäß § 47 SchwbG steht Schwerbehinderten ein dem Mitbestimmungsrecht des Betriebsrats gemäß § 87 Abs. 1 Ziffer 5 BetrVG unterliegender (Beschluß des LAG Frankfurt/M. vom 16. 2. 1987 = BB 1987 S. 1461) Zusatzurlaub zu, der dazu dient, die verbliebene Arbeitsfähigkeit und Gesundheit zumindest auf dem bestehenden Niveau zu erhalten (Urteil des BAG vom 18. 10. 1957 = AP Nr. 2 zu § 33 SchwbeschG). Die Vorschrift hat ihre innere Rechtfertigung darin, daß ein behinderter Arbeitnehmer regelmäßig besondere Anstrengungen auf sich nehmen muß, um eine Arbeitsleistung zu erreichen, die derjenigen nichtbehinderter Arbeitnehmer entspricht. Dieser erhöhte Einsatz der Arbeitskraft macht eine über den normalen Urlaub hinausgehende Erholungsphase erforderlich.

Dieser *zusätzliche Urlaubsbedarf* ist nach der ab 1. 1. 1987 geltenden Fassung des § 47 Satz 1 SchwbG durch das Erste Gesetz zur Änderung des Schwerbehindertengesetzes vom 26. 7. 1986 (BGBl. I S. 1116) gesetzlich auf *eine Arbeitswoche im Urlaubsjahr* fixiert. Mit dieser Änderung gegenüber dem bisher geltenden Recht soll einerseits der seit 1974 eingetretenen allgemeinen Verlängerung des Grundurlaubs Rechnung getragen als auch andererseits die Bereitschaft von Arbeitgebern zur Beschäftigung Schwerbehinderter erhöht werden. Gleichzeitig soll die Neuregelung durch die Anknüpfung an die regelmäßige individuelle Arbeitszeit des Schwerbehinderten und nicht jene des Betriebes eine Reihe von Zweifelsfragen beheben, die sich bei der Anwendung des § 44 SchwbG a. F. ergeben haben (BR-Drucksache 431/84 S. 26).

Wie auch schon nach altem Recht beansprucht § 47 SchwbG keine absolute Geltung, sondern läßt durch seinen Satz 2 konkurrierende Urlaubsregelungen unter bestimmten Voraussetzungen zu. Ungünstigere Vorschriften werden verdrängt, während günstigere Bestimmungen (landesrechtlicher, tariflicher, betrieblicher oder sonstiger Art) davon nicht berührt werden. Allerdings sind tarifvertragliche Bestimmungen, die lediglich auf gesetzliche Regelungen verweisen oder solche in Bezug nehmen, keine eigenständigen Anspruchsgrundlagen (Beschluß des BAG vom 9. 6. 1988 = DB 1988 S. 1556; abw. Urteil des LAG Rheinland-Pfalz vom 8. 7. 1988 = BB 1988 S. 2034, Revision eingelegt). Der Vergleich beschränkt sich dabei allein auf die Gegenüberstellung der Länge des Urlaubs, während sonstige Leistungen wie etwa die Höhe der dafür gezahlten Vergütung insoweit außer Betracht bleiben (Urteil des BAG vom 10. 2. 1956 = AP Nr. 1 zu § 33 SchwbeschG).

Gesetzlicher und tariflicher Zusatzurlaub werden nicht nebeneinander gewährt. Die Günstigkeitsregel des § 47 Satz 2 SchwbG betrifft lediglich den Fall, daß der tarifliche Anspruch weitergeht als der gesetzliche. Die sich zugunsten des Schwerbehinderten ergebende Differenz soll ihm nach dem Willen des Gesetzes erhalten bleiben, ohne daß es zu einer Verdoppelung der Urlaubsansprüche kommt.

Etwas anderes kann gelten, wenn dem Schwerbehinderten landesgesetzlich auch ein Zusatzurlaub für politisch Verfolgte zusteht. Ob hier eine Anrechnung stattfindet (so etwa in Baden und Württemberg-Baden, Rheinland-Pfalz und dem Saarland) oder beide Freizeitansprüche nebeneinander bestehen (wie zum Beispiel Niedersachsen), ist durch Auslegung der jeweiligen Vorschriften zu ermitteln.

Die noch als § 44 Satz 3 SchwbG im Entwurf eines Gesetzes zur Änderung des Schwerbehindertengesetzes vorgesehene Möglichkeit einer *Anrechnung* des Zusatzurlaubs *auf Kuren* (BR-

Drucksache 431/84 S. 10) ist *nicht Gesetz* geworden. Einen Anspruch auf Zusatzurlaub nach § 44 SchwbG haben seit der Neufassung des Gesetzes im Jahre 1974 nur noch Schwerbehinderte, also Personen mit einem GdB von mindestens 50. Die Gewährung dieses *Urlaubs auch an Gleichgestellte* ist durch § 2 SchwbG ausdrücklich *ausgeschlossen*. Diese Regelung verdrängt landesgesetzliche Vorschriften, die auch Gleichgestellten diesen Zusatzurlaub gewährten. Nicht betroffen sind allerdings Bestimmungen der Länder, die für einen erweiterten Kreis von Behinderten selbständig und ohne Rücksicht auf eine eventuelle Gleichstellung zusätzliche Urlaubsansprüche begründen. Zu nennen ist hier etwa das saarländische Gesetz betreffend Regelung des Zusatzurlaubs für kriegs- und unfallbeschädigte Arbeitnehmer in der Privatwirtschaft nebst Durchführungsverordnung, nach dem Beschäftigte mit einer MdE von 25 bis 50 v. H. drei Arbeitstage Zusatzurlaub erhalten (Urteil des LAG Saarbrücken vom 12. 6. 1963 = Betriebsberater 1963 S. 1137).

Aus der gesetzlichen Beschränkung der Begünstigung allein auf Schwerbehinderte folgt auch, daß nichtschwerbehinderten Inhabern von Bergmannsversorgungsscheinen sowie Witwen und Ehefrauen Schwerbehinderter im Sinne des nach Artikel III § 8 des Gesetzes zur Weiterentwicklung des Schwerbehindertenrechtes fortgeltenden § 8 SchwbG 1961 der Zusatzurlaub nicht zusteht.

Der Zusatzurlaub ist im übrigen von der Besetzung eines bestimmten Arbeitsplatzes oder der Art der Beschäftigung unabhängig. Er ist auch zu gewähren, wenn der Schwerbehinderte nicht auf einem Pflichtplatz beschäftigt wird und der Arbeitgeber seine Quote (§ 5 Abs. 1 SchwbG) bereits erfüllt hat. Der Zusatzurlaub kommt sowohl für Arbeiter, Angestellte als auch Beamte in Betracht. Für Heimarbeiter besteht in § 49 SchwbG eine Sonderregelung. Der Urlaubsanspruch entsteht kraft Gesetzes und ist von der Erfüllung weiterer Voraussetzungen nicht abhängig. Insbesondere bedarf es nicht erst der formalen Anerkennung als Schwerbehinderter. Ebensowenig kommt es darauf an, ob der Arbeitgeber von der Schwerbehinderteneigenschaft des Arbeitnehmers Kenntnis hatte oder bei seiner Einstellung die Pflichtquote bereits erfüllte.

Will der Schwerbehinderte den Zusatzurlaub (erstmals) in Anspruch nehmen, muß er dies gegenüber dem Arbeitgeber *ausdrücklich* erklären. Fehlt es daran, geht der Anspruch auf Zusatzurlaub mit Ablauf des Urlaubsjahres unter, für das er gewährt wird (Urteil des BAG vom 28. 1. 1982 = AP Nr. 3 zu § 44 SchwbG).

Der Arbeitgeber muß den Zusatzurlaub nicht von sich aus anbieten, wenn er nicht weiß, daß der Arbeitnehmer Schwerbehinderter ist. Ebensowenig kann der Schwerbehinderte, der sich noch nicht auf diese Eigenschaft berufen hat, für die Vergangenheit Zusatzurlaub verlangen. Dies gilt auch für den Fall, daß der Arbeitnehmer seine Schwerbehinderteneigenschaft erst nach Beendigung des Arbeitsverhältnisses bekannt gibt (Urteil des LAG Baden-Württemberg vom 28. 10. 1965 = ArbuR 1966 S. 221).

Etwas problematisch sind jene Fälle, in denen die Anerkennung des Schwerbehinderten erst später mit Rückwirkung auf einen früheren Zeitpunkt erfolgt. Dabei kann sich der Arbeitgeber dem Verlangen des Arbeitnehmers auf Gewährung von Zusatzurlaub gemäß § 47 SchwbG nicht einfach mit dem Bemerken widersetzen, ein Feststellungsbescheid liege noch nicht vor; entscheidend ist das objektive Vorliegen der Schwerbehinderteneigenschaft, für die der Arbeitnehmer beweispflichtig ist. Hat der noch nicht als Schwerbehinderter anerkannte Arbeitnehmer jedoch gegenüber dem Arbeitgeber die Behinderung (ggf. in der nach dem anzuwendenden Tarifrecht vorgeschriebenen Form, vgl. das Urteil des BAG vom 26. 6. 1986 = AP Nr. 6 zu § 44 SchwbG) geltend gemacht, d. h. nicht nur die Tatsache der Antragstellung mitgeteilt, und die Gewährung von Zusatzurlaub verlangt, befindet sich der Arbeitgeber in Leistungsverzug. Daraus ergibt sich im Wege des Schadensersatzes ein Anspruch des Schwerbehinderten auf *Ersatzurlaub*, auch wenn der ursprüngliche Urlaubsanspruch bei längerer Verfahrensdauer nach dem Ende des Urlaubsjahres bzw. des Übertragungszeitraums durch Zeitablauf erloschen ist (Urteile des BAG vom 26. 6. 1986 = b + p 1986 S. 174). Kann ein solcher Ersatzurlaub wegen Beendigung des Arbeitsverhältnisses nicht mehr gewährt werden, ist der Arbeitnehmer in Geld zu entschädigen (Urteil des BAG vom 26. 6. 1986 = AP Nr. 5 zu § 44 SchwbG).

Der Zusatzurlaub folgt den für den Haupturlaub geltenden Regelungen. Ein Anspruch darauf besteht nur dann und insoweit, als auch dieser verlangt werden kann. Vollständig zu gewähren ist er daher nur bei Erfüllung der Wartezeit (vgl. § 4 BUrlG bzw. die entsprechenden Regelungen des maßgeblichen Urlaubstarifvertrages), wenn also der Arbeitnehmer dem Betrieb eine bestimmte

Zeit angehört hat. Ist das nicht der Fall, erwirbt er nur einen *Teilurlaubsanspruch*, auf den nach allgemeinen Grundsätzen das *Zwölftelungsprinzip* anzuwenden ist (Urteil des BAG vom 18. 12. 1957 = AP Nr. 2 zu § 33 SchwbeschG). Das bedeutet, daß der Arbeitnehmer für jeden Monat der Betriebszugehörigkeit ein Zwölftel des Urlaubs sowie des Zusatzurlaubs verlangen kann. Unter Umständen kann dies auch nur auf den Zusatzurlaub zur Anwendung kommen. Dies gilt etwa für den Fall, daß für die Dauer der Wartezeit ein Arbeitsverhältnis bestanden hat, dem Arbeitnehmer der besondere Schutz des Schwerbehindertengesetzes jedoch gemäß § 39 SchwbG für einen bestimmten Zeitraum entzogen wurde. Diese Überlegung trifft auch für den Fall zu, daß die Schwerbehinderung z. B. durch einen Unfall erst im Laufe des Kalenderjahres eingetreten ist (Urteil des LAG Berlin vom 28. 9. 1962 = AP Nr. 2 zu § 34 SchwbeschG). Dadurch entstehende Bruchteile von Zusatzurlaubstagen sind entsprechend § 5 Abs. 2 Bundesurlaubsgesetz auf volle Tage aufzurunden, wenn sie wenigstens einen halben Tag ausmachen. Erfolgt die Anerkennung bei objektiv bereits seit Jahresbeginn bestehender Behinderung erst in dessen Verlauf, ist wegen der Anbindung des Zusatzurlaubsanspruchs an die tatsächliche Situation Zusatzurlaub in vollem Umfang zu gewähren; allerdings liegt eine Entscheidung des BAG zu dieser Frage noch nicht vor (vgl. Besgen, b + p 1988 S. 26 sowie Bengelsdorf RdA 1983 S. 34). Ergeben sich dagegen bei der Berechnung des Zusatzurlaubs eines teilzeitbeschäftigten Schwerbehinderten Bruchteile eines Urlaubstages, kommt weder eine Auf- noch eine Abrundung auf einen vollen Urlaubstag in Betracht, wenn nicht die Voraussetzungen des § 5 Abs. 1 Buchstabe a, b oder c BUrlG vorliegen (Urteil des BAG vom 31. 5. 1990 = BB 1990 S. 2408).

Wegen seiner Anbindung an den Haupturlaub entsteht der Anspruch auf Zusatzurlaub nach der geänderten Rechtsprechung des Bundesarbeitsgerichts auch, wenn der Schwerbehinderte im Urlaubsjahr krankheitsbedingt wenig oder überhaupt nicht gearbeitet hat. Der Urlaub ist allerdings nur dann zu gewähren, wenn er entweder im Kalenderjahr oder im Übertragungszeitraum realisiert werden kann, der bei Anwendung des Bundesurlaubsgesetzes bis zum 31. 3. des Folgejahres andauert (§ 7 Abs. 3 Satz 3 BUrlG), in Tarifverträgen allerdings häufig großzügiger bemessen ist. Dabei wird vorausgesetzt, daß der Arbeitnehmer innerhalb dieses Zeitraums wieder arbeits-, das heißt urlaubsfähig wird (Urteile des BAG vom 28. 1. 1982 = AP Nr. 11 zu § 3 BUrlG Rechtsmißbrauch sowie vom 13. 5. 1982 = AP Nr. 4 zu § 7 BUrlG Übertragung). Da die Merkmale der Arbeitsunfähigkeit nicht mit denen der in § 1247 RVO definierten Erwerbsunfähigkeit übereinstimmen, ist es aber möglich, daß ein erwerbsunfähiger, gleichwohl nicht arbeitsunfähiger Arbeitnehmer im Rahmen eines bestehenden Arbeitsverhältnisses einen Anspruch auf Gewährung von Zusatzurlaub besitzen kann (Urteil des BAG vom 26. 5. 1988 = BB 1989 S. 288). Diese Grundsätze gelten auch für den Anspruch auf Abgeltung des Zusatzurlaubs, wenn der schwerbehinderte Arbeitnehmer bei Fortbestehen des Arbeitsverhältnisses die vertraglich geschuldete Leistung hätte erbringen können (Urteil des BAG vom 14. 5. 1986 = AP Nr. 26 zu § 7 BUrlG Abgeltung).

Ebenso wie der Haupturlaub kann der Zusatzurlaub jedoch bei arglistigem Verhalten oder unzulässiger Rechtsausübung entfallen. Dies kommt allerdings nicht schon bei einer fristlosen Kündigung oder unberechtigter vorzeitiger Auflösung des Arbeitsvertrages in Betracht, selbst wenn darin gleichzeitig eine grobe Verletzung der arbeitsvertraglichen Treuepflicht liegen sollte.

Hat der Arbeitnehmer den Zusatzurlaub erschlichen, muß er dem Arbeitgeber die dafür gewährte Urlaubsvergütung zurückzahlen. Im Gegensatz zu der früheren Rechtsprechung des BAG (Urteil vom 19. 7. 1973 = AP Nr. 1 zu § 8 BUrlG) entsteht sie für den gesetzlichen Urlaub nicht mehr, wenn der Arbeitnehmer gegen das Verbot verstößt, während des Urlaubs anderweitiger Erwerbstätigkeit nachzugehen (Urteil des BAG vom 25. 2. 1988 = NZA 1988 S. 607). Allerdings stehen dem Arbeitgeber Ansprüche auf Schadenersatz und Unterlassung zu. Auch kann er das Arbeitsverhältnis aus verhaltensbedingten Gründen kündigen. Für den über den gesetzlichen Urlaub hinausgehenden Tarifurlaub kann dagegen tarifvertraglich eine Rückgewähr der Urlaubsvergütung wirksam vorgesehen werden (BAG a. a. O.). Die Rückzahlungsverpflichtung wird (anteilig) begründet, wenn dem Schwerbehinderten gemäß § 39 SchwbG der Sonderschutz durch die Hauptfürsorgestelle zeitweise entzogen wird. In diesem Fall ist der Erstattungsbetrag nach allgemeinen Grundsätzen auf der Grundlage des Zwölftelungsprinzips zu ermitteln.

Der Zusatzurlaub tritt zu dem allgemeinen Erholungsurlaub

hinzu. Bei einer Teilung müssen die Mindestanforderungen des § 7 Abs. 2 BUrlG gewahrt sein, so daß einer der Urlaubsteile zumindest 12 aufeinanderfolgende Werktage umfassen muß.

Bei der Berechnung der *Urlaubsdauer* ist zunächst von dem Umfang des Urlaubs auszugehen, der einem nichtbehinderten Arbeitnehmer in der gleichen Situation nach den jeweils anzuwendenden gesetzlichen, tariflichen oder vertraglichen Bestimmungen zustünde. Dies schließt auch solche Urlaubstage ein, die aufgrund besonderer Umstände, zum Beispiel wegen höheren Lebensalters, längerer Betriebszugehörigkeit oder zum Ausgleich für schwere Arbeiten, gewährt werden. Ebenso sind solche Tage zu berücksichtigen, die aus besonderem Anlaß betriebseinheitlich gewährt werden (Urteil des BAG vom 4. 10. 1962 = AP Nr. 1 zu § 34 SchwbeschG n. F.). Der sich daraus ergebende Urlaubsanspruch wird durch den Zusatzurlaub gemäß § 47 SchwbG ergänzt, ohne wegen dessen zwingenden Charakters durch vertragliche oder tarifliche Festlegung eines Höchsturlaubs begrenzt werden zu können (Urteil des BAG vom 18. 10. 1957 = AP Nr. 2 zu § 33 SchwbeschG).

Diese Vorschrift gilt auch in den neuen Bundesländern. Grundlage dafür war in der Zeit vom 1. 7. bis zum 2. 10. 1990 das Schwerbehindertengesetz der DDR vom 21. 6. 1990 (GBl. I S. 381), seit dem 3. 10. 1990 erfaßt das Schwerbehindertengesetz nach der Anlage 1 Kapitel VIII Sachgebiet E Abschnitt III Nr. 1 zum Einigungsvertrag vom 31. 8. 1990 (BGBl. II S. 889, 1040) als Bundesrecht auch das Beitrittsgebiet. Nach dem Buchstaben a der Regelung gelten die nach altem Recht erteilten Ausweise mit bestimmten Maßgaben übergangsweise bis längstens zum 31. 12. 1993 weiter, so daß der Inhaber eines Schwerbeschädigtenausweises mindestens der Stufe II bis dahin einen Anspruch auf Zusatzurlaub besitzt, wenn der Ausweis nicht vorher seine Gültigkeit verliert oder eine Neufestsetzung auf einen GdB unter 50 erfolgt. Daneben kann gemäß Kapitel VIII Sachgebiet A Abschnitt III Nr. 5 Buchstabe a des Einigungsvertrages bis zum 30. 6. 1991 auch für Inhaber von Beschädigtenausweisen der Stufe I gemäß §§ 1 Absatz 2, 47 des SchwbG der DDR sowie nach § 6 der 1. Verordnung über den Erholungsurlaub vom 28. 9. 1978 (GBl. I S. 365) auch für nicht schwerbehinderte Tuberkulosekranke und -rekonvaleszenten ein Zusatzurlaub von 5 bzw. 3 Arbeitstagen in Betracht kommen (vgl. Esche/Schwarz, AuA 1991 S. 29 f.).

Die dem Schwerbehinderten während des Zusatzurlaubs zu gewährende *Vergütung* folgt ebenfalls den für den Haupturlaub geltenden Regelungen. Gemäß § 11 BUrlG ist grundsätzlich der Durchschnitt des Einkommens der letzten 13 Wochen vor Urlaubsantritt zugrunde zu legen. Überstunden sind in die Berechnung einzubeziehen (Urteil des BAG vom 13. 5. 1959 = AP Nr. 1 zu § 5 UrlaubsG Niedersachsen), während Kurzarbeit unberücksichtigt bleibt. Teilzeitbeschäftigte erhalten eine Vergütung für den Zusatzurlaub nur in Höhe der Teilarbeitszeit.

Ob dem schwerbehinderten Arbeitnehmer neben dem fortzuzahlenden Arbeitsentgelt für den Zusatzurlaub auch zusätzliches Urlaubsgeld gewährt werden muß, hängt vom Inhalt der zugrunde liegenden Regelung ab. Wird die Gratifikation pauschal für den gesamten Urlaub gezahlt, erfaßt sie auch den Zusatzurlaub (Urteil des BAG vom 9. 1. 1979 = AP Nr. 1 zu § 44 SchwbG). Nimmt eine tarifliche Regelung für die Urlaubsdauer auf das SchwbG Bezug und sieht sie neben dem Urlaubsentgelt auch ein zusätzliches Urlaubsgeld vor, kann der Schwerbehinderte auch für den ihm zustehenden Zusatzurlaub Urlaubsgeld verlangen. Ein solcher Anspruch ist jedoch nicht begründet, wenn der Tarifvertrag das zusätzliche Urlaubsgeld auf die im Tarifvertrag festgelegte Urlaubsdauer begrenzt (Urteil des BAG vom 30. 7. 1986 = AP Nr. 7 zu § 44 SchwbG).

b) Sozialversicherungsrechtliche Ansprüche

Während eines – fortbestehenden – Arbeitsverhältnisses ergeben sich sozialversicherungsrechtliche Ansprüche insbesondere im Hinblick auf die Notwendigkeit, die erheblich gefährdete oder bereits geminderte Erwerbsfähigkeit des Behinderten wesentlich zu bessern oder wiederherzustellen (vgl. § 1236 Abs. 1 S. 1 RVO, vgl. ab 1. 1. 1992 §§ 10, 11 SGB VI). Das Rehabilitationsziel der *Erhaltung* der Erwerbsfähigkeit ist zwar in § 1236 Abs. 1 S. 1 RVO in der geltenden Fassung nicht mehr enthalten. Bei der nach dem Sinn und Zweck der Rehabilitationsleistungen gebotenen großzügigen Betrachtungsweise sind dadurch Rehabilitationsmaßnahmen, die „nur" der Erhaltung der Erwerbsfähigkeit dienen, allerdings nicht ausgeschlossen. Dementsprechend sieht der ab 1. 1. 1992 geltende § 10 Nr. 2 a) SGB VI Leistungen zur Rehabilitation vor, wenn durch diese Leistungen „voraussichtlich bei

Gefährdung der Erwerbsfähigkeit eine Minderung der Erwerbsfähigkeit abgewendet werden kann"

Weiterhin sind bei *Arbeitsunfähigkeit* nach Beendigung der Lohn- bzw. Gehaltsfortzahlungspflicht des Arbeitgebers Geldleistungen (Kranken-, Verletzten-, Versorgungskranken-, Übergangsgeld) vorgesehen, um einen vorübergehenden Ausfall des Arbeitsentgelts auszugleichen.

Hinsichtlich der Gewährung von Leistungen zur *medizinischen und beruflichen Rehabilitation* wird in allen Leistungsbereichen ein umfangreicher Maßnahmekatalog bereitgehalten. Bei Arbeitsunfähigkeit bestehen – je nach der Ursache der Arbeitsunfähigkeit – Ansprüche auf *Krankengeld* gegen die Krankenkasse, auf *Verletztengeld* gegen den Unfallversicherungsträger, auf *Versorgungskrankengeld* gegen das jeweilige Land, vertreten durch das Landesversorgungsamt, bei einer medizinischen oder berufsfördernden Maßnahme zur Rehabilitation und vorliegender Arbeitsunfähigkeit auf *Übergangsgeld* gegen den Rentenversicherungsträger.

Beruht die MdE auf einem Arbeitsunfall, dann hat der Schwerbehinderte einen Anspruch auf Verletztenrente aus der gesetzlichen Unfallversicherung, die neben dem Arbeitsentgelt gezahlt wird; Verletztenrente wird ab einer MdE von 20. v.H. gewährt. Bei einer Beschädigung nach dem BVG bestehen Ansprüche auf Versorgungsrente ab einer MdE von 30 v.H. und gegebenenfalls auf Ausgleichsrente. Ebenfalls zusätzlich zu seinem Arbeitsentgelt erhält der Schwerbehinderte gegebenenfalls Rente wegen Berufsunfähigkeit aus der gesetzlichen Rentenversicherung. Denn diese Rentenart geht davon aus, daß der Berufsunfähige mit seinem verbliebenen Leistungsvermögen noch Erwerb erzielen kann.

aa) Rehabilitationsleistungen

α) Allgemeines

Für den erwerbstätigen Schwerbehinderten kommt als *medizinische Leistung zur Rehabilitation* vom Rentenversicherungsträger neben den Leistungen, die bei Erforderlichkeit zumeist auch die Krankenkasse zu gewähren hat wie

– ärztliche und zahnärztliche Behandlung,
– Versorgung mit Arznei- und Verbandsmitteln,

– Versorgung mit Heilmitteln einschließlich Krankengymnastik, Bewegungstherapie, Sprachtherapie und Beschäftigungstherapie,
– Ausstattung mit Körperersatzstücken, orthopädischen und anderen Hilfsmitteln einschließlich der notwendigen Änderung, Instandsetzung und Ersatzbeschaffung sowie der Ausbildung im Gebrauch der Hilfsmittel,
– Belastungserprobung und Arbeitstherapie

vor allem die ärztliche Behandlung in einer Kur- oder Spezialeinrichtung einschließlich der erforderlichen Unterkunft und Verpflegung in Betracht (vgl. § 10 RehaAnglG, § 1237 RVO, § 29 SGB I sowie ab 1. 1. 1992 § 15 SGB VI).

Die Gewährung von *Kuren* stellt einen Schwerpunkt der medizinischen Rehabilitationsleistungen der Rentenversicherungsträger dar. Das gilt auch für das neue ab 1. 1. 1992 geltende Rentenrecht (vgl. insoweit § 15 Abs. 2 SGB VI). Eine Kur wird in der Regel alle drei Jahre gewährt, es sei denn, daß eine vorzeitige Kur aus gesundheitlichen Gründen dringend erforderlich ist (§ 1236 Abs. 1 S. 3 RVO sowie ab 1. 1. 1992 § 12 Abs. 2 SGB VI). Für jeden Kalendertag der Kur muß der Behinderte grundsätzlich 10,– DM zuzahlen. Von dieser Zuzahlungspflicht sind nur Kinder unter 18 Jahren ausgenommen (§ 1243 Abs. 1 RVO sowie ab 1. 1. 1992 § 22 Abs. 1 SGB VI). Nach den aufgrund des § 1243 Abs. 5 RVO von den Rentenversicherungsträgern erlassenen *Richtlinien zur Befreiung von der Zuzahlung* zu den Aufwendungen einer medizinischen Maßnahme zur Rehabilitation sind darüber hinaus auch einkommensschwache Personengruppen, zum Beispiel Sozialhilfebezieher, von der Zuzahlungspflicht – ganz oder teilweise – befreit. Diese Richtlinien können bei Bedarf bei den Rentenversicherungsträgern, z.B. der BfA oder einer LVA, eingesehen werden. Für die Zeit ab 1. 1. 1992 gilt Entsprechendes (vgl. § 32 Abs. 4 SGB VI).

Rehabilitationsleistungen und damit auch derartige Kuren werden allerdings vom Rentenversicherungsträger nur bewilligt, wenn der Behinderte bestimmte versicherungsrechtliche Voraussetzungen erfüllt: So muß er zum Beispiel vor Stellung des Kurantrages entweder für sechs Monate innerhalb einer Rahmenfrist von zwei Jahren Plichtbeiträge zur gesetzlichen Rentenversicherung entrichtet oder bereits die sogenannte große Wartezeit von 180 Kalendermonaten zurückgelegt haben, oder, wenn er nur die kleine Wartezeit von 60 Kalendermonaten erfüllt hat, muß er gleichzeitig berufs- oder erwerbsunfähig sein bzw. Berufs- oder Erwerbsunfähigkeit muß in absehbarer Zeit bevorstehen. Diese Voraussetzungen gelten unverändert auch ab 1. 1. 1992 (vgl. § 11 SGB VI). Für Berufsanfänger gilt, daß sie die bei Antragstellung ausgeübte versicherungspflichtige Beschäftigung oder Tätigkeit (im Unterschied zur nicht selbständigen *Beschäftigung* wird eine *Tätigkeit* selbständig ausgeübt, vgl. § 7 SGB IV) innerhalb von zwei Jahren nach Abschluß ihrer Schul- oder Berufsausbildung aufgenommen haben (wegen der Einzelheiten vgl. § 1236 Abs. 1 a) RVO bzw. für die Zeit ab 1. 1. 1992 § 11 Abs. 2 Nr. 2 SGB VI).

Außer medizinischen Maßnahmen zur Rehabilitation gewähren die Rentversicherungsträger auch berufliche Maßnahmen zur Rehabilitation, vielfach im Anschluß an eine bereits durchgeführte medizinische Maßnahme zur Rehabilitation. Allerdings ist hier der begünstigte Personenkreis begrenzt auf Behinderte, die bereits die große Wartezeit von 180 Kalendermonaten zurückgelegt haben und auf Behinderte, die bereits eine Rente wegen Berufs- oder Erwerbsunfähigkeit beziehen (vgl. § 1236 Abs. 1 a RVO bzw. für die Zeit ab 1. 1. 1992 § 11 Abs. 1 SGB VI). Bei Behinderten, die diese besonderen versicherungsrechtlichen Voraussetzungen in der gesetzlichen Rentenversicherung nicht erfüllen, kommt als zuständiger Leistungsträger bei berufsfördernden Maßnahmen zur Rehabilitation die Bundesanstalt für Arbeit in Betracht.

Nach dem in § 1237a RVO aufgeführten, allerdings nicht abschließenden Maßnahmekatalog gewähren die Rentenversicherungsträger als berufsfördernde Leistungen zur Rehabilitation insbesondere

– Hilfen zur Erhaltung oder Erlangung eines Arbeitsplatzes einschließlich Leistungen zur Förderung der Arbeitsaufnahme und Eingliederungshilfen an Arbeitgeber,
– Berufsfindung und Arbeitserprobung, Berufsvorbereitung einschließlich der wegen einer Behinderung erforderlichen Grundausbildung,
– berufliche Anpassung, Fortbildung, Ausbildung und Umschulung, einschließlich eines zur Teilnahme an diesen Maßnahmen erforderlichen schulischen Abschlusses,
– sonstige Hilfen der Arbeits- und Berufsförderung, um den Betreuten eine angemessene und geeignete Erwerbs- oder Berufstätigkeit auf dem allgemeinen Arbeitsmarkt oder in einer Werkstatt für Behinderte zu ermöglichen. Ab 1. 1. 1992 sind nach § 16 Abs. 1 SGB VI die Berufsfindung und Arbeitserprobung weggefallen, und Leistungen der Arbeits-

und Berufsförderung werden nur noch im Eingangsverfahren und im Arbeitstrainingsbereich einer anerkannten Werkstatt für Behinderte erbracht.

Wegen der Einzelheiten des Inhalts der in Betracht zu ziehenden berufsfördernden Leistungen zur Rehabilitation kann in den §§ 1237a RVO, 11 Abs. 2 RehaAnglG, 29 Nr. 2 SGB I, 16 und 18 SGB VI, 567 RVO, 26 BVG nachgelesen werden.

Mit dem Ziel, zu einem möglichst reibungslosen und wirkungsvollen Verwaltungsablauf beizutragen, haben die Rentenversicherungsträger *Richtlinien* über die Gewährung von Leistungen zur medizinischen und beruflichen Rehabilitation erlassen; sie können in der jeweils geltenden Fassung für den Bereich der Angestelltenversicherung bei der BfA und für den Bereich der Arbeiterrentenversicherung bei den Landesversicherungsanstalten eingesehen werden.

Ist die Beeinträchtigung der Erwerbsfähigkeit auf einen Arbeitsunfall bzw. eine Berufskrankheit oder eine Beschädigung nach dem BVG zurückzuführen, dann tritt anstelle des Rentenversicherungsträgers der Unfallversicherungsträger, bei einer Beschädigung die Versorgungsbehörde mit Leistungen ein.

Bei der Gewährung medizinischer Leistungen zur Rehabilitation ist für den Bereich der gesetzlichen Unfallversicherung in diesem Zusammenhang noch eine Besonderheit hervorzuheben, der sogenannte *Durchgangsarzt*. Diese besondere ärztliche Einrichtung soll bei Eintritt eines Arbeitsunfalls eine rasche und sachgemäße ärztliche Versorgung des Unfallverletzten gewährleisten.

Neben medizinischen und beruflichen Rehabilitationsleistungen wird in der gesetzlichen Unfallversicherung als sogenannte ergänzende Leistung zur Rehabilitation für Schwerverletzte *Wohnungshilfe* gewährt. Zur Orientierung haben die Spitzenverbände der Unfallversicherungsträger *Richtlinien* über die Gewährung von Wohnungshilfe zur Eingliederung Behinderter – Stand 1. 1. 1981 – herausgegeben. Als Arten der Wohnungshilfe sind darin unter anderem vorgesehen die Anpassung, zum Beispiel Ausstattung, Umbau, Ausbau oder Erweiterung, der bisherigen Wohnung oder die Unterbringung in anderem – behindertengerechten – Wohnraum. Näheres kann bei den Unfallversicherungsträgern erfragt werden.

Die nach dem BVG vorgesehenen *Badekuren* (§ 11 Abs. 2 BVG) werden in besonderen Versorgungskrankenhäusern und Kuranstalten durchgeführt. In diese Vergünstigung sind in diesem Leistungsbereich auch die Ehegatten und Eltern von Pflegezulageempfängern einbezogen sowie die Pflegepersonen, die unentgeltlich seit mindestens zwei Jahren die Wartung und Pflege übernommen haben, und bei denen die Kur erforderlich ist, um ihre „Pflegefähigkeit" zu erhalten (§ 12 Abs. 3 BVG).

Auch im Versorgungsrecht gibt es die *Wohnungshilfe*, die allerdings vordringlich darin besteht, den Beschädigten in Wohnungs- und Siedlungsangelegenheiten zu beraten und mitzuwirken, ihm ausreichenden und gesunden Wohnraum zu beschaffen oder zu erhalten (§ 27 c BVG). Unter bestimmten Voraussetzungen wird auch mit Geldleistungen geholfen, in der Regel allerdings nur in Form eines Darlehens, vor allem, „wenn die Wohnung eines Schwerbeschädigten mit Rücksicht auf Art und Schwere der Schädigung einer besonderen Ausgestaltung oder baulicher Veränderung bedarf".

In Zweifelsfällen ungeklärter Zuständigkeit oder aber, wenn die unverzügliche Einleitung der erforderlichen Rehabilitationsmaßnahme aus anderen Gründen gefährdet ist, soll die Vorschrift des § 6 RehaAnglG zugunsten der Behinderten Abhilfe schaffen, indem darin eine *Vorleistungspflicht* bestimmt ist; danach *muß* bei medizinischen Leistungen zur Rehabilitation der Rentenversicherungsträger und bei berufsfördernden Leistungen zur Rehabilitation die Bundesanstalt für Arbeit nach Ablauf einer Frist von sechs Wochen *vorläufig* die beantragten Leistungen, deren Voraussetzungen im übrigen vorliegen müssen, erbringen.

β) Besonderheiten in den neuen Bundesländern

Dieses Rehabilitationsrecht gilt im Grundsatz seit dem 1. 1. 1991 auch in den neuen Bundesländern. Für die *Angestellten* in den neuen Bundesländern erbringt seit 1. 1. 1991 die BfA als zuständiger Träger der Rentenversicherung medizinische und berufsfördernde Rehabilitationsleistungen. Bis zur Errichtung von Landesversicherungsanstalten als Träger der *Arbeiterrentenversicherung* erbringt die BfA auch für die Arbeiter längstens bis zum 31. 12. 1991 medizinische Leistungen zur Rehabilitation. Die

Aufgaben der beruflichen Rehabilitation der Arbeiterrentenversicherung werden in den neuen Bundesländern für die Übergangszeit bis zur Gründung der neuen Landesversicherungsanstalten von verschiedenen bundesdeutschen Landesversicherungsanstalten wahrgenommen, und zwar von der

- LVA Schleswig-Holstein für das Land Mecklenburg-Vorpommern,
- LVA Berlin für das Land Brandenburg,
- LVA Hannover für das Land Sachsen-Anhalt,
- LVA Hessen für das Land Thüringen und
- LVA Oberfranken und Mittelfranken für das Land Sachsen.

Aufgrund des Einigungsvertrages sind die das Rehabilitationsrecht betreffenden Vorschriften des SGB VI in den neuen Bundesländern bereits seit 1. 1. 1991 in Kraft. Wesentliche Abweichungen gegenüber dem im übrigen Bundesgebiet noch bis zum 31. 12. 1991 geltenden Recht der RVO bzw. des AVG ergeben sich daraus jedoch nicht. Hinzuweisen ist jedoch darauf, daß der auch bisher in den alten Bundesländern geltende Grundsatz „Rehabilitation vor Rente" nunmehr im Leistungsrecht der gesetzlichen Rentenversicherung niedergelegt ist. Nach § 9 Abs. 1 Satz 2 SGB VI haben Leistungen zur Rehabilitation Vorrang vor Rentenleistungen, die bei erfolgreicher Rehabilitation nicht oder voraussichtlich erst zu einem späteren Zeitpunkt zu erbringen sind.

Nach den Vereinbarungen im Einigungsvertrag wird das bisherige, in der ehemaligen DDR übliche Verfahren der Vergabe von Kuren durch Kurvorschläge etwa des behandelnden Arztes bzw. des Betriebsarztes nicht mehr beibehalten. Für die Gewährung medizinischer und berufsfördernder Rehabilitationsleistungen ist seit dem 1. 1. 1991 grundsätzlich ein entsprechender Antrag des Versicherten erforderlich (vgl. § 16 SGB I).

Die erforderlichen versicherungsrechtlichen Voraussetzungen für die Gewährung medizinischer und berufsfördernder Leistungen zur Rehabilitation erfüllt in den neuen Bundesländern nur, wer eine *Beitragszeit* von 15 Jahren erfüllt hat. Der Begriff „Beitragszeit" der nach dem Einigungsvertrag an die Stelle des Begriffs „Wartezeit" getreten ist, verdeutlicht, daß bei der Feststellung der Versicherungsdauer nur Zeiten der Pflichtversicherung und der freiwilligen Versicherung in der gesetzlichen Rentenversicherung zu berücksichtigen sind. Zeiten ohne Beitragsleistung, wie zum Beispiel Zeiten der Schul-, Fach- oder Hochschulausbildung, sind dabei nicht zu berücksichtigen.

Versicherte, die bei Antragstellung eine Invalidenrente beziehen, erfüllen ebenfalls die versicherungsrechtlichen Voraussetzungen für medizinische und berufsfördernde Leistungen zur Rehabilitation. Dabei gelten Personen, die wegen Invalidität keine Berufstätigkeit aufnehmen konnten und ab Vollendung des 18. Lebensjahres für die Dauer der Invalidität eine Invalidenrente erhalten, nicht als anspruchsberechtigte Versicherte. Ebenso erfüllen die Bezieher von Hinterbliebenenrente ohne eigene Beitragsleistung nicht die versicherungsrechtlichen Voraussetzungen für Leistungen zur Rehabilitation.

Soweit für medizinische Leistungen zur Rehabilitation bei den versicherungsrechtlichen Voraussetzungen gewisse Erleichterungen bestehen, ist darauf hinzuweisen, daß bei der Erfüllung der Pflichtbeitragszeit von 5 Jahren im Sinne des § 11 Abs. 2 Nr. 3 SGB VI anders als bei der Beitragszeit von 15 Jahren im Sinne des § 11 Abs. 1 Nr. 1 SGB VI freiwillige Beiträge nicht zu berücksichtigen sind. Da das bis 31. 12. 1991 fortgeltende DDR-Rentenrecht eine vorzeitige Wartezeiterfüllung in Form einer Wartezeit-Fiktion nicht kennt, gilt bei Versicherten, die zum Beispiel infolge eines Arbeitsunfalls invalide geworden sind, die Pflichtbeitragszeit von 5 Jahren nicht als erfüllt.

Die Zuständigkeiten der einzelnen Rehabilitationsträger richten sich in den neuen Bundesländern ebenso wie im bisherigen Bundesgebiet nach den Aufgaben des jeweiligen Rehabilitationsträgers oder nach besonderen gesetzlichen Regelungen. So werden von der Rentenversicherung keine Rehabilitationsleistungen für Versicherte erbracht, die zum Beispiel wegen eines Arbeitsunfalls gleichartige Leistungen vom Unfallversicherungsträger erhalten können.

Heil- und Genesungskuren im Ausland sind grundsätzlich nicht mehr zulässig. Denn Rehabilitationsleistungen sind grundsätzlich im Inland zu erbringen, es sei denn, die Leistungen im Ausland lassen aufgrund gesicherter medizinischer Erkenntnisse einen besseren Rehabilitationserfolg erwarten.

Die Bestimmungen über die *Zuzahlung* bei medizinischen und bei sonstigen Leistungen, wonach Versicherte, die das 18. Lebensjahr vollendet haben und medizinische Leistungen in Anspruch nehmen, für jeden Kalendertag dieser Leistungen 10

Deutsche Mark zuzahlen müssen (vgl. § 32 SGB VI), gelten in den neuen Bundesländern erst vom 1. 1. 1992 an.

bb) Geldleistungen

Tritt während des Arbeitsverhältnisses Arbeitsunfähigkeit ein, dann erhält der Behinderte, wenn er krankenversichert ist, nach dem Ende der Lohn- bzw. Gehaltsfortzahlung in der Regel *Krankengeld* von seiner Krankenkasse. Beruht die Arbeitsunfähigkeit auf einem Arbeitsunfall, dann besteht ein Anspruch auf *Verletztengeld* gegen den Unfallversicherungsträger; der Krankengeldanspruch gegen die Krankenkasse *ruht* für die Zeit, in der Verletztengeld gezahlt wird (vgl. § 49 Nr. 3 SGB V).

Ist die Arbeitsunfähigkeit Folge einer anerkannten Schädigung nach dem BVG, dann wird *Versorgungskrankengeld* gezahlt.

In der gesetzlichen Rentenversicherung wird bei Arbeitsunfähigkeit während medizinischer oder beruflicher Leistungen zur Rehabilitation eine als *Übergangsgeld* bezeichnete Geldleistung gewährt.

α) Kranken-, Verletzten-, Versorgungskranken- und Übergangsgeld

Das Krankengeld wird für die Höchstdauer von 78 Wochen, das sind nach Ablauf der Lohn- bzw. Gehaltsfortzahlung von 6 Wochen noch 72 Wochen, innerhalb von drei Jahren gezahlt (§ 48 Abs. 1 Satz 1 SGB V). Nach Ablauf des Drei-Jahres-Zeitraums, also eineinhalb Jahre mit Krankengeldanspruch, eineinhalb Jahre ohne Krankengeldanspruch, erhält der Behinderte ein erneutes Krankengeld wegen derselben Krankheit nur dann, wenn eine Mitgliedschaft *mit* Anspruch auf Krankengeld besteht *und* er in der Zwischenzeit *nicht* wegen *dieser* Krankheit arbeitsunfähig war *und* er außerdem erwerbstätig war oder aber der Arbeitsvermittlung zur Verfügung stand (§ 48 Abs. 2 SGB V).

Die Krankenkasse kann den Behinderten allerdings, wenn sie ihn als erwerbsunfähig ansieht, dazu zwingen, einen Antrag auf Rehabilitation beim Rentenversicherungsträger zu stellen, indem sie ihn unter Fristsetzung von 10 Wochen dazu auffordert. Kommt der Behinderte dieser Aufforderung nicht nach, dann entfällt mit Ablauf der 10-Wochen-Frist der Anspruch auf das Krankengeld (§ 51 Abs. 3 SGB V). Stellt der Behinderte hingegen den Rehabilitationsantrag und wird ihm dann, weil Rehabilitationsmaßnahmen keinen Erfolg mehr versprechen, eine Rente wegen Erwerbsunfähigkeit bewilligt, dann endet der Anspruch auf das Krankengeld mit dem Rentenbeginn (§ 50 Abs. 1 SGB V).

Das Krankengeld beträgt 80 v. H. des Regelentgelts; *Regelentgelt* ist das wegen der Arbeitsunfähigkeit im letzten mindestens vier Wochen umfassenden Entgeltabrechnungszeitraum entgangene regelmäßige Arbeitsentgelt; das Arbeitsentgelt wird allerdings nur bis zur Höhe der Bemessungsgrenze, das ist die Jahresarbeitsentgeltgrenze (vgl. § 47 Abs. 6 SGB V) in Ansatz gebracht. Einmalzahlungen des Arbeitgebers wie Urlaubs- oder Weihnachtsgeld werden bei der Berechnung des Krankengeldes gänzlich außer Betracht gelassen (§ 47 Abs. 2 S. 1 SGB V).

Das Verletztengeld aus der gesetzlichen Unfallversicherung wird nach § 560 RVO wie das Krankengeld bei Arbeitsunfähigkeit gezahlt, wenn der Gesundheitsschaden durch einen Arbeitsunfall oder eine Berufskrankheit verursacht wird. Das Verletztengeld ist allerdings bei Höherverdienenden höher als das Krankengeld, weil der Berechnung des Regelentgelts das Arbeitsentgelt über die Bemessungsgrenze hinaus zugrunde gelegt wird (vgl. § 561 Abs. 1 RVO i. d. F. SGB V).

Das Verletztengeld wird immer auf's neue gezahlt, wenn der Behinderte aufgrund der Unfallfolgen wiederum erkrankt, es sei denn, der Unfallversicherungsträger sieht den Unfallverletzten bereits als erwerbsunfähig im Sinne der gesetzlichen Rentenversicherung an (§ 562 Abs. 2 RVO).

Das Versorgungskrankengeld wird bei Arbeitsunfähigkeit gezahlt, wenn die Arbeitsunfähigkeit auf eine anerkannte Schädigung zurückzuführen ist. Bei Schwerbeschädigten, also Schwerbehinderten mit einer MdE von 50 v. H., bei denen die MdE Schädigungsfolge ist, wird Versorgungskrankengeld auch gezahlt, wenn die Arbeitsunfähigkeit nicht auf der Schädigung beruht (§ 16 Abs. 1 Buchstabe b) BVG).

Die Berechnung des Versorgungskrankengeldes entspricht der des Krankengeldes in der gesetzlichen Krankenversicherung; wegen der anderen Bemessungsgrenze (vgl. § 16 a Abs. 3 BVG) ergeben sich aber auch hier wie in der gesetzlichen Unfallversicherung vielfach höhere Zahlbeträge.

Im Unterschied zum Kranken- (vgl. § 49 Nr. 1 SGB V) und Verletztengeld (vgl. § 560 Abs. 1 Satz 2 RVO) wird Versorgungskrankengeld *neben* dem Arbeitsentgelt gezahlt, dann allerdings entsprechend gekürzt (§ 16 f BVG).

Liegt Arbeitsunfähigkeit während der Gewährung einer medizinischen oder berufsfördernden Maßnahmen vom Rentenversicherungsträger vor, dann besteht ein Anspruch auf *Übergangsgeld,* das vom Rentenversicherungsträger grundsätzlich für die Dauer der Maßnahme gewährt wird (§ 1240 RVO). Das Übergangsgeld wird zwar nach denselben Grundsätzen berechnet wie das Krankengeld (§ 1241 Abs. 1 RVO), es liegt aber im Ergebnis teilweise erheblich niedriger, weil es nach § 1241 b Abs. 1 RVO nur in Prozentsätzen des nach § 1241 RVO errechneten Regellohns gewährt wird. So erhalten zum Beispiel Alleinstehende bei einer medizinischen Maßnahme zur Rehabilitation nur 75 v.H., und bei einer berufsfördernden Maßnahme zur Rehabilitation nur 70 v.H. des Regelentgelts.

Ebenso wie das Versorgungskrankengeld wird auch das Übergangsgeld neben dem Arbeitsentgelt gezahlt und entsprechend gekürzt (§ 1241 f RVO sowie ab 1. 1. 1992 § 27 Abs. 1 Nr. 1 SGB VI). Wegen des häufig niedriger liegenden Zahlbetrages dürfte beim Übergangsgeld allerdings „unter dem Strich" nichts übrig bleiben.

β) Unfall- und Versorgungsrenten

Beruht die festgestellte MdE auf einem Arbeitsunfall, dann wird bereits ab einer MdE von 20 v.H. eine Unfallrente, die sogenannte *Verletztenrente,* gezahlt (§ 581 Abs. 1 Nr. 2 RVO). Diese Verletztenrente darf ebensowenig wie andere Renten auf das Arbeitsentgelt angerechnet werden (§ 42 SchwbG).

Die Unfallrente wird auf der Grundlage des Jahresarbeitsverdienstes errechnet (§ 581 Abs. 1 Nr. 1 und Nr. 2 RVO). Als *Jahresarbeitsverdienst* gilt der Gesamtbetrag des Arbeitsentgelts, das der Unfallverletzte im Jahr vor dem Arbeitsunfall erzielt hat (§ 571 Abs. 1 RVO). Wegen der Einzelheiten der Rentenberechnung vergleiche die §§ 571 bis 578, 579, 584 RVO.

Hat der Behinderte neben einem Anspruch auf Verletztenrente gleichzeitig einen Anspruch auf Rente wegen Berufsunfähigkeit, dann wird die Rente wegen Berufsunfähigkeit gekürzt (vgl. im einzelnen § 1278 RVO sowie ab 1. 1. 1992 § 93 SGB VI).

Nach dem BVG steht allen Beschädigten, bei denen eine MdE von mindestens 30 v.H. vorliegt, eine *Grundrente* zu (§ 31 Abs. 1

BVG). Danach wird – einkommens- und vermögensunabhängig – allen Beschädigten mit einer MdE

um 30 v. H. eine Rente von 181,– DM,
um 40 v. H. von 246,– DM,
um 50 v. H. von 332,– DM,
um 60 v. H. von 421,– DM,
um 70 v. H. von 581,– DM,
um 80 v. H. von 704,– DM,
um 90 v. H. von 843,– DM,

bei Erwerbsunfähigkeit (also bei mehr als 90 v. H.) von 950,– DM gezahlt. Die Tabelle gibt Durchschnittssätze der MdE dar; deswegen heißt es jeweils „um"; eine um 5 v. H. geringere Minderung der Erwerbsunfähigkeit wird von diesen Durchschnittssätzen mit umfaßt (§ 31 Abs. 2 BVG).

Schwerbeschädigte, also schädigungsbedingt Schwerbehinderte mit einer MdE von 50 v. H., erhalten zusätzlich – allerdings unter Anrechnung des Einkommens (§ 33 BVG) – eine *Ausgleichsrente*, allerdings nur dann, wenn sie aus einem von ihnen nicht zu vertretenden Grund eine zumutbare Erwerbstätigkeit nicht oder nur in beschränktem Umfang oder nur mit überdurchschnittlichem Kräfteaufwand ausüben können; diese Voraussetzungen dürften in der Regel bei einem Schwerbehinderten, der in einem regulären Arbeitsverhältnis steht, nicht erfüllt sein.

In den alten wie in den neuen Bundesländern sind die Renten zum 1. Juli 1991 erhöht worden. Die Anpassung der Versorgungsrenten in den alten Bundesländern beruht auf dem Gesetz vom 6. 5. 1991 (BGBl. I S. 1065); die *Kriegsbeschädigtenrenten* in den neuen Bundesländern sind aufgrund der 2. Rentenanpassungsverordnung vom 19. 6. 1991 (BGBl. I S. 1300) um 15 v. H. des anpassungsfähigen Betrages erhöht worden.

γ) Rente wegen Berufsunfähigkeit

Da *Rente wegen Berufsunfähigkeit* (zum Begriff der Berufsunfähigkeit vergleiche oben unter A. III.) zum Ausgleich eines herabgesetzten Leistungsvermögens gewährt wird, das nach der Vorstellung des Gesetzes dem Behinderten durchaus noch erlaubt, mit diesem Restleistungsvermögen einer dauernden Erwerbstätigkeit nachzugehen, wird Rente wegen Berufsunfähigkeit neben Arbeitsentgelt gewährt. Die Berufsunfähigkeitsrente soll hier einen teilweisen Lohnausgleich bringen. Ungeachtet der Lohnersatzfunktion der Renten aus der gesetzlichen Rentenversicherung ist diese Rentenleistung allerdings nicht von einem tatsächlichen Einkommensverlust abhängig gemacht. Deshalb kann auch derjenige eine Rente wegen Berufsunfähigkeit erhalten, der aufgrund einer tariflichen Verdienstsicherung auf einem seinem reduzierten Leistungsvermögen angepaßten Arbeitsplatz weiterhin das volle Arbeitsentgelt vom Arbeitgeber erhält (Urteil des BSG vom 3. 2. 1988 = SozR 2200 § 1246 Nr. 154). Ausgehend von der zuletzt versicherungspflichtig ausgeübten Beschäftigung als dem „bisherigen Beruf" des Behinderten ist Beurteilungsmaßstab vielmehr allein die Erwerbsfähigkeit einer körperlich und geistig gesunden Vergleichsperson mit ähnlicher Ausbildung wie der Behinderte und gleichwertigen Kenntnissen und Fähigkeiten (vgl. § 1246 Abs. 2 RVO sowie ab 1. 1. 1992 § 43 Abs. 2 SGB VI). Rente wegen Berufsunfähigkeit kommt dann nach der Rechtsprechung des BSG vor allem bei Behinderten in Betracht, die einen (Ausbildungs-)Beruf erlernt und dann auch bis zuletzt, d. h. bis zum Eintritt der Leistungseinschränkungen, ausgeübt haben und diesen Beruf wegen der gesundheitlich bedingten Leistungseinschränkungen nun nicht mehr oder nur noch in eingeschränktem Umfang ausüben können und für die es auch keine zumutbare Verweisungstätigkeit mehr gibt. Eine derartige „sozial" und gesundheitlich zumutbare Verweisungstätigkeit muß entweder vom Rentenversicherungsträger oder vom Gericht „konkret" bezeichnet werden (vgl. z. B. Urteil des BSG v. 15. 11. 1983 = SozR 2200 § 1246 Nr. 109 zur sogenannten konkreten Bezeichnungspflicht), um den Rentenanspruch ausschließen zu können.

Vereinfacht dargestellt, haben demgegenüber Behinderte, die in einem Anlernberuf beschäftigt sind, der auch nicht einem Ausbildungsberuf gleichgestellt werden kann, oder aber die als ungelernte Kräfte beschäftigt sind, in der Regel keine Aussicht, eine Rente wegen Berufsunfähigkeit zu erhalten. Denn derjenige Behinderte, der zwar seine bisherige Beschäftigung als „einfacher" Angelernter oder Ungelernter nicht mehr ausüben kann, eine körperlich leichte Beschäftigung aber durchaus noch vollschichtig, das heißt acht Stunden am Tag, verrichten kann, ist nach der Rechtsprechung des BSG grundsätzlich auf sämtliche Tätigkeiten des allgemeinen Arbeitsfeldes zumutbar zu verweisen. Damit ist aber ein Anspruch auf Rente wegen Berufsunfähigkeit in der Regel ausgeschlossen und damit natürlich erst recht ein weitergehender Anspruch auf Rente wegen Erwerbsunfähigkeit.

Die Gewährung einer Rente wegen Berufsunfähigkeit hängt also weitgehend von den besonderen Gegebenheiten des Einzelfalles ab (Ausbildung, Berufsweg, Restleistungsvermögen, Verweisungstätigkeiten). Sie läßt sich in diesem Leitfaden nicht im einzelnen darstellen. Die BSG-Rechtsprechung hat dazu für den Bereich der Arbeiterrentenversicherung ein Vier-Stufen-Schema entwickelt, das im Grundsatz auch für die Angestelltenberufe übernommen worden ist, und den jeweiligen Besonderheiten in einer umfangreichen Einzelfallrechtsprechung Rechnung getragen. Die Einzelheiten können in den einschlägigen Kommentaren zur gesetzlichen Rentenversicherung, z.B. im Gesamtkommentar oder im Kommentar zur RVO, herausgegeben vom Verband Deutscher Rentenversicherungsträger, nachgelesen werden.

Neben der Dauerrente gibt es im Rentenrecht auch noch das Institut der Zeitrentengewährung. Hier wird die Rente wegen Berufs- oder Erwerbsunfähigkeit nur auf Zeit, d.h. zeitlich begrenzt bis zur Höchstdauer von drei Jahren, bewilligt. Mit dem Ablauf der im Rentenbewilligungsbescheid festgesetzten Bezugsdauer fällt die Rente weg; für die Weitergewährung der Rente ist ein neuer Rentenantrag erforderlich. Es besteht allerdings auch die Möglichkeit, den Zeitrentenbescheid – mit Widerspruch und Klage – anzugreifen mit der Begründung, es bestehe Berufs- oder Erwerbsunfähigkeit *auf Dauer*.

Eine Zeitrente wird dann gewährt, wenn die Berufs- oder Erwerbsunfähigkeit innerhalb von drei Jahren behoben sein kann. Beruht die festgestellte Erwerbsminderung nicht ausschließlich auf dem Gesundheitszustand des Behinderten, sondern ist sie durch die Verhältnisse auf dem Arbeitsmarkt bedingt, dann *muß* Zeitrente geleistet werden (vgl. § 1276 Abs. 1 RVO). Davon ist nur für ältere Arbeitnehmer eine Ausnahme gemacht, wenn diese innerhalb von zwei Jahren nach Rentenbeginn das 60. Lebensjahr vollenden; sie erhalten, wenn Berufsunfähigkeit oder Erwerbsunfähigkeit wegen der Verhältnisse auf dem Teilzeitarbeitsmarkt vorliegt, also ausnahmslos Dauerrente (zur Zeitrentengewährung vgl. im übrigen S. 100 f.).

3. Bei der Beendigung des Arbeitsverhältnisses

Wegen der besonderen Bedeutung, den ein Arbeitsplatz nicht nur aus materiellen Gründen für ihn besitzt, genießt der Schwerbehinderte bei der Beendigung des Arbeitsverhältnisses einen erhöhten Schutz. Dies kommt zunächst darin zum Ausdruck, daß gemäß § 15 SchwbG jede Kündigung durch den Arbeitgeber der *vorherigen Zustimmung der Hauptfürsorgestelle* bedarf (wegen der Ausnahmen wird auf B I 3 a bb a. E. verwiesen). Liegt sie nicht vor, ist die Kündigung unabhängig von Art und Anlaß unwirksam, auch wenn die Zustimmung nachträglich erteilt wird. Sie ist darüber hinaus aber auch dann erforderlich, wenn das Arbeitsverhältnis des Schwerbehinderten im Falle des Eintritts der Berufsunfähigkeit oder Erwerbsfähigkeit auf Zeit ohne Kündigung beendet wird (§ 22 SchwbG).

Keinen Einfluß auf die Wirksamkeit der Kündigung hat dagegen die Verletzung der Unterrichtungs- und Anhörungspflicht nach § 25 Abs. 2 SchwbG. Die Beteiligung des Vertrauensmannes der Schwerbehinderten ist nämlich weder nach dem Wortlaut noch dem Zweck des Gesetzes als Wirksamkeitsvoraussetzung ausgestaltet. Die – zivilrechtlich sanktionslose – Verletzung dieser gesetzlichen Verpflichtung stellt allerdings eine Ordnungswidrigkeit dar, die gemäß § 68 Abs. 1 Ziffer 8 SchwbG mit einem Bußgeld geahndet werden kann (Urteil des BAG vom 28. 7. 1983 = AP Nr. 1 zu § 22 SchwbG). Daneben kann auch ein Schadenersatzanspruch entstehen, wenn der Schwerbehinderte nachweisen kann, daß die Kündigung bei Unterrichtung bzw. Anhörung unterblieben oder die Entscheidung anders getroffen worden wäre; jedoch wird ein entsprechender Nachweis kaum zu führen sein.

a) Rechte bei der Kündigung

aa) Allgemeines

Das *Zustimmungserfordernis* gilt für *jede* Art der *Kündigung* ohne Rücksicht darauf, ob sie das Arbeitsverhältnis sofort oder nach Ablauf einer dafür vorgesehenen Frist beenden oder die vereinbarten Arbeitsbedingungen umgestalten soll (Änderungskündigung). Die Zustimmung muß auch der jeweils beabsichtigten Art der Kündigung entsprechen, so daß die Umdeutung einer außerordentlichen Kündigung in eine ordentliche nicht in Betracht kommt, wenn die Hauptfürsorgestelle lediglich der ursprünglich ins Auge gefaßten außerordentlichen Kündigung zugestimmt hat (Urteil des LAG Berlin vom 9. 7. 1984, 12 Sa 18/84). Unerheblich ist auch, ob es sich um eine Beschäftigung als Arbeiter oder Angestellter, in der Privatwirtschaft oder im öffentlichen

Dienst handelt, ob ein Voll- oder Teilzeitarbeitsverhältnis betroffen ist und ob das Arbeitsverhältnis die Existenzgrundlage des Schwerbehinderten darstellt. Es ist auch bei in einem Arbeitsverhältnis ausgeübter Nebentätigkeit zu beachten. Schließlich kommt es auch nicht darauf an, ob der Schwerbehinderte auf einem Pflichtplatz beschäftigt wird, der Arbeitgeber seine Quote übererfüllt hat oder möglicherweise gar nicht zur Beschäftigung von Schwerbehinderten verpflichtet ist.

bb) Geschützter Personenkreis

Besonders geschützt werden nach dem Wortlaut des Gesetzes alle Arbeitnehmer, die objektiv die Voraussetzungen der Schwerbehinderteneigenschaft erfüllen. Ist ihre Feststellung noch nicht erfolgt oder zumindest beantragt (vgl. dazu das Urteil des BVerwG vom 15. 12. 1988 = NZA 1989 S. 554), kann der Arbeitgeber jedoch das erforderliche Verfahren vor der Hauptfürsorgestelle nicht in Gang setzen, so daß in diesen Fällen wegen deren fehlender Zustimmung eine Kündigung stets unwirksam wäre. Mit Rücksicht darauf sowie eine Reihe von verfahrenstechnischen Unzuträglichkeiten hat das Bundesarbeitsgericht daher entschieden, daß den Sonderkündigungsschutz nur solche Arbeitnehmer in Anspruch nehmen können, die zum Zeitpunkt des Zugangs der Kündigung bereits als Schwerbehinderte anerkannt waren oder zumindest beim Versorgungsamt einen entsprechenden Antrag gestellt hatten, der später zur Anerkennung führte. In diesen Fällen ist die Zustimmung der Hauptfürsorgestelle auch erforderlich, wenn der Arbeitgeber von der Schwerbehinderteneigenschaft keine Kenntnis hatte. Die ohne Zustimmung der Hauptfürsorgestelle erklärte Kündigung ist dann gemäß §§ 15 ff. SchwbG in Verbindung mit § 134 BGB unwirksam. Will der Arbeitgeber das Arbeitsverhältnis beenden, muß er erneut kündigen. Dazu benötigt er die Zustimmung der Hauptfürsorgestelle. Will sich der Arbeitnehmer den *Sonderkündigungsschutz* in diesen Fällen erhalten, muß er jedoch *innerhalb* einer angemessenen Frist, die regelmäßig mit *einem Monat* anzunehmen ist, seine bereits festgestellte oder zur Feststellung beantragte *Schwerbehinderteneigenschaft gegenüber dem Arbeitgeber geltend machen* (ständige Rechtsprechung des Bundesarbeitsgerichts, zum Beispiel Urteile vom 23. 2. 1978 = AP Nr. 3 zu § 12 SchwbG sowie vom 31. 8. 1989 = DB 1990 S. 890 und vom 5. 7. 1990 = BB 1991

S. 1199; wegen der vollen Ausschöpfung der Regelfrist vgl. die Urteile des BAG vom 16. 1. 1985 = AP Nr. 14 zu § 12 SchwbG sowie vom 31. 8. 1989 = DB 1990 S. 890). Diese Grundsätze gelten auch für die Stellung eines Verschlimmerungsantrages (Urteil des LAG Frankfurt/M. vom 1. 2. 1988 = ARSt 1988 S. 119 Nr. 8). Adressat einer solchen Mitteilung kann auch ein Vertreter des Arbeitgebers sein, der kündigungsberechtigt ist oder eine ähnlich selbständige Position bekleidet, nicht dagegen ein untergeordneter Vorgesetzter mit rein arbeitstechnischen Befugnissen (Urteil des BAG vom 5. 7. 1990 = BB 1991 S. 1199).

Erklärt der Arbeitgeber mit Rücksicht auf diese Mitteilung die eigentlich beabsichtigte außerordentliche Kündigung nicht innerhalb der zweiwöchigen Ausschlußfrist des § 626 Abs. 2 BGB, sondern beantragt stattdessen fristgerecht (§ 21 Abs. 2 Satz 1 SchwbG) die Zustimmung der Hauptfürsorgestelle, kann sich der Arbeitnehmer nach Treu und Glauben nicht auf die Versäumung der Frist des § 626 Absatz 2 BGB berufen, wenn er tatsächlich nicht schwerbehindert war und es deshalb der Zustimmung der Hauptfürsorgestelle nicht bedurfte (Urteil des BAG vom 27. 2. 1987 = AP Nr. 26 zu § 626 BGB Ausschlußfrist).

Die Mitteilung kann zum Beispiel in der Weise erfolgen, daß der Arbeitnehmer sich in der dem Arbeitgeber fristgerecht zugestellten Kündigungsschutzklage auf seinen Sonderkündigungsschutz beruft (Urteil des BAG vom 23. 2. 1978 = AP Nr. 4 zu § 12 SchwbG). Dies gilt auch für eine vorsorglich erklärte weitere Kündigung durch den Arbeitgeber (Urteil des BAG vom 19. 1. 1983 = AP Nr. 9 zu § 12 SchwbG) sowie entsprechend, wenn das Anerkennungsverfahren bereits seinen Fortgang genommen hat. Der Sonderkündigungsschutz steht einem schwerbehinderten Arbeitnehmer auch dann zu, wenn die Frist für den Widerspruch gegen einen die Schwerbehinderteneigenschaft verneinenden Bescheid des Versorgungsamtes nach Zugang der Kündigung abläuft, der Arbeitnehmer innerhalb der Regelfrist von einem Monat nach Zugang der Kündigung die Rücknahme des Bescheides wegen fehlerhafter Sachbehandlung (§ 44 SGB X) beantragt, dies dem Arbeitgeber mitteilt und das Versorgungsamt die Schwerbehinderteneigenschaft anschließend durch einen neuen Bescheid mit Rückwirkung auf die Zeit vor der Kündigung feststellt (Urteil des BAG vom 30. 6. 1983 = AP Nr. 11 zu § 12 SchwbG). Nicht ausreichend ist es allerdings, wenn der Schwerbehinderte dem

Arbeitgeber fristgemäß einen die Schwerbehinderteneigenschaft verneinenden Bescheid des Versorgungsamtes vorlegt, ohne gleichzeitig auf einen dagegen eingelegten Rechtsbehelf hinzuweisen (Urteil des BAG vom 2. 6. 1982 = AP Nr. 8 zu § 12 SchwbG). Ist das Vorliegen einer schweren Behinderung jedoch (wie etwa bei Blindheit oder dem Verlust von Gliedmaßen) offenkundig, bedarf es eines besonderen Hinweises des Schwerbehinderten auf das Bestehen einer anerkannten Schwerbehinderung bzw. die Einleitung des Anerkennungsverfahrens nicht, da dem Arbeitgeber die Schwerbehinderteneigenschaft in diesen Fällen regelmäßig bekannt ist und er damit das Erfordernis der vorherigen Zustimmung der Hauptfürsorgestelle erfüllen kann (Urteil des BAG vom 5. 12. 1980, 7 AZR 931/78, n. v.). Ausdrücklich höchstrichterlich noch nicht entschieden ist in diesem Zusammenhang, ob der Sonderkündigungsschutz bei offenkundiger Behinderung aus den genannten Gründen auch dann eingreift, wenn die Feststellung der Schwerbehinderteneigenschaft erst nach Zugang der Kündigung beantragt wird (Urteil des BAG vom 30. 6. 1983 = AP Nr. 11 zu § 12 SchwbG).

Hat der Arbeitnehmer die rechtzeitige Mitteilung seiner Schwerbehinderteneigenschaft oder der Einleitung des Anerkennungsverfahrens unterlassen und kann er deshalb den Schutz der §§ 15 ff. SchwbG nicht in Anspruch nehmen, ist die zwischenzeitlich erfolgte Anerkennung als Schwerbehinderter auf einen Zeitpunkt vor dem Zugang der Kündigung im Rahmen der im Kündigungsschutzverfahren stets erforderlichen Interessenabwägung zu seinen Gunsten besonders zu würdigen (Urteile des BAG vom 17. 2. und 20. 10. 1977 sowie 23. 2. 1978 = AP Nr. 1–3 zu § 12 SchwbG).

Gleichgestellte kommen ebenfalls in den Genuß des Sonderkündigungsschutzes. Die früher problematische Frage der Wirksamkeit einer während des Gleichstellungsverfahrens erklärten Kündigung (vgl. dazu das Urteil des BAG vom 20. 3. 1969 = AP Nr. 6 zu § 2 SchwbeschG) ist durch die Neufassung des § 2 Abs. 1 SchwbG geklärt. Die darin nunmehr angeordnete Rückwirkung der Gleichstellung auf den Zeitpunkt des Eingangs des Antrags führt zu einer Gleichbehandlung mit den Schwerbehinderten.

Entgegen einer Entscheidung des LAG Köln (Urteil vom 11. 3. 1987 = DB 1987 S. 1596) erfordert auch die außerordentliche

Kündigung eines schwerbehinderten Auszubildenden zu ihrer Wirksamkeit die vorherige Zustimmung der Hauptfürsorgestelle. Dies ergibt sich bereits aus der im Gesetz selbst enthaltenen Umschreibung seines Anwendungsbereiches, folgt jedenfalls aber mittelbar aus der Anwendung des § 3 Abs. 2 BBiG (Urteil des BAG vom 10. 12. 1987 = NZA 1988 S. 428). Die §§ 15 ff. SchwbG finden *auch* auf *Ausländer* Anwendung, sofern sie ihren Wohnsitz, gewöhnlichen Aufenthalt oder ihre Beschäftigung auf einem Arbeitsplatz (entsprechend § 7 Abs. 1 SchwbG) rechtmäßig im Geltungsbereich des Schwerbehindertengesetzes haben. Für im Ausland tätige Deutsche gilt der besondere Kündigungsschutz grundsätzlich nicht, es sei denn, ihr Arbeitsverhältnis hätte seine Grundlage im Geltungsbereich des Gesetzes (Beispiel: Monteure) oder sie wären bei exterritorialen deutschen Dienststellen im Ausland tätig.

Beschränkt sich das Arbeitsverhältnis eines Schwerbehinderten nach dem Arbeitsvertrag und dessen Durchführung allein auf ausländische Baustellen und besteht keinerlei Ausstrahlung auf den inländischen Betrieb des Arbeitgebers, bedarf die Kündigung auch dann nicht der Zustimmung der Hauptfürsorgestelle, wenn die Arbeitsvertragsparteien die Anwendung deutschen Rechts vereinbart haben und die Kündigung im Bundesgebiet ausgesprochen wird (Urteil des BAG vom 30. 4. 1987 = DB 1987 S. 1897).

Grundsätzlich erforderlich ist die Zustimmung der Hauptfürsorgestelle nach dem NATO-Truppenstatut auch bei Kündigungen von schwerbehinderten Arbeitnehmern bei den alliierten Streitkräften. Eine Ausnahme gilt lediglich für Kündigungen, die aus Sicherheitsgründen erfolgen. In Berlin (West) war die Rechtslage anders. Hatte nach der ursprünglich geltenden Regelung der jeweilige Sektorenkommandant die (für deutsche Behörden und Gerichte verbindliche, vgl. dazu das Urteil des BAG vom 25. 4. 1978, 1 AZR 92/76, n. v.) Entscheidung über die Anwendung deutschen Arbeitsrechts zu treffen, war später durch die BK/O (80) 13 vom 30. Dezember 1980 (GVBl. S. 230) eine die Anwendung des SchwbG ausschließende Regelung getroffen worden. Nach der Wiederherstellung der Souveränität Deutschlands durch die 2 + 4 Verträge ist der Sonderstatus Berlins beendet worden, so daß die Bestimmungen des NATO-Truppenstatuts auch hier gelten. Für die Zivilbeschäftigten bei den sowjetischen Truppen ist in Artikel 21 Absatz 1 des Vertrags über die Bedingungen des befristeten Aufenthalts und die Modalitäten des Abzugs der sowjetischen Truppen aus dem Gebiet der Bundesrepublik Deutschland vom 21. 12. 1990 (BGBl. II S. 256) die Anwendung des deutschen Arbeitsrechts und damit auch der Bestimmungen des Schwerbehindertengesetzes vorgesehen.

In einer Reihe von anderen Fällen ist die Zustimmung der Hauptfürsorgestelle zu einer beabsichtigten Kündigung nicht erforderlich. Im Gegensatz zum bisher geltenden Recht, das Ausnahmen im wesentlichen nur für Arbeitsverhältnisse zur vorübergehenden Aushilfe, auf Probe oder für einen vorübergehenden Zweck mit einer Höchstdauer von sechs Monaten vorsah (§ 17 Abs. 3 SchwbG a. F.), ist nach der Neufassung des Gesetzes die *Zustimmung* der Hauptfürsorgestelle generell *nicht erforderlich,* wenn das *Arbeitsverhältnis* des Schwerbehinderten zum Zeitpunkt des Zugangs der Kündigungserklärung ohne Unterbrechung noch *nicht länger als sechs Monate* besteht (§ 20 Abs. 1 Ziffer 1 SchwbG n. F.). Mit dieser Anpassung an den allgemeinen Kündigungsschutz soll ein hinreichender Erprobungszeitraum eingeräumt und ein mögliches Einstellungshemmnis beseitigt werden (vgl. BR-Drucksache 431/84 S. 21). Daneben gilt wie schon nach bisher geltendem Recht eine Ausnahme vom Erfordernis der Zustimmung der Hauptfürsorgestelle für diejenigen Schwerbehinderten, die auf Stellen im Sinne des § 7 Abs. 2 Ziffern 2–5 SchwbG beschäftigt werden. Dabei handelt es sich neben den aus verschiedenen Gründen nicht ihres Erwerbs wegen Beschäftigten aus praktischen Erwägungen um die Teilnehmer an Arbeitsbeschaffungsmaßnahmen sowie in ihre Positionen gewählte Arbeitnehmer. Erweitert wurde der Ausnahmekatalog durch § 20 Abs. 1 Ziffer 3 SchwbG n. F. um solche Schwerbehinderte, deren Arbeitsverhältnisse durch Kündigung beendet werden, wenn sie das 58. Lebensjahr vollendet und Anspruch auf eine Abfindung, Entschädigung oder ähnliche Leistung auf Grund eines Sozialplans haben oder einen Anspruch auf Knappschaftsausgleichsleistung nach § 98a des Reichsknappschaftsgesetzes oder auf Anpassungsgeld für entlassene Arbeitnehmer des Bergbaus besitzen. Vorausgesetzt wird dabei, daß der Arbeitgeber ihnen die Kündigungsabsicht rechtzeitig mitgeteilt hat und sie der beabsichtigten Kündigung bis zu deren Ausspruch nicht widersprechen. Darüber hinaus bedarf es der vorherigen Zustimmung der Hauptfürsorgestelle wie bisher dann nicht, wenn eine Entlassung aus Witterungsgründen (auch dadurch verursachten Auftragsmangel, Urteil des LAG München vom 24. 10. 1986 = DB 1987 S. 1444) vorgenommen wurde und die Wiedereinstellung des Schwerbehinderten bei Wiederaufnahme der Arbeit (durch Tarifvertrag, Betriebsvereinbarung oder Einzelarbeitsvertrag) sichergestellt ist (§ 20 Abs. 2 SchwbG). Schließlich ist die Zustimmung der Hauptfürsorgestelle entbehrlich, wenn einem Schwerbehinderten der besondere Schutz des SchwbG gemäß § 39 des Gesetzes zeitweilig entzogen wurde.

Daneben benötigt der Arbeitgeber die Zustimmung der Hauptfürsorgestelle auch nicht, wenn diese ihm auf seinen form- und fristgerecht gestellten Zustimmungsantrag mitgeteilt hat, daß die Kündigung des Arbeitsverhältnisses ihrer Zustimmung nicht bedürfe. In diesen Fällen beseitigt dieses *Negativattest* die gesetzliche Kündigungssperre der §§ 15ff. SchwbG ebenso wie die Zustimmung (Urteil des BAG vom 27. 5. 1983 = AP Nr. 12 zu § 12 SchwbG).

cc) Zustimmung der Hauptfürsorgestelle

Über die Erteilung der Zustimmung zu einer beabsichtigten Kündigung, ggf. auch einer Auflösung (Urteil des OVG Lüneburg vom 12. 7. 1989 = BehR 1990 S. 114) des Arbeitsverhältnisses eines Schwerbehinderten entscheidet die Hauptfürsorgestelle auf schriftlichen Antrag (vgl. zu diesem Formerfordernis das Urteil des BVerwG vom 17. 3. 1988 – 5 B 60/87 –, n. v.) des Arbeitgebers (§ 17 Abs. 1 SchwbG). Die Entscheidung darüber liegt mit wenigen, gesetzlich genau bestimmten Ausnahmen (§§ 19, 21 Abs. 4 SchwbG) in ihrem freien, pflichtgemäßen *Ermessen* (Urteil des BVerwG vom 28. 11. 1958 = AP Nr. 16 zu § 14 SchwbeschG). Dies wird nur dann ordnungsgemäß ausgeübt, wenn vor der Entscheidung Stellungnahmen des zuständigen Arbeitsamtes, des Betriebs- oder Personalrats sowie des Vertrauensmannes der Schwerbehinderten eingeholt wurden und der Schwerbehinderte zu der beabsichtigten Kündigung gehört wurde. In diesem Verfahren kann sich der Schwerbehinderte durch einen Rechtsanwalt vertreten lassen. Ist er rechtsschutzversichert, hat ihm die Versicherung bereits für dieses Verfahren Rechtsschutz zu gewähren, da es wegen seines unmittelbaren Zusammenhangs mit der Wirksamkeit der Kündigung arbeitsrechtlichen Charakter besitzt (Urteil des AG Gelsenkirchen vom 27. 7. 1988

= NZA 1988 S. 818; Urteil des LG Koblenz vom 8. 11. 1988 =
r + s 1989 S. 155). Ist die Anhörung unterblieben, kann eine
trotzdem erteilte und deshalb fehlerhafte Zustimmung mit dem
Widerspruch bzw. der Anfechtungsklage vor dem Verwaltungsgericht angegriffen werden (Urteil des Bundesverwaltungsgerichts vom 8. 2. 1967 = BVerwGE Band 26 S. 145). Die unterlassene Anhörung des Schwerbehinderten kann allerdings bis zum
Erlaß des Widerspruchsbescheides nachgeholt werden (§ 41
Abs. 1 Nr. 3, Abs. 2 SGB X). Dies gilt auch für die Einholung der
Stellungnahme des zuständigen Arbeitsamtes gemäß § 17 Abs. 2
SchwbG (Urteil des OVG Münster vom 9. 12. 1983 = AP Nr. 1
zu § 14 SchwbG).

Der Schwerbehinderte hat lediglich einen Anspruch auf eine
ermessensfehlerfreie Entscheidung. Er kann, da eine entsprechende gesetzliche Regelung fehlt, nicht verlangen, daß die Hauptfürsorgestelle die beantragte Zustimmung nicht erteilt. Allerdings
soll eine Kündigung, die aus Gründen erfolgt, die mit der Behinderung in einem Zusammenhang stehen, nach Möglichkeit vermieden werden (Urteil des BVerwG vom 28. 2. 1968 = BVerw-
GE Bd. 29 S. 140).

Auf der anderen Seite soll die Beschäftigung von Schwerbehinderten für die Betriebe und Verwaltungen auch nicht zu einer
unzumutbaren Belastung werden. Der Arbeitgeber muß den
schwerbehinderten Arbeitnehmer nicht „durchschleppen" (vgl.
zum Prüfungsmaßstab die Urteile des Hamburgischen OVG vom
27. 11. 1987 = BB 1989 S. 220 sowie des Hessischen VGH vom
23. 2. 1987 = BB 1987 S. 904). Zudem hat der Gesetzgeber das
Ermessen der Hauptfürsorgestelle bei einigen Fallkonstellationen
zugunsten der Arbeitgeber eingeschränkt, wenn diese sich auf
deren Vorliegen berufen. Dabei beschränkt sich die Tätigkeit der
Hauptfürsorgestelle allerdings nicht auf die Prüfung der Schlüs-
sigkeit der Sachdarstellung durch den Arbeitgeber (so aber OVG
Lüneburg, Urteil vom 12. 7. 1989 = BehR 1990 S. 114); diese
muß sich vielmehr von Amts wegen von der Richtigkeit des Tat-
sachenvertrags überzeugen. Unterläßt sie dies, können sich daraus Schadensersatzansprüche (auch des antragstellenden Arbeitgebers) ergeben (Urteil des OLG Köln, vom 21. 1. 1988 = VersR
1989 S. 748).

So ist die beantragte *Zustimmung* zu einer Kündigung *zwingend* dann zu *erteilen*, wenn der *Betrieb* oder die Verwaltung

nicht nur vorübergehend *eingestellt* oder *aufgelöst* werden und zwischen dem Tag der Kündigung und dem Tag, bis zu dem die Vergütung fortgezahlt wird, mindestens drei Monaten liegen (§ 19 Abs. 1 Satz 1 SchwbG). In diesem Fall beschränkt sich die Tätigkeit der Hauptfürsorgestelle auf die Feststellung der für die gesetzlich vorgeschriebene Entscheidung maßgeblichen Tatsachen. Hat die Hauptfürsorgestelle der beabsichtigten Kündigung eines schwerbehinderten Arbeitnehmers mit der „Bedingung" zugestimmt, daß zwischen dem Tag der Kündigung und dem Tag, bis zu dem Lohn oder Gehalt gezahlt wird, mindestens drei Monate liegen, ist durch Auslegung zu ermitteln, ob es sich bei der „Bedingung" sachlich um eine Bedingung oder um eine Auflage im Sinne des § 32 SGB X handelt. Ist die Zustimmung nicht unter einer aufschiebenden Bedingung erteilt worden, kann der Arbeitgeber wirksam kündigen, solange die Zustimmung nicht nach § 47 SGB X widerrufen ist (Urteil des BAG vom 12. 7. 1990 = BB 1991 S. 1122).

Dabei kann von einer die Hauptfürsorgestelle in ihrer Entscheidung bindenden Betriebseinstellung nur dann gesprochen werden, wenn der Arbeitgeber den Betriebszweck dauernd oder doch für eine unbestimmte, auf jeden Fall wirtschaftlich erhebliche Zeit aufgibt und die Betriebsgemeinschaft aufhebt. Davon kann nicht die Rede sein, wenn der Betrieb nach kurzer Zeit wieder eröffnet wird (Scheineinstellung) oder lediglich der Betriebsinhaber wechselt (§ 613a BGB). Dies gilt auch für den Fall des Konkurses, wenn der Konkursverwalter den Betrieb fortführt. Ebensowenig reicht die Einstellung nur einer Betriebsabteilung.

Die außerdem vorausgesetzte Lohnzahlung während der 3monatigen Auslauffrist wird üblicherweise vertraglich zwischen Arbeitgeber und Schwerbehindertem vereinbart und muß der Hauptfürsorgestelle nachgewiesen werden. Dabei ist es möglich, das Arbeitsverhältnis um diesen Zeitraum zu verlängern; es kann aber auch eine Zahlung außerhalb des Arbeitsverhältnisses über den Ablauf der Kündigungsfrist hinaus vereinbart werden. Für die Höhe des Lohnes gelten die normalen Bedingungen. Arbeitet der Betrieb nicht fort, bemißt sich der Anspruch des Schwerbehinderten nach dem vor der Stillegung erzielten Einkommen.

Nicht zwingend geboten, aber immerhin durch die Fassung des Gesetzes („soll die Zustimmung erteilen") weitgehend vorbestimmt ist die Zustimmung der Hauptfürsorgestelle darüber hinaus, wenn der Betrieb zwar nicht vollständig stillgelegt, aber immerhin nicht nur vorübergehend wesentlich eingeschränkt wird, die 3monatige Fortzahlung der Vergütung garantiert ist und der Arbeitgeber nach wie vor seine Pflichtquote erfüllt (§ 19 Abs. 1 Satz 2 SchwbG).

Vorausgesetzt wird dabei eine Verminderung der Arbeitsleistung und der beschäftigten Arbeitnehmer, insbesondere die Entlassung einer beträchtlichen Zahl von Arbeitnehmern im Verhältnis zur Gesamtbelegschaft (vgl. dazu das Urteil des OVG Nordrhein-Westfalen vom 12. 12. 1989 = BehR 1991 S. 66), ohne daß hier genaue Prozentsätze genannt werden könnten. Die Zahlenangaben in Literatur und Rechtsprechung schwanken zwischen 5 und 25%. Ohne daß wegen der Unterschiedlichkeit der jeweiligen Rechtsmaterie eine unmittelbare Übernahme der darin genannten Werte möglich wäre, kann als Anhaltspunkt für die Beurteilung die durch das Beschäftigungsförderungsgesetz 1985 eingeführte nach der Betriebsgröße differenzierende Neuregelung des § 112a BetrVG 1972 dienen, nachdem das Bundesarbeitsgericht bislang jedenfalls in Großbetrieben mit mehr als 1000 Arbeitnehmern einen Personalabbau um 5% als eine die Sozialplanpflicht begründende Betriebsänderung angesehen hatte (Beschluß des BAG vom 22. 1. 1980 = AP Nr. 7 zu § 111 BetrVG 1972).

Ob als weitere Voraussetzung der Zustimmungserteilung die Pflichtquote des § 5 SchwbG weiterhin erfüllt ist, beurteilt sich nach der Anzahl der nach der Betriebseinschränkung verbleibenden Zahl von Arbeitnehmern.

Die beantragte *Zustimmung* darf nach § 19 Abs. 1 Satz 3 SchwbG n. F. allerdings dann *nicht* erteilt werden, *wenn* eine *Weiterbeschäftigung* auf einem anderen Arbeitsplatz desselben Betriebes oder derselben Dienststelle oder auf einem freien Arbeitsplatz in einem anderen Betrieb oder einer anderen Dienststelle desselben Arbeitgebers mit Einverständnis des Schwerbehinderten *möglich und* für den Arbeitgeber *zumutbar* ist. Mit dieser Neuregelung wird die Ermessensbeschränkung der Hauptfürsorgestelle in den genannten Fällen beseitigt. Sie entspricht den Erfordernissen der Praxis. Die Interessen des Arbeitgebers werden dadurch berücksichtigt, daß die anderweitige Beschäftigung des Schwerbehinderten ihm auch zumutbar sein muß (BR-Drucksache 431/84 S. 21).

Gebunden ist die Hauptfürsorgestelle bei der Ausübung ihres Ermessens wiederum, wenn dem Schwerbehinderten ein anderer angemessener und zumutbarer Arbeitsplatz gesichert ist (§ 19 Abs. 2 SchwbG), der auch derselbe zu geänderten Bedingungen oder ein anderer bei demselben Arbeitgeber sein kann (Änderungskündigung). Dieses Eingehen auf betriebliche und wirtschaftliche Notwendigkeiten hat seine Rechtfertigung darin, daß der Schwerbehinderte bei Erfüllung der genannten Voraussetzungen keinen Schaden erleidet.

Angemessen ist der andere Arbeitsplatz, wenn er nach Entgelt und Art der Tätigkeit den Fähigkeiten, der Vorbildung und den durch die Behinderung beschränkten Einsatzmöglichkeiten des Schwerbehinderten entspricht (Urteil des BVerwG vom 12. 1. 1966 = AP Nr. 6 zu § 18 SchwbeschG). Zugemutet werden kann er dem Schwerbehinderten dann, wenn die über die konkrete Ausgestaltung des Arbeitsplatzes hinausgehenden Umstände, etwa der neue Weg von und zur Arbeitsstätte, ihn nicht über Gebühr belasten. Gesichert ist der Arbeitsplatz, wenn der Arbeitgeber sich zum Abschluß eines inhaltlich im einzelnen bestimmten Arbeitsvertrages mit dem Schwerbehinderten verpflichtet hat.

Schließlich soll die Hauptfürsorgestelle auch die Zustimmung zu einer beabsichtigten außerordentlichen Kündigung erteilen, wenn dafür – wie etwa bei einem Diebstahl (Urteil des OVG Nordrhein-Westfalen vom 5. 9. 1989 = BB 1990 S. 1909) – ein wichtiger Grund vorliegt, der mit der Behinderung nicht im Zusammenhang steht (§ 21 Abs. 4 SchwbG). Dies verpflichtet sie zur Erteilung der Zustimmung, wenn nicht ganz besondere Gründe für deren Verweigerung vorliegen, wie etwa die Einmaligkeit des zum Anlaß der Kündigung genommenen Vorfalls oder eine besonders schwierige Unterbringungsmöglichkeit für den Schwerbehinderten (Urteil des OVG Lüneburg vom 17. 1. 1977 = DB 1977 S. 546).

Ob ein *wichtiger Grund* vorliegt, ist in Übereinstimmung mit § 626 *Abs. 1 BGB* danach zu beurteilen, ob dem Arbeitgeber die Fortsetzung des Arbeitsverhältnisses mit dem Schwerbehinderten auch nur bis zum Ende der Kündigungsfrist zugemutet werden kann. Dies läßt sich nicht abstrakt, sondern stets nur im Einzelfall unter Abwägung der jeweiligen Umstände beurteilen. In Betracht kommen zum Beispiel beharrliche *Arbeitsverweigerung, Tätlich-*

keiten gegen Kollegen oder *Straftaten* zu Lasten des Arbeitgebers (etwa der Diebstahl von Firmeneigentum).

Ebenfalls individuell zu prüfen ist, ob der wichtige Grund in einem Zusammenhang mit der Behinderung steht. Dies wird insbesondere bei hirnverletzten Schwerbehinderten in Betracht kommen, denen aus verhaltensbedingten Gründen (Beleidigung, Tätlichkeit) gekündigt werden soll (Urteil des BAG vom 25. 2. 1963 = AP Nr. 4 zu § 19 SchwbeschG). Entgegen der früheren Rechtslage muß der Zusammenhang nicht mehr „unmittelbar" sein. Auch ein nur mittelbarer Bezug, der sogar nur zu einer von mehreren Ursachen des beanstandeten Verhaltens bestehen muß, reicht aus, um die Ermessensbindung der Hauptfürsorgestelle zu beseitigen. Dies kann zum Beispiel der Fall sein, wenn das Fehlverhalten des Schwerbehinderten auf den Einfluß von Arzneimitteln zurückzuführen ist, die er wegen der Behinderung oder ihrer Folgen eingenommen hat. Allerdings wird die Hauptfürsorgestelle auch im Rahmen ihres pflichtgemäßen freien Ermessens die Zustimmung desto eher erteilen, je loser der Zusammenhang von wichtigem Grund und Behinderung ist.

Liegt der Hauptfürsorgestelle ein Antrag auf Erteilung der Zustimmung zu einer ordentlichen Kündigung vor, hat sie darüber innerhalb eines Monats nach dessen Eingang zu entscheiden. Zu diesem Zweck kann sie auch eine mündliche Verhandlung durchführen (§ 18 Abs. 1 SchwbG). Gegen eine Überschreitung dieser Frist kann der Schwerbehinderte nichts unternehmen, da dies für ihn keinerlei Nachteile mit sich bringt.

Die von der Hauptfürsorgestelle getroffene Entscheidung muß sowohl dem Arbeitgeber als auch dem Schwerbehinderten zugestellt werden. Dem zuständigen Arbeitsamt ist sie mitzuteilen (§ 18 Abs. 2 SchwbG). Vor der Zustellung ist sie nicht wirksam. Allerdings reicht es nach der kritisch kommentierten (z. B. Corts/ Hege SAE 1983 S. 8) Rechtsprechung des BAG (Urteil vom 17. 2. 1982 = AP Nr. 1 zu § 15 SchwbG) aus, wenn die Zustellung allein beim Arbeitgeber erfolgt.

Der Arbeitgeber kann von der erteilten Zustimmung nur innerhalb einer *Frist von einem Monat* nach Zustellung der für ihn positiven Entscheidung Gebrauch machen. Über den Fristbeginn entscheidet der Zugang des Bescheides bei ihm, nicht beim Schwerbehinderten (Urteil des BAG vom 17. 2. 1982 = AP Nr. 1 zu § 15 SchwbG). Entgegen dem Wortlaut des § 15 Abs. 3

SchwbG wird diese Frist nicht schon dadurch gewahrt, daß die Kündigung während ihres Laufes erklärt wird. Erforderlich ist vielmehr der fristgerechte Zugang beim Schwerbehinderten als dem Adressaten der Erklärung. Die Berechnung der Frist erfolgt nach den allgemeinen Grundsätzen der §§ 187ff. BGB.

Beispiel: Der Zustimmungsbescheid wird dem Arbeitgeber am 6. 10. zugestellt. Er kündigt mit Schreiben vom selben Tage, das dem Schwerbehinderten an seinem Heimatort im Ausland am 5. 11. zugeht. Dieser erhält durch das Kündigungsschreiben erstmals Kenntnis von der Erteilung der Zustimmung. Die entsprechende Mitteilung der HFSt geht ihm erst Wochen später an seinem Wohnort in Deutschland zu.

Die Voraussetzungen der §§ 15, 18 Abs. 2 und 3 SchwbG sind gewahrt. Der Arbeitgeber durfte nach der Zustellung des Zustimmungsbescheides kündigen, ohne daß die Zustellung auch beim Schwerbehinderten erfolgt war. Mit dem Zugang der Kündigungserklärung beim Schwerbehinderten am 5. 11. wahrte er die Monatsfrist des § 18 Abs. 3 SchwbG.

Hinsichtlich des Antrags auf Erteilung der Zustimmung zu einer außerordentlichen Kündigung enthält das Schwerbehindertengesetz in seinem § 21 wesentlich verschärfte Anforderungen. So kann der *Antrag nur innerhalb* einer Frist *von zwei Wochen* gestellt werden; die Frist beginnt mit der Kenntnisnahme des Arbeitgebers von den für die Kündigung maßgebenden Tatsachen.

Davon wird auch die Kenntniserlangung des Arbeitgebers von der beantragten oder festgestellten Schwerbehinderteneigenschaft des Arbeitnehmers erfaßt (Urteil des BAG vom 14. 5. 1982 = AP Nr. 4 zu § 18 SchwbG). Entscheidend ist der Eingang des Antrags bei der Hauptfürsorgestelle (§ 21 Abs. 2 SchwbG).

Die *Hauptfürsorgestelle* muß dann innerhalb von *zwei Wochen* darüber entscheiden (§ 21 Abs. 3 Satz 1 SchwbG). Die nach altem Recht dafür vorgesehene Frist von zehn Tagen zur Überprüfung und Entscheidung bei außerordentlichen Kündigungen hat sich in der Praxis als zu kurz erwiesen, so daß eine Verlängerung erforderlich wurde (vgl. die Begründung des Gesetzentwurfes BR-Drucksache 431/84 S. 21).

Ergeht innerhalb dieser Frist eine zustimmende Entscheidung der Hauptfürsorgestelle, kann der Arbeitgeber die Kündigung zumindest dann nach § 21 Absatz 5 SchwbG erklären, wenn ihm die Entscheidung innerhalb der Zwei-Wochen-Frist des § 21 Absatz 3 SchwbG mündlich oder fernmündlich bekanntgegeben wurde (Urteil des BAG vom 15. 11. 1990 = NZA 1991 S. 553). Unterbleibt eine fristgerechte Entscheidung, gilt die Zustimmung zur außerordentlichen Kündigung gemäß § 21 Abs. 3 Satz 2 SchwbG als erteilt. Diese Frist wird allerdings bereits dann gewahrt, wenn die Entscheidung behördenintern getroffen wurde und den Machtbereich der Hauptfürsorgestelle verlassen hat (Urteil des BAG vom 16. 3. 1986 = AP Nr. 6 zu § 18 SchwbG).

Beispiel: Der Antrag auf Erteilung der Zustimmung geht am 1. 4. bei der HFSt ein. Wird der ablehnende Bescheid bis einschließlich 15. 4. zur Post gegeben, greift die Zustimmungsfiktion des § 18 Abs. 3 Satz 2 SchwbG nicht ein.

Eine auch nur mündliche Bekanntgabe der Entscheidung an den Arbeitgeber ist entgegen der früheren Rechtsprechung des BAG (vgl. dazu die Urteile des BAG vom 16. 3. 1986 aaO sowie vom 13. 5. 1981 = AP Nr. 3 zu § 18 SchwbG) nicht erforderlich (Urteil des LAG Rheinland-Pfalz vom 8. 7. 1987 = NZA 1988 S. 248). Hat die Hauptfürsorgestelle die Zustimmung erteilt, muß der Arbeitgeber die außerordentliche Kündigung *unverzüglich*, d.h. ohne schuldhaftes Zögern, erklären (§ 21 Abs. 5 SchwbG). Hängt die Wirksamkeit einer außerordentlichen Kündigung auch vom Vorliegen der Zustimmung des Betriebs- oder Personalrates ab (vgl. die Urteile des BAG vom 22. 1. 1987 = AP Nr. 24 zu § 103 BetrVG 1972 bzw. vom 21. 10. 1983 = AP Nr. 16 zu § 626 BGB Ausschlußfrist), ist das Verhalten des Arbeitgebers ebenfalls an diesem Maßstab zu messen, wobei es – je nach zeitlicher Abfolge der Zustimmungsverfahren – für die Erfüllung des Tatbestandsmerkmals „unverzüglich" erforderlich sein kann, daß der Arbeitgeber bereits am ersten Arbeitstag nach dem Wegfall des Kündigungshindernisses handelt (Urteile des BAG vom 3. 7. 1980 = AP Nr. 2 zu § 18 SchwbG sowie vom 22. 1. 1987 = AP Nr. 24 zu § 103 BetrVG 1972). Wenn vom Gesetz die „Erklärung" der Kündigung gefordert wird, ist damit ebenso wie in § 18 Abs. 3 SchwbG gemeint, daß die Kündigung dem Schwerbehinderten auch zugegangen sein muß; die Absendung allein genügt nicht (Urteil des BAG vom 3. 7. 1980 = AP Nr. 2 zu § 18 SchwbG). Wählt der Arbeitgeber zur Übermittlung der Kündigungserklärung die Form des Einschreibens, das nach erfolglosem Zustellungsversuch bei der zuständigen Postanstalt niedergelegt wird, kann die Berufung des Arbeitnehmers auf die fehlende Unverzüglichkeit des Handelns des Arbeitgebers treuwidrig sein, wenn ihm der Benachrichtigungsschein über die Niederlegung zugegangen ist (Urteil des BAG vom 3. 4. 1986 = AP Nr. 9 zu § 18 SchwbG).

dd) Rechtsschutz des Schwerbehinderten

Will der Schwerbehinderte vermeiden, daß sein Arbeitsverhältnis durch eine vom Arbeitgeber ausgesprochene Kündigung beendet wird, muß er dagegen vor dem Arbeitsgericht Klage erheben. Nimmt er dafür anwaltliche Hilfe in Anspruch, trägt er gemäß § 12a Absatz 1 Satz 1 ArbGG seine in erster Instanz entstehenden Kosten selbst. Da § 15 SchwbG kein Schutzgesetz im Sinne des § 823 Absatz 2 BGB ist, kann der schwerbehinderte Arbeitnehmer den Arbeitgeber auch nicht im Wege des Schadenersatzes auf deren Erstattung in Anspruch nehmen (Urteil des LAG Köln vom 23. 2. 1988 = DB 1988 S. 971).

Zu empfehlen ist der Antrag

„festzustellen, daß das Arbeitsverhältnis des Klägers (Schwerbehinderten) durch die Kündigung des Beklagten (Arbeitgebers) vom (Datum des Zugangs) nicht aufgelöst wurde, sondern fortbesteht",

der sämtliche denkbaren Gründe für eine mögliche Unwirksamkeit der angegriffenen Kündigung abdeckt, eine umfassende rechtliche Prüfung durch das Gericht zuläßt und auch weitere, vom Arbeitgeber im streitbefangenen Zeitraum ausgesprochene Kündigungen erfaßt, und zwar unabhängig davon, wann sie in den Prozeß eingeführt werden (Urteil des BAG vom 21. 1. 1988 = NJW 1988 S. 2691). Unterbleibt die Erhebung der Kündigungsschutzklage, kann auch eine unberechtigte Kündigung allein durch Zeitablauf zum Verlust des Arbeitsplatzes führen. Kommt der Schwerbehinderte in den Genuß des *Kündigungsschutzgesetzes,* weil sein Arbeitsverhältnis beim Zugang der Kündigung länger als sechs Monate bestanden hat und sein Arbeitgeber regelmäßig mehr als fünf Arbeitnehmer ausschließlich der Auszubildenden beschäftigt, muß er *innerhalb von drei Wochen* nach Erhalt der Kündigung *Klage erheben.* Versäumt er diese Frist, gilt eine ordentliche Kündigung ohne Rücksicht auf die tatsächlichen Umstände kraft Gesetzes als sozial gerechtfertigt (§§ 4, 7 KSchG). Bei einer außerordentlichen Kündigung wird das Vorliegen eines wichtigen Grundes in diesem Fall gesetzlich fingiert (§ 13 Abs. 1 Satz 2 KSchG). Dies gilt allerdings nicht für den Sonderfall, daß dem Schwerbehinderten der Zustimmungsbescheid der Hauptfürsorgestelle erst nach dem Zugang der Kündigung zugestellt wird. Hier beginnt die 3-Wochen-Frist zur Klageerhebung gemäß § 4 Abs. 4 KSchG erst zu dem späteren Zeitpunkt (Urteil des BAG vom 17. 2. 1982 = AP Nr. 1 zu § 15 SchwbG).

Allerdings muß die Versäumung der Klagefrist nicht unbedingt zu einem Unterliegen des Schwerbehinderten im Kündigungsschutzverfahren führen.

War ihm die fristgerechte Erhebung der Kündigungsschutzklage trotz Aufwendung aller ihm nach Lage der Umstände zumutbaren Sorgfalt nicht möglich, ist die Klage nämlich gemäß § 5 KSchG auf seinen Antrag nachträglich zuzulassen.

Beispiel: Der Arbeitnehmer leidet während der Klagefrist an einer durch schwere psychische Beeinträchtigungen oder die dadurch erforderliche medikamentöse Behandlung hervorgerufenen nachhaltigen Beeinträchtigung der Urteils- und Entschlußfähigkeit (Urteil des LAG München vom 3. 11. 1975 = DB 1976 S. 732).

Mit dem Antrag ist die Klageerhebung zu verbinden. Außerdem sind die zur nachträglichen Zulassung führenden Tatsachen anzugeben und zum Beispiel durch eidesstattliche Versicherung glaubhaft zu machen. Der Antrag kann allerdings nur innerhalb von zwei Wochen gestellt werden, nachdem die Umstände entfallen sind, die eine rechtzeitige Klageerhebung verhinderten. Nach Ablauf von sechs Monaten nach dem Ende der Klagefrist kann der Antrag nicht mehr gestellt werden.

Aber auch wenn dieser Weg nicht zum Erfolg führt, muß der Schwerbehinderte die Kündigung durch den Arbeitgeber nicht hinnehmen. Bei der Anwendung des Kündigungsschutzgesetzes ist das Gericht nämlich auf die Prüfung der sozialen Rechtfertigung der Kündigung beschränkt, für die grundsätzlich ausreichende betriebs-, verhaltens- oder personenbedingte Gründe vorliegen müssen. Gilt diese Voraussetzung als Folge der Fristversäumung gesetzlich als erfüllt, kann trotzdem noch vom Arbeitsgericht auf die Klage des Schwerbehinderten hin geprüft werden, ob die Kündigung nicht „aus sonstigen Gründen" unwirksam ist. Dies wird zum Beispiel der Fall sein, wenn der Betriebsrat vor der beabsich-

tigten Kündigung nicht oder zumindest nicht ordnungsgemäß
angehört wurde (§ 102 Abs. 1 BetrVG) oder die erforderliche Zustimmung der Hauptfürsorgestelle nicht vorliegt (§ 15 SchwbG).
Aber auch insoweit ist eine gewisse Eile geboten, da der Schwerbehinderte das Recht zur Geltendmachung dieser weiteren Unwirksamkeitsgründe ebenfalls *verwirken* kann. Diese Folge kann eintreten, wenn seit der Kündigung eine nicht unerhebliche Zeit
vergangen ist und der Arbeitgeber sich darauf einstellen durfte,
daß der Schwerbehinderte diese Einwände nicht mehr erheben
würde. Diese Voraussetzungen sind zum Beispiel in einem Fall als
erfüllt angesehen worden, in dem der Schwerbehinderte zunächst
nur die Sozialwidrigkeit der Kündigung gerügt und sich acht Monate nicht auf den Schutz des Schwerbehindertengesetzes berufen
hatte (Urteil des LAG Kiel vom 28. 2. 1976 = BB 1976 S. 1608).
Andererseits kann auch die mögliche Sozialwidrigkeit der Kündigung unter bestimmten Umständen noch nachträglich geltend gemacht werden. Gemäß § 6 KSchG ist die soziale Rechtfertigung
der Kündigung im Verfahren zu überprüfen, wenn die Klage innerhalb von 3 Wochen nach Zugang der Kündigung erhoben,
ursprünglich jedoch auf sonstige Gründe gestützt wurde und der
Kläger bis zum Schluß der mündlichen Verhandlung erster Instanz
eine Verletzung des § 1 Abs. 2 und 3 KSchG rügt. Auf diese
Möglichkeit soll das Arbeitsgericht ihn hinweisen.

Ein frühzeitiger Hinweis auf den bestehenden Sonderkündigungsschutz ist aber auch aus weiteren Gründen dringend zu
empfehlen. Dies gilt zunächst für den bereits erörterten Fall, daß
der Arbeitgeber bis zur Kündigung keine Kenntnis von der
Schwerbehinderteneigenschaft hatte. Dann schafft erst deren
fristgerechte Mitteilung (regelmäßig binnen eines Monats nach
Zugang der Kündigung) die Voraussetzung für die Anwendung
des Sonderkündigungsschutzes. Ein solcher Hinweis ist aber
auch deshalb nachdrücklich anzuraten, weil eine gerichtliche Entscheidung den gesamten Lebenssachverhalt „Kündigung" ohne
Rücksicht auf einzelne Kündigungsgründe abdeckt. Das hat zur
Folge, daß ein rechtskräftiges Urteil trotz der Beschränkung des
Prozeßstoffes allein auf die soziale Rechtfertigung der Kündigung
im Sinne des § 1 Abs. 2 KSchG den gesamten Komplex „Kündigung" erschöpft. Der Schwerbehinderte kann dann nicht später
erneut mit dem Hinweis darauf Kündigungsschutzklage erheben,
daß die Schwerbehinderteneigenschaft in dem früheren Verfahren

gar nicht erörtert worden sei, sondern das Urteil sich lediglich mit der – möglicherweise wegen Fristablaufs gesetzlich fingierten – sozialen Rechtfertigung der angegriffenen Kündigung befaßt hätte.

Wurde die Schwerbehinderteneigenschaft des sich gegen eine Kündigung wehrenden Arbeitnehmers in einem Kündigungsschutzverfahren nicht gewürdigt, kann er eine die Klage abweisende rechtskräftige Entscheidung mit Rücksicht auf das Gebot der Rechtssicherheit nur unter ganz engen Voraussetzungen angreifen. Zu denken ist an die Erhebung der in nur wenigen Fällen möglichen *Restitutionsklage* (§ 580 ZPO), die ausnahmsweise die Durchbrechung der Rechtskraft ermöglicht, wenn die Fehlerhaftigkeit des vorangegangenen Urteils besonders offenkundig geworden ist. Davon ist nach der Rechtsprechung des Bundesarbeitsgerichts auszugehen, wenn der Schwerbehinderte einen dem Arbeitgeber rechtzeitig mitgeteilten Antrag auf Anerkennung als Schwerbehinderter gestellt hatte, über den während des Kündigungsschutzverfahrens entweder noch gar nicht oder jedenfalls noch nicht zugunsten des dann später anerkannten Schwerbehinderten entschieden wurde (Urteile des BAG vom 25. 11. 1980 = AP Nr. 7 zu § 12 SchwbG und vom 15. 8. 1984 = AP Nr. 13 zu § 12 SchwbG). Zwar sollte (enger: Beschluß des LAG Köln vom 3. 3. 1986 = ArbuR 1987 S. 34) das *Verfahren* schon mit Rücksicht auf die 5-Jahres-Frist des § 586 Absatz 2 Satz 2 ZPO in diesen Fällen trotz der drohenden zeitlichen Verzögerung *gemäß § 148 ZPO ausgesetzt werden,* wenn es für die Entscheidung des Falles auf die Schwerbehinderteneigenschaft des Arbeitnehmers ankommt (Beschluß des LAG Frankfurt/M. v. 15. 3. 1990 = ZTR 1990 S. 393); jedoch steht dies im pflichtgemäßen Ermessen des Gerichts. Es ist nicht ausgeschlossen, daß es auf der Tatsachengrundlage entscheidet, die zum Zeitpunkt des Abschlusses der jeweiligen Instanz besteht. Es kann, wenn der Anerkennungsbescheid noch nicht vorliegt, den Sonderkündigungsschutz des Schwerbehinderten völlig außer acht lassen oder aber einen noch nicht bestandskräftigen Zustimmungsbescheid der Hauptfürsorgestelle zur Entscheidungsgrundlage machen. Allein dessen Vorliegen berechtigt den Arbeitgeber nämlich bereits zum Ausspruch der Kündigung. Allerdings trägt er dann das Risiko, daß der Zustimmungsbescheid später wieder aufgehoben wird.

Der Schwerbehinderte muß diese für ihn negative Entscheidung der Hauptfürsorgestelle, die auch in der Erteilung eines sogenannten *Negativattestes*, das heißt der Erklärung, es bestünde kein Schwerbehindertenschutz, liegen kann, nämlich nicht als endgültig hinnehmen, sondern kann dagegen die üblichen verwaltungsrechtlichen Rechtsbehelfe einlegen. Dabei handelt es sich zunächst um den Widerspruch, der grundsätzlich innerhalb eines Monats nach Zustellung des mit einer schriftlichen und zutreffenden Rechtsbehelfsbelehrung versehenen Bescheids beim Widerspruchsausschuß der Hauptfürsorgestelle eingelegt werden muß (§ 70 Abs. 1, § 58 VwGO), für den bei fehlender oder falscher Rechtsbehelfsbelehrung ausnahmsweise aber auch eine Frist von einem Jahr, in Einzelfällen sogar noch länger, gelten kann (vgl. dazu § 70 Abs. 2, § 58 Abs. 2, § 60 Abs. 2 VwGO).

Hilft die Hauptfürsorgestelle dem Widerspruch, über den nur auf der Grundlage des der Kündigung zugrunde liegenden Sachverhaltes ohne Berücksichtigung später entstandener Tatsachen entschieden werden darf (Beschluß des BVerwG vom 7. 3. 1991 = BB 1991 S. 1121), nicht durch Rücknahme des Zustimmungsbescheids ab und hebt ihn dann auch der dort gebildete Widerspruchsausschuß nicht auf, kann der Schwerbehinderte binnen einer weiteren Frist von einem Monat nach Zustellung des schriftlich begründeten und mit einer zutreffenden Rechtsmittelbelehrung versehenen Bescheides (§ 73 Abs. 3, § 58 Abs. 2, § 74 Abs. 1 VwGO) vor dem Verwaltungsgericht Anfechtungsklage erheben (§§ 40, 45 VwGO). Diese *Rechtswegaufspaltung* verstößt nach Ansicht des LAG Hamm (Beschluß vom 19. 12. 1985 = BB 1986 S. 670; vgl. auch den Beschluß des ArbG Siegen vom 10. 6. 88 = BB 1988 S. 1608) gegen das Grundgesetz, da die Parteien in einer eigentlich arbeitsrechtlichen Angelegenheit der zuständigen Gerichtsbarkeit entzogen würden und dementsprechend nicht der „gesetzliche Richter" entscheide. Es hat diese Frage gemäß Artikel 100 GG dem BVerfG zur Entscheidung vorgelegt.

Auf die prozessuale Situation in dem gleichzeitig laufenden arbeitsgerichtlichen Verfahren gegen die vom Arbeitgeber entweder ohne oder mit noch nicht bestandskräftiger Zustimmung der Hauptfürsorgestelle ausgesprochene Kündigung hat das Verwaltungs- bzw. Verwaltungsgerichtsverfahren jedoch keinen unmittelbaren Einfluß. Entgegen der sonst im Verwaltungsverfahren geltenden Regel (§ 80 Abs. 1 VwGO) hat die Einlegung von

Rechtsbehelfen (Widerspruch, Anfechtungsklage) in diesem Fall nämlich keine aufschiebende Wirkung.

Dies wird durch § 18 Absatz 4 SchwbG n. F. nunmehr ausdrücklich für alle Arten von Kündigungen angeordnet, ohne daß damit gegenüber der bisherigen durch die Rechtsprechung des BAG geprägten Rechtslage eine inhaltliche Änderung eingetreten wäre. § 18 Abs. 5 SchwbG a. F. ist infolgedessen ersatzlos weggefallen.

ee) Sonstige Schutzbestimmungen

Wie schon in den Ausführungen zu dd) deutlich wurde, ist der schwerbehinderte Arbeitnehmer nicht auf den Sonderkündigungsschutz der §§ 15 ff. SchwbG beschränkt. Ihm steht wie jedem Arbeitnehmer die Möglichkeit offen, die Rechtswirksamkeit der Kündigung unter allen arbeitsrechtlichen Gesichtspunkten gerichtlich nachprüfen zu lassen. Er kann den allgemeinen Kündigungsschutz nach dem Kündigungsschutzgesetz ebenso in Anspruch nehmen wie er gegenüber einer ihm erklärten Kündigung sonstige Unwirksamkeitsgründe wie etwa deren Sittenwidrigkeit (§ 138 BGB), Verfassungswidrigkeit (zum Beispiel bei einer Kündigung wegen der Gewerkschaftszugehörigkeit, Art. 9 Abs. 3 Grundgesetz) oder Gesetzwidrigkeit (§ 134 BGB, z.B. bei der Behinderung einer Betriebsratswahl gemäß § 20 BetrVG) geltend machen kann. Darüber hinaus entbindet die Durchführung des Zustimmungsverfahrens vor der Hauptfürsorgestelle den Arbeitgeber nicht von der Verpflichtung zur Einholung der Zustimmung sonstiger Behörden (zum Beispiel gemäß § 9 Abs. 3 MuSchG bei der Kündigung einer Schwangeren) oder Gremien (zum Beispiel gemäß § 103 Abs. 1 BetrVG bei der außerordentlichen Kündigung eines Betriebsrats-Mitglieds).

ff) Kündigungsfrist

Jedenfalls verbleibt dem Schwerbehinderten aber auch bei wirksam erteilter Zustimmung der Hauptfürsorgestelle nach ordnungsgemäßer ordentlicher Kündigung durch den Arbeitgeber als sozialer Mindestschutz eine besondere *Kündigungsfrist*. Diese beträgt gemäß § 16 SchwbG *mindestens vier Wochen* ab Zugang der Kündigung und überschreitet damit die für gewerbliche Arbeitnehmer grundsätzlich geltende Zwei-Wochen-Frist des § 622 Abs. 2 Satz 1 BGB deutlich. Da es sich nach dem Wortlaut des Gesetzes ausdrücklich um eine Mindestfrist handelt, gehen für den Schwerbehinderten günstigere tarifvertragliche, vertragliche oder auch gesetzliche Regelungen vor. Zu denken ist hier zum Beispiel an die abweichenden Kündigungstermine und längeren Kündigungsfristen für Angestellte (§ 622 Abs. 1 BGB, § 2 Abs. 1 AngKSchG). Wirksame gesetzliche Bestimmungen für Arbeiter bestehen derzeit nicht (Beschluß des BVerfG vom 30. 5. 1990 = NZA 1990 S. 721). Angeknüpft werden kann insoweit lediglich an tarifliche Sonderregelungen (BVerfG a. a. O. sowie Urteile des BAG vom 21. 3. 1991 = b + p 1991 S. 149).

Auf die Einhaltung der Frist kann wegen des zwingenden Charakters der Schutzvorschrift nicht von vornherein verzichtet werden. Allerdings kann sich der Schwerbehinderte nach Zugang der Kündigung vertraglich ebenso mit einer kürzeren Frist einverstanden erklären wie es ihm unbenommen ist, ohne Einhaltung von Fristen einen Auflösungsvertrag zu schließen. Zugunsten des Schwerbehinderten kann auch eine kürzere Kündigungsfrist vereinbart werden, die aber nicht in einer unzulässigen für beide Vertragspartner gleichen Frist gesehen werden kann. Nach verbreiteter Ansicht bedarf es einer solchen Regelung i. ü. nicht, da der Schwerbehinderte nicht an nur zu seinem Schutz wirkende Vorschriften gebunden werden könne.

Macht der Schwerbehinderte von einer der genannten Möglichkeiten Gebrauch, kann dies wegen des darin liegenden Verzichts auf seine gesetzlichen Rechte zu einem zeitweiligen Entzug des Schwerbehindertenschutzes (§ 39 SchwbG) oder aber auch zur Verhängung einer Sperrzeit durch das Arbeitsamt führen.

Die Mindestkündigungsfrist gilt für alle Schwerbehinderten und ihnen Gleichgestellte, sofern sie nicht vom Ausnahmekatalog des § 20 SchwbG erfaßt werden. Die Notwendigkeit der Einhaltung der Kündigungsfrist des § 16 SchwbG auch im Rahmen von Aushilfs- und Probearbeitsverhältnissen bis zur Dauer von sechs Monaten (vgl. das Urteil des BAG vom 25. 2. 1981 = AP Nr. 2 zu § 17 SchwbG) dürfte nach dem Wegfall der Differenzierung in den verschiedenen Absätzen des § 20 SchwbG nicht mehr bestehen.

b) Erweiterter Beendigungsschutz

§ 22 SchwbG erweitert den Sonderkündigungsschutz auf einige Fälle, in denen das Arbeitsverhältnis auch ohne Kündigung endet. Insbesondere die Tarifverträge des öffentlichen Dienstes sehen vor, daß das Arbeitsverhältnis ohne Kündigung endet, wenn Berufsunfähigkeit oder Erwerbsunfähigkeit festgestellt werden (§ 59 BAT, § 62 MTB II, § 62 MTL II, § 52 BMT-G II). Gegenüber der Rechtswirksamkeit solcher Regelungen bestehen nach der Rechtsprechung des BAG (Urteil vom 24. 6. 1987 = AP Nr. 5 zu § 59 BAT) keine Bedenken. Soll das Arbeitsverhältnis eines Schwerbehinderten aufgrund dieser Vorschriften beendet werden, weil bei ihm Berufsunfähigkeit oder Erwerbsunfähigkeit auf Zeit festgestellt wird, ist gemäß § 22 SchwbG die vorherige Zustimmung der Hauptfürsorgestelle erforderlich. Dies beruht darauf, daß in diesen Fällen häufig mit der Wiederherstellung der Erwerbsfähigkeit gerechnet werden kann. War der Schwerbehinderte aber erst einmal für einige Zeit aus dem Erwerbsleben ausgeschieden, sind die Aussichten auf eine erneute Unterbringung erfahrungsgemäß gering. Der Hauptfürsorgestelle obliegt in diesen Fällen unter Berücksichtigung des Arbeitsplatzinteresses des Schwerbehinderten die Entscheidung darüber, ob dem Arbeitgeber zugemutet werden kann, dem Schwerbehinderten den Arbeitsplatz für begrenzte Zeit offen zu halten. Ebenso wie in den Fällen der Kündigung ist für die Inanspruchnahme dieses besonderen Schutzes die Kenntnis des Arbeitgebers von der Schwerbehinderteneigenschaft erforderlich. Allein aus der Tatsache der Berufsunfähigkeit oder zeitweisen Erwerbsunfähigkeit folgt sie noch nicht (Urteil des BAG vom 16. 11. 1982 = AP Nr. 4 zu § 62 BAT).

Nicht mehr problematisch ist die Behandlung jener Schwerbehinderten, die auf Grund tarifvertraglicher Regelungen (z.B. § 59 Abs. 1 BAT) ohne Einhaltung einer Frist ausscheiden. Wurde auf Schwerbehinderte mit Zusatzversorgung in diesen Fällen bisher § 21 SchwbG angewendet, ist dies nach der eine Verweisung auf die für die ordentliche Kündigung enthaltenden Neufassung des § 22 Satz 2 SchwbG nicht mehr möglich.

Sonstige Fälle des Ausscheidens ohne Kündigung werden nicht erfaßt. Dies gilt insbesondere für das Ausscheiden wegen dauernder Erwerbsunfähigkeit. In diesen Fällen ist eine Beschäftigung überhaupt nicht mehr möglich, so daß die Hauptfürsorgestelle ihre Zustimmung in jedem Fall erteilen müßte.

Obwohl die Entlassung von Dienstordnungs-Angestellten sich nach den Grundsätzen des Beamtenrechts richtet, hat das BAG den erweiterten Beendigungsschutz des § 22 SchwbG auf die Versetzung von Dienstordnungs-Angestellten in den Ruhestand wegen Dienstunfähigkeit ausgedehnt, da diese in einem Arbeits- und nicht in einem Beamtendienstverhältnis stehen (Urteil des BAG vom 20. 10. 1977 = AP Nr. 1 zu § 19 SchwbG). Dies gilt wegen der Parallele zum Aufhebungsvertrag allerdings nicht, wenn der Dienstordnungs-Angestellte selbst die Versetzung in den Ruhestand entsprechend § 43 BBG beantragt.

c) Rechte bei sonstiger Beendigung des Arbeitsverhältnisses

Einen gesteigerten Schutz besitzen Schwerbehinderte über die bereits erörterten Fälle hinaus auch bei einer Reihe von anderen Möglichkeiten der Beendigung des Arbeitsverhältnisses.

aa) Befristung

Zwar werden Arbeitsverhältnisse im Regelfall auf unbestimmte Zeit abgeschlossen, jedoch gestattet es der Grundsatz der Vertragsfreiheit, wie im übrigen auch § 620 BGB deutlich zeigt, den Vertragsparteien zu bestimmen, daß der Arbeitsvertrag entweder zu einem bestimmten Termin oder nach Erreichung des mit dem Vertrag verfolgten Zwecks enden soll. In diesen Fällen endet das Arbeitsverhältnis, ohne daß zuvor eine Kündigung ausgesprochen werden müßte. Dies hat allerdings zur Folge, daß sowohl der normale Kündigungsschutz als auch der bestimmter Gruppen von Arbeitnehmern, die – wie auch die Schwerbehinderten – einen Sonderkündigungsschutz genießen, ohne tatsächliche Auswirkungen bleiben. Diese Konsequenz hat das Bundesarbeitsgericht dazu veranlaßt, *befristete Arbeitsverträge* nur dann zuzulassen, wenn dafür ein *ausreichender sachlicher Grund* vorliegt, der auch die Dauer der Befristung rechtfertigt (Beschluß des BAG vom 12. 10. 1960 = AP Nr. 16 zu § 620 BGB befristeter Arbeitsvertrag). Als Beispiele für eine zulässige Vertragsgestaltung können hier Arbeitsverträge auf Probe oder zur Aushilfe genannt werden.

Beruft sich der Arbeitgeber auf die vereinbarte automatische Beendigung des Arbeitsverhältnisses *(Nichtverlängerungsanzeige)*, kann sich der Schwerbehinderte dagegen vor dem Arbeitsgericht zur Wehr setzen. Dies geschieht durch die Erhebung einer Klage, mit der er die Feststellung begehrt, sich in einem unbefristeten Arbeitsverhältnis mit seinem Arbeitgeber zu befinden. Obwohl es sich nicht um eine Kündigung handelt, ist dem Schwerbehinderten auch in diesem Fall die Einhaltung der Drei-Wochen-Frist der §§ 4, 7 KSchG dringend anzuraten. Ebenso wie im Fall der Kündigung kann das Klagerecht nämlich verwirkt werden; die Rechtsprechung sieht den Ablauf dieser Frist regelmäßig als ausreichend für die Erfüllung des Zeitmomentes der Verwirkung an (Urteil des BAG vom 5. 12. 1985 = AP Nr. 10 zu § 620 BGB Bedingung).

Diese Beschränkungen gelten allerdings nicht, wenn die befristete Einstellung auf der Grundlage des *Beschäftigungsförderungsgesetzes* vom 26. 4. 1985 (BGBl. I S. 710) bzw. des Gesetzes zur Verlängerung beschäftigungsfördernder Maßnahmen vom 29. 12. 1989 – Beschäftigungsförderungsgesetz 1990 – (BGBl. I S. 2406) erfolgte, dessen Einführung nach der Begründung des Regierungsentwurfs der Förderung der Einstellungsbereitschaft der Arbeitgeber sowie der Entlastung des Arbeitsmarktes dient (BT-Drucksache X/2102). Mit der darin vorgesehenen Entbindung von dem Erfordernis des Vorliegens eines sachlichen Grundes für die vereinbarte Befristung des Arbeitsvertrages soll erreicht werden, daß arbeitsmarktpolitisch ohnehin benachteiligte Arbeitnehmer wie etwa Schwerbehinderte faktisch nicht auch von nur befristeten Einstellungen ausgenommen werden.

Diese Ausnahme gilt allerdings nicht unbeschränkt. Erleichtert wird der Abschluß befristeter Arbeitsverträge lediglich bei „Neueinstellungen", d.h. bei Arbeitsverhältnissen, die nicht in einem engen sachlichen Zusammenhang mit einem vorhergehenden befristeten oder unbefristeten Arbeitsverhältnis stehen, der insbesondere bei einem Unterbrechungszeitraum von weniger als vier Monaten anzunehmen ist. Darüber hinaus darf die Befristung nur einmal (vgl. dazu aber das Urteil des BAG vom 6. 12. 1989 = BB 1990 S. 1846) und auch grundsätzlich nur für einen Zeitraum von nicht mehr als achtzehn Monaten erfolgen. Unterschreitungen sind stets möglich, während eine längere Dauer nur ausnahmsweise wirksam vereinbart werden kann. Privilegiert werden nur neugegründete Unternehmen. Liegt der Beginn ihrer Geschäftstätigkeit nicht länger als sechs Monate zurück und beschäftigen sie zum Zeitpunkt des Vertragsschlusses nicht mehr als zwanzig Arbeitnehmer, können sie befristete Arbeitsverträge mit einer Dauer von bis zu zwei Jahren vereinbaren.

bb) Auflösende Bedingung

Ähnliche Überlegungen gelten für die Beendigung des Arbeitsverhältnisses durch den Eintritt einer auflösenden Bedingung.

Zwar hat das BAG erwogen, solche Vereinbarungen grundsätzlich für unwirksam zu erklären (Urteil vom 9. 1. 1981 = AP Nr. 4 zu § 620 BGB Bedingung), wenn sie nicht allein dem Schutz des Arbeitnehmers dienen oder der Eintritt der Bedingung von seinem Willen abhängt, jedoch ist an dieser Rechtsprechung nicht festgehalten worden. Nachdem es zwischenzeitlich auch auflösende Bedingungen für zulässig erachtet hatte, die dem betroffenen Arbeitnehmer nicht uneingeschränkt vorteilhaft waren (Urteil vom 9. 2. 1984 = AP Nr. 7 zu § 620 BGB Bedingung), kehrte es zu einer an der Interessenlage der Parteien orientierten Überprüfung des Vertragsinhalts und damit im Grundsatz zu den für die Befristung von Arbeitsverträgen entwickelten Beurteilungskriterien zurück (Urteil des BAG vom 20. 12. 1984 = AP Nr. 9 zu § 620 BGB Befristung). Da die Befristung nur in Verbindung mit ihrem Zweck zu einer Umgehung des KSchG führen kann, die auflösende Bedingung dies jedoch unmittelbar zur Folge hat, sind an die sachliche Rechtfertigung auflösender Bedingungen allerdings besonders strenge Anforderungen zu stellen (Urteil des BAG vom 5. 12. 1985 = AP Nr. 10 zu § 620 BGB Bedingung).

cc) Anfechtung des Arbeitsvertrages

Einen gesteigerten Schutz genießen Schwerbehinderte auch gegenüber der Anfechtung des Arbeitsvertrages, die zum Beispiel auf Irrtum oder Täuschung gestützt werden kann (§§ 119, 123 BGB) und ein in Vollzug gesetztes Arbeitsverhältnis mit sofortiger Wirkung beendet.

Steht die Anfechtungserklärung im Zusammenhang mit der Schwerbehinderteneigenschaft und will der Schwerbehinderte seinen Arbeitsplatz erhalten, sollte er beim Arbeitsgericht die Feststellung begehren, daß das Arbeitsverhältnis zwischen den Parteien fortbesteht. Wegen der stets zu beachtenden Möglichkeit der Verwirkung ist allerdings auch hier eine gewisse Eile angeraten, ohne daß die Drei-Wochen-Frist der §§ 4, 7 KSchG zwingend eingehalten werden müßte (vgl. das Urteil des BAG vom 14. 12. 1979 = AP Nr. 4 zu § 119 BGB). Die Prozeßaussichten des Schwerbehinderten sind in diesem Fall als recht gut zu beurteilen, da die Rechtsprechung dem Arbeitgeber nur in wenigen Fällen die erfolgreiche Berufung auf die Schwerbehinderteneigenschaft des Arbeitnehmers gestattet.

Will der Arbeitgeber aus diesem Grunde die Anfechtung erklären, muß er „unverzüglich" im Sinne des § 121 Abs. 1 BGB handeln. Insoweit kann an die 2-wöchige Ausschlußfrist des § 626 Abs. 2 BGB angeknüpft werden (Urteil des BAG vom 14. 12. 1979 = AP Nr. 4 zu § 119 BGB).

Nicht zu stützen ist die Anfechtung darauf, daß der irrtümlich nicht als solcher erkannte Schwerbehinderte in den Genuß des besonderen Schutzes des Schwerbehindertengesetzes gelangt. Dies stellt nur einen bei der Erörterung der Anfechtungsberechtigung unbeachtlichen Irrtum über eine Rechtsfolge dar. Diese Grundsätze gelten auch, wenn der Arbeitgeber seine Pflichtquote bereits erfüllt hat oder zur bevorzugten Einstellung von Schwerbehinderten gar nicht verpflichtet ist.

Die Schwerbehinderteneigenschaft stellt nämlich für sich betrachtet keine verkehrswesentliche Eigenschaft dar, die den Arbeitgeber zur Anfechtung wegen Irrtums berechtigte (§ 119 Abs. 2 BGB). Etwas anderes gilt lediglich dann, wenn die objektive Fähigkeit des Arbeitnehmers durch seinen Gesundheitszustand nicht nur kurzzeitig erheblich beeinträchtigt ist (Urteil des BAG vom 28. 3. 1974 = AP Nr. 3 zu § 119 BGB). Jedoch scheidet diese Möglichkeit aus, wenn die Schwerbehinderteneigenschaft erst beim Ausspruch einer nicht auf die fehlende Eignung des Arbeitnehmers gestützten Kündigung offenbar wird und er bis dahin allen Anforderungen genügt hat (vgl. das Urteil des BAG vom 12. 2. 1970 = AP Nr. 17 zu § 123 BGB).

Nicht ohne weiteres möglich ist auch eine auf eine Täuschungshandlung des Schwerbehinderten gestützte Anfechtung (§ 123 BGB), die ggf. innerhalb der Jahresfrist des § 124 Abs. 1 BGB erklärt werden muß (Urteil des BAG vom 19. 5. 1983 = AP Nr. 25 zu § 123 BGB). Dabei kann die Täuschung bereits im Unterlassen der Mitteilung der Schwerbehinderteneigenschaft liegen, wenn sie den Arbeitnehmer außerstande setzt, die übernommene Tätigkeit auszuüben oder die Minderung der Leistung und Fähigkeiten für den in Betracht kommenden Arbeitsplatz von ausschlaggebender Bedeutung ist (Urteile des BAG vom 25. 3. 1976 = AP Nr. 19 zu § 123 BGB sowie vom 1. 8. 1985 = AP Nr. 30 zu § 123 BGB). Sie kann aber auch in der falschen Beantwortung der mit Rücksicht auf die sich aus der Beschäftigung eines Schwerbehinderten für den Arbeitgeber ergebenden Verpflichtungen zulässigen Frage (Urteile des BAG vom 22. 9. 1961 = AP Nr. 15 zu § 123 BGB sowie vom 1. 8. 1985 = AP Nr. 30 zu § 123 BGB) nach der Schwerbehinderteneigenschaft liegen. An der für die Begründetheit der Anfechtung erforderlichen Kausalität zwischen Täuschung und Einstellung wird es in der Regel jedoch fehlen, wenn der Arbeitgeber seine Pflichtquote bisher nicht erfüllt hatte. In diesem Fall kann ihm unterstellt werden, er hätte den Schwerbehinderten zur Vermeidung der Ausgleichsabgabe sowie eines etwaigen Bußgeldes auch bei Kenntnis aller Umstände eingestellt, wenn er bei der Einstellung dessen fachliche Qualifikation geprüft hat oder sogar zwischenzeitlich die Probezeit abgelaufen ist.

dd) Aussperrung

Besonderen Schutz vor einer Beendigung ihres Arbeitsverhältnisses genießen Schwerbehinderte auch bei Arbeitskämpfen, bei deren Durchführung stets der Grundsatz der Verhältnismäßigkeit zu beachten ist. Dessen Anwendung führt wegen der schwerwiegenden Folgen, die der Verlust des Arbeitsplatzes für Schwerbehinderte nach sich zieht, zu dem Ergebnis, daß deren Arbeitsverhältnisse aus Anlaß einer Aussperrung nicht aufgelöst, sondern lediglich suspendiert werden (Beschluß des BAG vom 21. 4. 1971 = AP Nr. 43 zu Artikel 9 GG Arbeitskampf; Urteil des BAG vom 7. 6. 1988 = DB 1988 S. 2104).

Die den Arbeitgeber zur Wiedereinstellung während eines Arbeitskampfes fristlos entlassener Schwerbehinderter verpflichtende Sondervorschrift des § 21 Abs. 6 SchwbG hat damit im Regelfall ihre Bedeutung verloren.

ee) Widerspruch des Betriebsrats

Keinen besonderen Schutz genießt der Schwerbehinderte, der nach einem Widerspruch des Betriebsrates gegen seine Einstellung auf eine gerichtliche Entscheidung (ohne Kündigung) ausscheidet. Die Zustimmung der Hauptfürsorgestelle ist jedoch in den Fällen erforderlich, in denen die Einstellung des Arbeitnehmers unter Verstoß gegen die Mitbestimmung des Betriebsrates (§ 99 BetrVG) erfolgte und dem Arbeitgeber auf Antrag des Betriebsrates durch einen Beschluß gemäß § 101 BetrVG die Beendigung des Arbeitsverhältnisses mit dem Schwerbehinderten aufgegeben wurde. Dies gilt auch, wenn der Betriebsrat gemäß § 104 BetrVG die Versetzung oder die Entlassung eines Schwerbehinderten durchsetzt, der den Betriebsfrieden wiederholt ernstlich gestört hat.

d) Verlust des Beendigungsschutzes

Der gesteigerte Schutz, den der Schwerbehinderte vor dem Verlust seines Arbeitsplatzes genießt, kann auch entfallen. Dies ist zum Beispiel möglich, wenn ihm gemäß § 39 SchwbG die Vorteile des Gesetzes zeitweise entzogen werden (vgl. dazu S. 16f.), kann seine Ursache aber auch in dem Abschluß eines Rechtsgeschäfts haben. Zu beachten ist dabei allerdings, daß die Vorschriften über die Zustimmungsbedürftigkeit der Beendigung des Arbeitsverhältnisses wegen der besonderen Bedeutung des Arbeitsplatzes für den Schwerbehinderten zwingenden Charakter besitzen und vor dem Eintritt des Kündigungsfalles Vereinbarungen über den Fortfall des Kündigungsschutzes ausschließen. Dies verhindert einen möglicherweise vom Arbeitgeber bereits bei der Einstellung formularmäßig geforderten Verzicht auf die Rechte aus dem Schwerbehindertengesetz ebenso wie eine entsprechende tarifvertragliche Regelung unwirksam wäre (Urteil des LAG Berlin vom 16. 11. 1956 = DB 1957 S. 633). Entsprechendes gilt für den Verzicht auf die Einhaltung der besonderen Kündigungsfrist für Schwerbehinderte, der etwa in der Vereinbarung einer jederzeitigen entfristeten Kündigung oder der Möglichkeit des sofortigen Widerrufs der Einstellung liegen kann (Urteil des LAG Hamm vom 19. 3. 1951 = AP 52 Nr. 401).

Nach der Kündigung kann der Schwerbehinderte dagegen wirksam auf den Sonderkündigungsschutz verzichten, da er weder am Abschluß eines Aufhebungsvertrages gehindert noch zur Erhebung einer Kündigungsschutzklage gezwungen werden könnte. Jedoch muß in einem solchen Fall der Verzichtswille, der auch stillschweigend geäußert werden kann, deutlich erkennbar werden. An die Eindeutigkeit einer solchen Einverständniserklärung sind hohe Anforderungen zu stellen (Urteil des BAG vom 27. 3. 1958 = AP Nr. 12 zu § 14 SchwbeschG).

Dies gilt auch für sogenannte *Ausgleichsquittungen*, die ausscheidenden Arbeitnehmern häufig vom Arbeitgeber vorgelegt werden. Unabhängig von ihrer rechtlichen Qualifikation (als Verzicht, Vergleich oder Klagerücknahmeversprechen) kann die Unterzeichnung einer solchen Erklärung zum Verlust des Kündigungsschutzes führen, wenn deren Text zu entnehmen ist, daß der Arbeitnehmer mit der Beendigung seines Arbeitsverhältnisses einverstanden ist. Diese Voraussetzung ist allerdings nicht schon dann erfüllt, wenn es etwa heißt; „Ich habe aus dem beendeten Arbeitsverhältnis keine Rechte mehr." Das Bundesarbeitsgericht fordert in seiner neuen Rechtsprechung zum Schutz des Arbeitnehmers präzisere Formulierungen, die ihm die Bedeutung einer solchen Erklärung unmittelbar vor Augen führen. Diesen Anforderungen ist genügt, wenn der Arbeitnehmer zum Beispiel erklärt: „Mit der Beendigung meines Arbeitsverhältnisses bin ich einverstanden" oder „Ich nehme die Kündigungsschutzklage zurück" (Urteil des BAG vom 3. 5. 1979 = AP Nr. 6 zu § 4 KSchG 1969). Eine besondere Hinweispflicht des Arbeitgebers besteht in diesen Fällen nicht (Urteil des BAG vom 20. 6. 1985 = AP Nr. 33 zu § 112 BetrVG 1972). Keinesfalls liegt ein Verzicht auf den Sonderkündigungsschutz vor, wenn der Schwerbehinderte in Unkenntnis der Rechtslage die Kündigung widerspruchslos entgegennimmt.

Bei der Abwägung der Vor- und Nachteile, die mit der Unterzeichnung einer Ausgleichsquittung verbunden sind, sollte der Schwerbehinderte stets bedenken, daß der vertragliche Verzicht auf seine Sonderrechte neben dem Verlust des Arbeitsplatzes auch weitere Folgen nach sich ziehen kann. Die Hauptfürsorgestelle kann dies nämlich zum Anlaß einer zeitweiligen Entziehung des Schwerbehindertenschutzes nehmen (§ 39 SchwbG), während das Arbeitsamt ihm deshalb eine Sperrfrist für den Bezug von Arbeitslosengeld auferlegen kann (§ 119 AFG).

e) Ende des Sozialversicherungsschutzes

Mit der Beendigung des Arbeitsverhältnisses endet in der Regel zugleich auch das sozialversicherungspflichtige Beschäftigungsverhältnis. Damit entfällt die Versicherungspflicht in der gesetzlichen Kranken- und Rentenversicherung, die Beitragspflicht zur Arbeitslosenversicherung, und der Behinderte ist nicht mehr versichert in der gesetzlichen Unfallversicherung.

Die Ausnahmeregelung, nach der dann, wenn der Arbeitnehmer bei Beendigung des Arbeitsverhältnisses gegen seinen Arbeitgeber noch einen Anspruch auf Urlaub hat und dafür eine Urlaubsabgeltung in Geld erhält, das Beschäftigungsverhältnis für diesen Urlaubszeitraum weiterbesteht, ist mit Wirkung vom 1. 1. 1986 ersatzlos entfallen.

Beispiel: Herr Meier scheidet am 31. 12. 1985 aus dem Arbeitsverhältnis aus und hat gegen seinen Arbeitgeber noch einen Anspruch auf Gewährung von Urlaub für 10 Tage; dafür zahlt ihm der Arbeitgeber eine Urlaubsabgeltung in Höhe von 1500,- DM. Das Beschäftigungsverhältnis endet am 31. 12. 1985. Nach altem Recht würde das Beschäftigungsverhältnis noch über den 31. 12. 1985 hinaus bis zum 10. 1. 1986 weiterbestanden haben (vgl. § 1227 Abs. 2 Satz 1 RVO in der bis zum 31. 12. 1985 geltenden Fassung).

Mit dem Ende des versicherungspflichtigen Beschäftigungsverhältnisses genießt der Behinderte, wenn er nicht wieder eine neue Beschäftigung angetreten hat, auch grundsätzlich keinen Sozialversicherungsschutz mehr. In der gesetzlichen Krankenversicherung können aber noch für eine Übergangszeit von einem Monat nach dem Ausscheiden aus der Versicherungspflicht Leistungen in Anspruch genommen werden; das gilt unabhängig davon, ob der Versicherungsfall *vor* oder aber *nach* dem Ende der Mitgliedschaft eingetreten ist (§ 19 Abs. 2 SGB V). Will der Behinderte weiterhin den Schutz der gesetzlichen Krankenversicherung in Anspruch nehmen, muß er sich *freiwillig* weiterversichern (vgl. dazu § 9 Abs. 1 Nr. 1 und Abs. 2 Nr. 1 SGB V). Kraft Gesetzes besteht auch dann der Krankenversicherungsschutz weiter, wenn der Behinderte z.B. Kranken-, Mutterschafts- oder Erziehungsgeld bezieht (vgl. im einzelnen § 192 SGB V).

4. Nach der Beendigung des Arbeitsverhältnisses

a) Ansprüche aus der Arbeitslosenversicherung

Wenn sich der Schwerbehinderte nach der Beendigung des Arbeitsverhältnisses bei seinem zuständigen Arbeitsamt – das ist das Arbeitsamt seines Wohnsitzes oder gewöhnlichen Aufenthalts (§ 129 AFG) – arbeitslos meldet (das muß er persönlich tun), stehen ihm unter denselben Voraussetzungen wie einem nicht behinderten Arbeitnehmer Ansprüche auf Arbeitslosengeld und nach dem Ende des Arbeitslosengeldbezuges Ansprüche auf die – einkommens- und vermögensabhängige – Arbeitslosenhilfe gegen die Bundesanstalt für Arbeit zu: Er muß also
1. arbeitslos sein,

2. sich auch arbeitslos gemeldet haben,
3. der Arbeitsvermittlung zur Verfügung stehen und
4. die sogenannte Anwartschaftszeit erfüllt haben.

Die *Anwartschaftszeit* für das Arbeitslosengeld hat erfüllt, wer innerhalb von drei Jahren, zurückgerechnet von dem Tag vor Eintritt der Arbeitslosigkeit an, 360 Tage lang beitragspflichtig beschäftigt war (§ 104 AFG).

Der *Arbeitsvermittlung zur Verfügung steht* der Schwerbehinderte grundsätzlich nur dann, wenn er

1. noch in der Lage ist, mindestens 18 Stunden in der Woche unter den üblichen Bedingungen des allgemeinen Arbeitsmarktes zu arbeiten,
2. bereit ist, jede zumutbare Beschäftigung anzunehmen, die er ausüben kann und darf, sowie an zumutbaren Maßnahmen zur beruflichen Ausbildung, Fortbildung und Umschulung, zur Verbesserung der Vermittlungsaussichten sowie zur beruflichen Rehabilitation teilzunehmen und
3. das Arbeitsamt täglich aufsuchen kann und für das Arbeitsamt erreichbar ist.

Der Schwerbehinderte hat allerdings nach § 105 a Abs. 1 AFG auch dann einen Anspruch auf Arbeitslosengeld, wenn er wegen seiner Behinderung nicht mehr in der Lage ist, 18 Stunden in der Woche zu arbeiten. Das gilt jedoch nur so lange, bis Berufs- oder Erwerbsunfähigkeit im Sinne der gesetzlichen Rentenversicherung festgestellt worden ist. Mit dieser Regelung, die die „Nahtstelle" zwischen Arbeitslosen- und Rentenversicherung darstellt, soll verhindert werden, daß Behinderte, bei denen das Vorliegen von Berufs- oder Erwerbsunfähigkeit noch nicht geklärt ist, in der Zwischenzeit auch keine Leistungen vom Arbeitsamt erhalten mit der Begründung, sie stünden der Arbeitsvermittlung nicht zur Verfügung. Denn die „Zwischenzeit" bis zur Feststellung der Berufs- oder Erwerbsunfähigkeit kann viele Monate oder gar Jahre betragen, zum Beispiel wenn zur Klärung des Restleistungsvermögens in der gesetzlichen Rentenversicherung mehrere ärztliche Gutachten auf unterschiedlichen Fachgebieten eingeholt werden müssen und sich bei einer Ablehnung des Rentenantrages noch ein sozialgerichtliches Verfahren anschließt.

Hat der Behinderte sich noch nicht wegen der Feststellung der Berufs- oder Erwerbsunfähigkeit an den Rentenversicherungsträger gewandt, dann wird das Arbeitsamt ihn in einem derartigen

Falle allerdings dazu auffordern, entsprechend dem Grundsatz „Rehabilitation geht vor Rente" innerhalb eines Monats einen Antrag auf Maßnahmen zur Rehabilitation zu stellen (§ 105 a Abs. 2 AFG). Kommt der Behinderte dieser Aufforderung innerhalb der gesetzten Frist nach, dann wird er so gestellt, als ob er den Rehabilitationsantrag bereits zusammen mit dem Antrag auf Arbeitslosengeld gestellt hätte (§ 105 a Abs. 2 Satz 2 AFG). Diese Regelung ist unter anderem von Bedeutung für den Rentenbeginn. Denn der Antrag auf Rehabilitation gilt nach § 1241 d Abs. 3 RVO als Antrag auf Rente. Der Behinderte hat also dadurch, daß er zuerst einen Antrag auf Arbeitslosengeld und dann einen Antrag auf Rehabilitation gestellt hat, rentenrechtlich keine Nachteile.

Falls kein vorrangiger Rehabilitationsträger in Betracht kommt, das wäre bei der Erfüllung der großen Wartezeit von 180 Kalendermonaten der Rentenversicherungsträger, dann ist die Bundesanstalt für Arbeit für die Gewährung berufsfördernder Leistungen zur Rehabilitation zuständig. Die Anordnung des Verwaltungsrats der Bundesanstalt für Arbeit über die Arbeits- und Berufsförderung Behinderter (A Reha) vom 31. 7. 1975 (ANBA S. 944), zuletzt geändert durch die 15. Änderungsanordnung vom 6. 7. 1990 (ANBA S. 1119), die aufgrund des Einigungsvertrages – mit Abweichungen – auch in den neuen Bundesländern gilt (vgl. GBl. DDR I 1990 S. 1102), hält auf dem Gebiet der Arbeitslosenversicherung einen weiten Fächer von Maßnahmen individueller und institutioneller Art für Behinderte bereit. Als individuelle Förderung werden Maßnahmen zur beruflichen Rehabilitation auf Antrag gewährt, wenn

– der Behinderte bereit ist, sich beruflich bilden oder auf andere Weise beruflich eingliedern zu lassen,
– sein Leistungsvermögen erwarten läßt, daß er das Ziel der vorgesehenen Maßnahme erreichen wird,
– die Förderung nach seiner beruflichen Eignung und Neigung zweckmäßig erscheint,
– erwartet werden kann, daß der Behinderte nach Abschluß der Maßnahme in der angestrebten beruflichen Tätigkeit innerhalb angemessener Zeit auf dem für ihn erreichbaren allgemeinen Arbeitsmarkt oder in einer Werkstatt für Behinderte voraussichtlich eine Beschäftigung findet und
– bei durchzuführenden berufsfördernden Maßnahmen die Voraussetzungen des § 23 AReha erfüllt sind, also z. B. die zeitlichen Vorgaben

(mindestens 25 Stunden Unterricht in der Woche für grundsätzlich höchstens zwei Jahre) gegeben sind.

Sind diese Voraussetzungen erfüllt, dann stehen alle nach Lage des Einzelfalles erforderlichen individuellen Leistungen bereit, um berufliche Schwierigkeiten zu beseitigen oder zu mildern. Auch ein beruflicher Aufstieg wird gefördert, wenn der Behinderte nur auf diese Weise vollständig und dauerhaft eingegliedert werden kann. Der umfangreiche Leistungskatalog enthält:

– Maßnahmen zur beruflichen Ausbildung, Fortbildung und Umschulung,
– weitere Bildungsmaßnahmen, z.B. Maßnahmen der Arbeitserprobung und Berufsfindung (vgl. § 19 AReha),
– sonstige individuell angepaßte Hilfen, die erforderlich werden, die Erwerbsfähigkeit entsprechend der Leistungsfähigkeit des Behinderten zu erhalten, zu bessern, herzustellen oder wiederherzustellen.

Das Spektrum der Förderungsmittel ist groß. Es reicht von der Gewährung von Übergangsgeld, der Übernahme von Lehrgangsgebühren, Kosten für Lernmittel und für Arbeitskleidung, Reisekosten, Kosten für Unterkunft und Verpflegung hin bis zu der Gewährung von Ausbildungszuschüssen, Eingliederungshilfe, Zuschüssen für Arbeitshilfen im Betrieb und Zuschüssen für befristete Probebeschäftigungen an Arbeitgeber. Selbst Zuwendungen für den Erwerb eines Kraftfahrzeugs sind, und zwar sogar wiederholt, zu gewähren, wie das BSG in ständiger Rechtsprechung entschieden hat (vgl. zum Beispiel das Urteil vom 20. 6. 1984 = BehR 1984 S. 89). Insoweit gilt jetzt die Kraftfahrzeughilfe-Verordnung vom 28. 9. 1987 (BGBl. I S. 2251) idF der ÄndVO vom 30. 9. 1991 (BGBl. I S. 1950); danach ist nicht nur von der Bundesanstalt für Arbeit, sondern ebenso von den Trägern der gesetzlichen Unfallversicherung, der gesetzlichen Rentenversicherung und der Kriegsopferfürsorge *Kraftfahrzeughilfe* zu gewähren. Diese umfaßt Leistungen zur Beschaffung eines Kraftfahrzeugs, und zwar in der Regel als – einkommensabhängiger – Zuschuß, Leistungen für eine behinderungsbedingte Zusatzausstattung und Leistungen zur Erlangung einer Fahrerlaubnis, letztere ebenfalls als – einkommensabhängiger – Zuschuß.

Weigert sich der Behinderte hingegen, einen Antrag auf Maßnahmen zur Rehabilitation zu stellen, dann ruht der Anspruch auf das Arbeitslosengeld, das heißt es wird kein Arbeitslosengeld sogar nur noch 56 v.H. des Nettoentgelts (§ 136 Abs. 1 AFG).

einen Antrag auf Maßnahmen zur Rehabilitation oder auf Rente wegen Berufs- oder Erwerbsunfähigkeit stellt.

Die „Verfügbarkeit" des Arbeitslosen als Grundvoraussetzung für den Anspruch auf Arbeitslosengeld und Arbeitslosenhilfe ist nach einer ab 1. 1. 1986 in Kraft gesetzten Neuregelung für ältere Arbeitslose, die bereits das 58. Lebensjahr vollendet haben, auch noch dahingehend modifiziert worden, daß der Arbeitslose auch dann einen Leistungsanspruch hat, wenn er nicht mehr bereit ist, jede zumutbare Beschäftigung aufzunehmen oder an zumutbaren beruflichen Bildungsmaßnahmen teilzunehmen und dies dem Arbeitsamt erklärt. Für die Zeit vom 1. 1. 1996 an gilt das allerdings nur noch, wenn der Anspruch bereits vor dem 1. 1. 1996 entstanden ist und der Arbeitslose vor diesem Tag das 58. Lebensjahr vollendet hat.

Vor der Inanspruchnahme dieser vermeintlichen Vergünstigung muß jedoch gewarnt werden. Denn die Gesamtregelung des neu eingeführten § 105c AFG sieht vor, daß das Arbeitsamt den Arbeitslosengeldbezieher dann, wenn er drei Monate hindurch nach Belehrung über die Rechtsfolgen Arbeitslosengeld oder Arbeitslosenhilfe bezogen hat, auffordern kann, das Altersruhegeld zu beantragen. Stellt er den Rentenantrag nicht innerhalb eines Monats, dann ruht der Anspruch auf Arbeitslosengeld oder Arbeitslosenhilfe, es wird also nicht mehr gezahlt. Damit kann der Arbeitslose nicht mehr frei entscheiden, ob er Leistungen vom Arbeitsamt oder Rente beantragen will. Der Behinderte kann dann also gezwungen werden, die Altersrente zu beanspruchen, die für Schwerbehinderte schon vom 60. Lebensjahr an gezahlt wird und die – in Abhängigkeit von dem „Versicherungsleben" des Behinderten – unter Umständen erheblich niedriger sein kann als das Arbeitslosengeld oder sogar als die Arbeitslosenhilfe.

Die *Dauer* des Anspruchs auf Arbeitslosengeld, die mindestens 156 Tage beträgt (§ 106 Abs. 1 Satz 1 AFG), richtet sich nach der Dauer der vorangegangenen beitragspflichtigen Beschäftigung *und* nach dem Lebensalter des Arbeitslosen; die Einzelheiten sind § 106 AFG zu entnehmen.

Die *Höhe des Arbeitslosengeldes* beträgt für Arbeitslose mit mindestens einem Kind 68 v.H., bei allen übrigen Arbeitslosen 63 v.H. des um die gesetzlichen Abzüge (Steuern und Sozialversicherungsbeiträge) geminderten Arbeitsentgelts, also, rund gerechnet, vom Nettoarbeitsentgelt (vgl. § 111 Abs. 1 AFG).

Im Anschluß an das Ende des Bezugs von Arbeitslosengeld wird *Arbeitslosenhilfe* gezahlt. Die Arbeitslosenhilfe, die zeitlich unbegrenzt gewährt wird, ist jedoch vergleichbar der Sozialhilfe eine einkommens- und vermögensabhängige Leistung, weil sie von der Bedürftigkeit des Arbeitslosen abhängt (§§ 134 Abs. 1 Nr. 3, 137, 138 AFG). Bei der anzustellenden Bedürftigkeitsprüfung sind allerdings Grundrenten und die Schwerstbeschädigtenzulage nach dem BVG sowie nach vergleichbaren Gesetzen und Renten an Opfer der NS-Verfolgung, aber zum Beispiel auch das Kindergeld nach dem Bundeskindergeldgesetz von der Einkommensanrechnung ausgenommen (vgl. im einzelnen § 138 Abs. 3 AFG).

Die Arbeitslosenhilfe wird im übrigen unter denselben Voraussetzungen wie das Arbeitslosengeld gewährt. Die gegenüber dem Arbeitslosengeld kürzere Anwartschaftszeit von mindestens 150 Kalendertagen einer versicherungspflichtigen Beschäftigung vor dem Eintritt der Arbeitslosigkeit wird überdies dann entbehrlich, wenn der Behinderte wegen seiner MdE Leistungen der Sozialversicherung bezogen hat. Dieser Leistungsbezug muß sich dann allerdings über einen Zeitraum von 240 Tagen erstrecken. Diese – ersatzweise – Erfüllung der Anwartschaftszeit durch einen Sozialleistungsbezug soll allerdings im Falle der MdE nur gelten, wenn der Arbeitslose infolge seines Gesundheitszustandes, seines fortgeschrittenen Alters oder aus einem von ihm nicht zu vertretenden sonstigen Grund eine zumutbare Beschäftigung nicht hatte ausüben können (§ 134 Abs. 3 Satz 1 2. Halbsatz AFG).

Die Arbeitslosenhilfe ist wesentlich niedriger als das Arbeitslosengeld. Sie beträgt für Arbeitslose mit mindestens einem Kind nur noch 58 v.H. des Nettoarbeitsentgelts, für die übrigen Arbeitslosen sogar nur noch 56 v.H. des Nettoentgelts (§ 136 Abs. 1 AFG).

b) Ansprüche gegen den Sozialhilfeträger

Reichte die Beschäftigungsdauer des Behinderten nicht aus, um die Anwartschaftszeit für das Arbeitslosengeld oder auch nur für die Arbeitslosenhilfe zu erfüllen oder fehlt es an den übrigen Voraussetzungen für die Gewährung dieser Leistungen aus der Arbeitslosenversicherung, dann bleiben dem Behinderten, um seinen notwendigen Lebensunterhalt zu bestreiten, nur noch An-

sprüche gegen den Sozialhilfeträger. Sozialhilfeträger sind die
– kreisfreien – Städte und Landkreise. Die Erfüllung der Aufgaben
nach dem BSHG kann auf die Gemeinden oder Gemeinde-
verbände übertragen werden, eine Möglichkeit, von der die Länder allgemein Gebrauch gemacht haben. Die Aufgaben nach dem
BSHG werden daher vom (Stadt-, Kreis- oder Gemeinde-)Sozial-
amt wahrgenommen.

Nicht anders als bei den Rechtsansprüchen gegen den Rentenversicherungsträger auf Rente oder gegen die Bundesanstalt für
Arbeit auf Arbeitslosengeld oder Arbeitslosenhilfe handelt es sich
auch bei den sozialhilferechtlichen Ansprüchen um – hier notfalls
vor den Verwaltungsgerichten durchsetzbare – *Rechtsansprüche,*
nicht etwa vergönnungsweise soziale Vergünstigungen oder eine
karitative Einrichtung.

aa) Hilfe zum Lebensunterhalt (Mehrbedarf)

Wie die Gewährung von Arbeitslosenhilfe hängt auch die Gewährung von Sozialhilfe davon ab, daß der Behinderte nicht über
ausreichendes eigenes Einkommen oder Vermögen oder gegebenenfalls auch gegen durchsetzbare Ansprüche auf Unterhalt gegen Dritte verfügt, Mittel also, aus denen er seinen Lebensunterhalt bestreiten kann. Die Vorschriften über den Einsatz des Einkommens und Vermögens sind nachzulesen in §§ 76 ff. BSHG,
jetzt in der Fassung der Bekanntmachung vom 10. 1. 1991 (BGBl.
I S. 94, 808).

Bei Bedürftigkeit erhält der Hilfesuchende dann Hilfe zum Lebensunterhalt (vgl. § 11 BSHG), die nach sogenannten *Regelsät-*
zen bemessen wird (§ 22 BSHG). Die Regelsätze umfassen die
laufenden Leistungen für Ernährung, hauswirtschaftlichen Bedarf
einschließlich Haushaltsenergie sowie für persönliche Bedürfnis-
se des täglichen Lebens. Dazu gehören auch die laufenden Leistungen für die Beschaffung von Wäsche und Hausrat von geringem Anschaffungswert, für die Instandsetzung von Kleidung,
Schuhen und Hausrat in kleinerem Umfang sowie für Körper-
pflege und für Reinigung. Die Regelsätze werden seit 1. 7. 1990
nach einem neuen Modell errechnet. Die Schätzung erfolgt nicht
mehr wie bislang nach dem „bedarfstheoretischen Warenkorb";
als Grundlage dienen vielmehr die statistisch ermittelten tatsächlichen Ausgaben der Haushalte in den unteren Einkommensgrup-
pen.

Die in den einzelnen Bundesländern am 1. 7. 1990 bzw. am 1. 7. 1991 geltenden Regelsätze können der Tabelle im Anhang II entnommen werden.

Die Regelsätze sind ausgerichtet an der Person des Haushaltsvorstandes, bei einem Ein-Personen-Haushalt ist der Alleinstehende selbst der Haushaltsvorstand. Für die übrigen Haushaltsangehörigen bemessen sich die Regelsätze in Vomhundertsätzen des Regelsatzes des Haushaltsvorstandes, gestaffelt nach dem Lebensalter des Haushaltsangehörigen (§ 2 Abs. 3 der Regelsatzverordnung, jetzt in der geänderten Fassung vom 21. 3. 1990 – BGBl. I S. 562).

Die Kosten zum Beispiel für die Miete und die Heizung werden grundsätzlich jeweils in Höhe der tatsächlichen Aufwendungen zusätzlich an den Hilfesuchenden gezahlt (vgl. § 3 Regelsatzverordnung).

Für bestimmte Gruppen von Hilfesuchenden hat das Gesetz unterstellt, daß der den Regelsätzen zugrunde gelegte Bedarf ihren, zum Beispiel aufgrund einer schweren Behinderung, bestehenden, gesteigerten Bedürfnissen nicht ausreichend Rechnung trägt. Bei ihnen wird daher der sogenannte *Mehrbedarf* durch einen Zuschlag in Vomhundertsätzen des Regelsatzes abgegolten (vgl. §§ 23, 24 BSHG).

Ein Mehrbedarf wird unter anderem anerkannt bei

1. Behinderten, die erwerbsunfähig im Sinne der gesetzlichen Rentenversicherung sind,
2. Behinderten, die das 15. Lebensjahr vollendet haben und denen Eingliederungshilfe für Behinderte in Form von Hilfen zu einer angemessenen Schul- oder Berufsausbildung oder zur Umschulung gewährt werden,
3. erwerbstätigen Behinderten, weil sie trotz beschränkten Leistungsvermögens einem Erwerb nachgehen,
4. Behinderten, die einer kostenaufwendigeren Ernährung bedürfen, zum Beispiel weil sie eine Diät einhalten müssen.

Dem Personenkreis zu 1) wird ein Zuschlag von 20 v. H. des Regelsatzes, dem Personenkreis zu 2) ein Zuschlag von 40 v. H. des Regelsatzes gewährt, bei dem Personenkreis zu 3) und 4) wird nach § 23 Abs. 4 BSHG ein Zuschlag „in angemessener Höhe", also unter Berücksichtigung des Umfangs des Bedarfs im Einzelfall gezahlt. In den einzelnen Bundesländern bestehen dazu

Richtlinien, die Regelwerte bei bestimmten Erkrankungen aufweisen.

Ein *erhöhter Mehrbedarf* wird nach § 24 BSHG für blinde Behinderte und Personen anerkannt, deren Sehschärfe auf dem besseren Auge nicht mehr als 1/50 beträgt, sowie für Behinderte mit vergleichsweise geminderter Sehschärfe (Abs. 1 der Vorschrift). Außerdem wird ein erhöhter Mehrbedarf auch für Behinderte in Ansatz gebracht, deren Behinderung so schwer ist, daß sie als Beschädigte die Pflegezulage nach den Stufen III bis VI nach § 35 Abs. 1 Satz 2 BVG erhalten (Absatz 2 der Vorschrift). Das sind nach der von der Bundesregierung dazu erlassenen Verordnung vom 28. 6. 1974 (BGBl. I S. 1365):

1. Personen mit Verlust beider Beine im Oberschenkel, a) bei denen eine prothetische Versorgung nicht möglich ist oder b) die eine weitere Behinderung haben,
2. Ohnhänder,
3. Personen mit Verlust dreier Gliedmaßen (ganzer Fuß oder ganze Hand),
4. Personen mit Lähmungen oder sonstigen Bewegungsbehinderungen, die den Behinderungen in Nrn. 1–3 gleichkommen,
5. Hirnbeschädigte mit schweren körperlichen und schweren geistigen oder seelischen Störungen und Gebrauchsbehinderung mehrerer Gliedmaßen,
6. Personen mit schweren geistigen oder seelischen Behinderungen, die wegen dauernder und außergewöhnlicher motorischer Unruhe ständiger Aufsicht bedürfen,
7. alle übrigen Personen, deren dauerndes Krankenlager erfordernder Leidenszustand oder deren Pflegebedürftigkeit so außergewöhnlich sind, daß ihre Behinderung den bereits benannten Behinderungen vergleichbar ist.

Der erhöhte Mehrbedarf wird bei erwerbstätigen Behinderten mit einem Zuschlag in Höhe des Erwerbseinkommens abgegolten, wenn das Erwerbseinkommen 50 v.H. des Regelsatzes für einen Haushaltsvorstand monatlich nicht übersteigt; liegt das Erwerbseinkommen über dieser Grenze, dann beträgt der Zuschlag 50 v.H. des Regelsatzes eines Haushaltsvorstandes zuzüglich 25 v.H. des diesen Betrag übersteigenden Erwerbseinkommens. Mit dieser Regelung soll die besondere Tatkraft honoriert werden, die dieser Personenkreis besitzen muß, um trotz seiner schwerwiegenden Behinderung einer Erwerbstätigkeit nachgehen zu können.

bb) Hilfe in besonderen Lebenslagen

Außer der als – reine – Geldleistung vorgesehenen laufenden Hilfe zum Lebensunterhalt zur Bestreitung des notwendigen Mindestbedarfs sieht das BSHG insbesondere für Behinderte als Hilfe in besonderen Lebenslagen die *Eingliederungshilfe* für Behinderte (§§ 39 ff. BSHG), die *Blindenhilfe* (§ 67 BSHG) und die *Hilfe zur Pflege* (§ 68 ff. BSHG) vor. Diese Hilfearten halten neben Geldleistungen ein umfangreiches Maßnahmenangebot bereit, um das Rehabilitationsziel der Eingliederung in Beruf und Gesellschaft verwirklichen zu können.

Die *Eingliederungshilfe* sieht hier entsprechend dem Rehabilitationsziel des § 1 RehaAnglG umfangreiche Maßnahmen vor, um zu helfen, die Folgen der Behinderung auszugleichen. So werden nach § 40 BSHG unter anderem als Maßnahmen der Eingliederungshilfe gewährt:

Heilpädagogische Maßnahmen für Kinder, die noch nicht im schulpflichtigen Alter sind,
Hilfe zu einer angemessenen Schulbildung,
Hilfe zur Ausbildung für einen angemessenen Beruf oder für eine sonstige angemessene Tätigkeit,
Hilfe zur Fortbildung im früheren oder einem diesem verwandten Beruf oder zur Umschulung für einen angemessenen Beruf oder eine sonstige angemessene Tätigkeit; Hilfe kann auch zum Aufstieg im Berufsleben gewährt werden, wenn die Besonderheit des Einzelfalles dies rechtfertigt,
Hilfe zur Erlangung eines geeigneten Platzes im Arbeitsleben, Hilfe bei der Beschaffung und Erhaltung einer Wohnung, die den besonderen Bedürfnissen des Behinderten entspricht,
nachgehende Hilfe zur Sicherung der Wirksamkeit der ärztlichen oder ärztlich verordneten Maßnahmen und zur Sicherung der Eingliederung des Behinderten in das Arbeitsleben,
Hilfe zur Teilnahme am Leben in der Gemeinschaft.

Die *Blindenhilfe* ist demgegenüber eine Geldleistung, die zum Ausgleich der infolge der Blindheit entstehenden Mehraufwendungen gezahlt wird. Sie beträgt für Blinde unter 18 Jahren 440,– DM (in den neuen Bundesländern 220,– DM) im Monat, bei älteren Blinden 883,– DM (in den neuen Bundesländern 442,– DM) im Monat (Stand: jeweils 1. 7. 1990) und wird angepaßt an die

Versorgungsbezüge nach § 56 BVG und damit dynamisiert gezahlt (vgl. § 67 Abs. 6 BSHG).

Die *Hilfe zur Pflege* in Gestalt der Haus- und der Heimpflege sieht neben der Zurverfügungstellung von Hilfsmitteln zur Erleichterung der Beschwerden des Pflegebedürftigen vor allem ein *Pflegegeld* als Geldleistung vor. Das Pflegegeld wird in Höhe von 1325,– DM bzw. 163,– DM in den neuen Bundesländern und für Schwerstpflegebedürftige in Höhe von 2883,– DM bzw. 442,– DM in den neuen Bundesländern gezahlt (Stand: 1. 7. 1990). Das Pflegegeld wird gezahlt, damit der Hilfebedürftige die erforderliche Pflege durch eine Pflegeperson sicherstellen kann. Zu diesem Zweck werden auch Geldleistungen für die angemessene Alterssicherung der Pflegeperson gewährt. Das Sozialamt trägt hier zum Beispiel bei einer Nachbarin, die den Hilfebedürftigen ganztägig pflegt, die freiwilligen Beiträge zur gesetzlichen Rentenversicherung (vgl. § 69 BSHG).

Wegen der Einzelheiten des Rechts auf Sozialhilfe muß auf den Beck-Rechtsberater „Mein Recht auf Sozialhilfe" verwiesen werden.

5. Beim Ausscheiden aus dem Erwerbsleben

Ist der Schwerbehinderte entweder aufgrund seines Gesundheitszustandes nicht mehr in der Lage oder im Hinblick auf sein Lebensalter nicht mehr gewillt, regelmäßig einer Erwerbstätigkeit nachzugehen, dann wird er auf seinen Antrag hin, falls er erwerbsunfähig im Sinne der gesetzlichen Rentenversicherung ist und die versicherungsrechtlichen Voraussetzungen (vgl. §§ 1246, 1247, jeweils Abs. 2 a, RVO sowie ab 1. 1. 1992 §§ 43, 44, jeweils Abs. 1 Nr. 2 SGB VI) vorliegen, vom Rentenversicherungsträger eine *Rente wegen Erwerbsunfähigkeit* erhalten. Hat er bereits das 60. Lebensjahr vollendet, kommt die *vorgezogene Altersrente für Schwerbehinderte* oder für Berufsunfähige oder Erwerbsunfähige in Betracht (vgl. § 1248 Abs. 1 RVO sowie ab 1. 1. 1992 § 37 SGB VI). Die vorgezogene Altersrente für Schwerbehinderte stellt allerdings noch weitergehende versicherungsrechtliche Anforderungen als die Rente wegen Erwerbsunfähigkeit (vgl. § 1248 Abs. 7 RVO sowie § 37 Nr. 3 SGB VI).

Erfüllt der Schwerbehinderte die genannten Voraussetzungen nicht, dann bleibt ihm nur der Anspruch auf die Sozialhilfe; insoweit wird auf die Ausführungen unter 4.b) „Ansprüche gegen den Sozialhilfeträger" verwiesen (S. 93 ff.).

Für Arbeitslose in den neuen Bundesländern ist als besondere Sozialleistung ein *Altersübergangsgeld* im AFG vorgesehen.

a) Rente wegen Erwerbsunfähigkeit und Invalidenrente

Bis zur Vollendung des 65. Lebensjahres (vgl. § 44 Abs. 1 SGB VI) – dann ist Altersrente zu gewähren – hat der Behinderte einen Anspruch auf Rente wegen verminderter Erwerbsfähigkeit, wenn er berufs- oder erwerbsunfähig ist. Erwerbsunfähig im Sinne der gesetzlichen Rentenversicherung (vgl. § 1247 Abs. 2 RVO und § 44 Abs. 2 SGB VI) ist der Schwerbehinderte dann, wenn er aufgrund seines Gesundheitszustandes

1. überhaupt nicht mehr in gewisser Regelmäßigkeit arbeiten kann oder

2. mit seinem verbliebenen Leistungsvermögen nicht mehr als nur geringfügige Einkünfte, das sind derzeit 480,– DM bzw. in den neuen Bundesländern 250,– DM, erzielen kann oder

3. zwar noch Teilzeitarbeit regelmäßig verrichten kann, für ihn in Betracht kommende Teilzeitarbeitsplätze aber tatsächlich nicht vorhanden sind; das ist der Fall, wenn weder das Arbeitsamt noch der Rentenversicherungsträger ihm innerhalb eines Jahres eine geeignete Tätigkeit anbieten können.

Der Begriff der *Regelmäßigkeit* in der ersten Variante der Erwerbsunfähigkeit muß im Gegensatz zu einer nur gelegentlichen, insbesondere einer Aushilfstätigkeit, gesehen werden (Urteil des BSG vom 15. 3. 1962 = SozR § 1247 RVO Nr. 5).

In dem vom BSG entschiedenen Streitfall verrichtete der Behinderte eine 4 ½ bis 5-stündige leichte Arbeit im Sitzen, mußte seine Tätigkeit aber häufiger zur Aufnahme von Nahrung mit anschließender kurzer Ruhepause unterbrechen. Auch eine solche Beschäftigung hat das BSG als Erwerbstätigkeit in gewisser Regelmäßigkeit angesehen.

Arbeitet der Behinderte zwar noch regelmäßig und erzielt er damit auch mehr als nur geringfügige Einkünfte, arbeitet er aber tatsächlich *auf Kosten seiner Gesundheit*, dann ist er gleichwohl als erwerbsunfähig anzusehen, wenn der medizinische Sachverständige die Auffassung vertritt, daß der Behinderte aufgrund seines Gesundheitszustandes an sich weder zu regelmäßiger Arbeit noch dazu in der Lage ist, mehr als nur geringfügige Einkünfte zu erzielen. Hinsichtlich der Beurteilung einer derartigen „Raubbau"-Arbeit hat sich allerdings noch keine einheitliche höchstrichterliche Rechtsprechung ausgebildet.

Nicht jede Erwerbstätigkeit mit nur geringfügigen Einkünften führt allerdings zur Gewährung einer Rente wegen Erwerbsunfähigkeit. Nach der ausdrücklichen gesetzlichen Regelung in § 1247 Abs. 2 Satz 3 RVO und ebenso in § 44 Abs. 2 Satz 2 SGB VI ist nämlich derjenige, der eine *selbständige Erwerbstätigkeit* ausübt, nicht als erwerbsunfähig anzusehen; das bedeutet, ein selbständig Tätiger ist auch dann nicht erwerbsunfähig, wenn er aufgrund dieser Tätigkeit nur noch geringfügige oder nahezu unbedeutende Einkünfte erzielt (Urteil des BSG vom 12. 2. 1981 = SozR 2200 § 1247 Nrn. 32 und 34). Auch wenn der Behinderte gar nicht mehr arbeiten kann, weil er zum Beispiel bettlägerig ist, aber weiterhin als selbständiger Handwerker mit seinem Betrieb in die Handwerksrolle eingetragen ist, ist der Rentenanspruch ausgeschlossen (Urteil des BSG vom 10. 8. 1982 = SozR 2200 § 1247 Nr. 37).

Der Verlust der Erwerbsfähigkeit muß „auf nicht absehbare Zeit" eingetreten sein. Besteht nach den Feststellungen des medizinischen Sachverständigen begründete Aussicht, daß sich der Gesundheitszustand des Behinderten innerhalb von drei Jahren bessern wird, dann ist Rente auf Erwerbsunfähigkeit nach § 1276 RVO nur *„auf Zeit"* und nicht auf Dauer zu gewähren.

Beruht die Erwerbsunfähigkeit nicht ausschließlich auf dem Gesundheitszustand des Behinderten, sondern darauf, daß ihm der Teilzeitarbeitsmarkt praktisch verschlossen ist (dritte Variante der Erwerbsunfähigkeit), wenn er also nur noch halb- bis unter vollschichtig (zwischen vier bis acht Stunden) pro Tag arbeiten kann, dann muß Zeitrente und nicht Dauerrente gewährt werden (§ 1276 Abs. 1 Satz 2 RVO ebenso § 102 Abs. 2 SGB VI) mit der Ausnahme, daß der Behinderte innerhalb von zwei Jahren nach Rentenbeginn das 60. Lebensjahr vollendet; wegen der fehlenden Chancen auf dem Arbeitsmarkt muß dem älteren Behinderten dann die Dauerrente bewilligt werden.

Die Zeitrente darf wiederholt bewilligt werden, allerdings nur für höchstens sechs Jahre. Ist der Behinderte nach sechs Jahren immer noch erwerbsunfähig, dann ist die Dauerrente festzusetzen. Nur denjenigen Erwerbsunfähigen, bei denen die Erwerbsunfähigkeit auf der Situation auf dem Teilzeitarbeitsmarkt beruht, kann immer wieder, also über die Höchstgrenze von sechs Jahren hinaus, die Zeitrente gewährt werden.

Berechnung und Höhe von Zeit- und Dauerrente sind dieselben. Die Zeitrente unterscheidet sich nur dadurch von der Dauerrente, daß die Rentengewährung nach dem im Rentenbewilligungsbescheid festgelegten Bewilligungszeitraum von höchstens drei Jahren „automatisch" wegfällt, ohne daß der Rentenversicherungsträger einen Entziehungsbescheid erlassen muß. Der Behinderte muß hier also vor Ablauf des Bewilligungszeitraumes die Weitergewährung der Rente beantragen. Der Rentenversicherungsträger prüft dann erneut das Vorliegen von Berufs- oder Erwerbsunfähigkeit, indem er den Behinderten in der Regel erneut ärztlich begutachten läßt, um nachzuprüfen, ob die erwartete Besserung inzwischen tatsächlich eingetreten ist. Je nach dem Ergebnis dieser Begutachtung wird dann eine Rente wegen Erwerbsunfähigkeit auf Dauer oder nochmals auf Zeit gewährt oder aber die Rentengewährung abgelehnt. Gegen die ablehnende Entscheidung kann der Behinderte entweder Widerspruch einlegen oder auch unmittelbar – kostenfrei – Klage zum Sozialgericht erheben.

Der Begriff der Erwerbsunfähigkeit im Sinne der gesetzlichen Rentenversicherung ist für alle Versicherten, also auch für die Behinderten, ein einheitlicher. Es gilt also nicht etwa für einen bereits bei der Arbeitsaufnahme Schwerbehinderten ein anderer Begriff der Erwerbsunfähigkeit als für einen gesunden Arbeitnehmer. Es kommt daher nicht darauf an, ob der Behinderte auf einem „normalen" oder einem „behindertengerechten" Arbeitsplatz beschäftigt ist. Übt der Behinderte noch eine Beschäftigung gegen Entgelt regelmäßig aus und erzielt er damit mehr als nur geringfügige Einkünfte, dann ist rechtlich ohne Bedeutung, wenn ein ärztlicher Sachverständiger den Behinderten bereits von vornherein medizinisch als „erwerbsunfähig" eingestuft hatte.

In dem vom BSG entschiedenen Streitfall (Urteil des BSG vom 9. 9. 1983 = SozR 2200 § 1247 Nr. 41) litt die Klägerin seit ihrer Geburt an einer spastischen Lähmung. Sie hatte von April 1963 an vollschichtig als Montiererin in einer Werkstatt für Behinderte gearbeitet. Seit 1968 war sie als Schwerbehinderte mit einer MdE von 100 v. H. anerkannt. 1977 beantragte sie Rente wegen Erwerbsunfähigkeit. Die beiden Vorinstanzen hatten die Klage, mit der der Rentenanspruch geltend gemacht wurde, abgelehnt mit der Begründung, die Klägerin sei bereits bei der Arbeitsaufnahme erwerbsunfähig gewesen und habe daher weder die erforderliche

„kleine" Wartezeit von 60 Kalendermonaten, die bereits bei Eintritt der Erwerbsunfähigkeit vorliegen muß, erfüllt noch die Wartezeit von 240 Kalendermonaten, die auch noch nach Eintritt der Erwerbsunfähigkeit zurückgelegt werden kann. Diese Auffassung hatte das BSG nicht gebilligt mit der Begründung, es sei nicht ermittelt worden, ob die Klägerin trotz ihres geminderten Leistungsvermögens aufgrund ihrer Beschäftigung noch mehr als nur geringfügige Einkünfte erzielt habe. Sollte das der Fall gewesen sein, dann sei sie, da sie regelmäßig gearbeitet habe, nicht erwerbsunfähig gewesen.

Sollten die daraufhin angestellten Ermittlungen ergeben haben, daß die Klägerin seit April 1968 als Montiererin nur jeweils ein Arbeitsentgelt unterhalb der Geringfügigkeitsgrenze bekommen hatte, wenn sie also im Ergebnis tatsächlich erwerbsunfähig gewesen sein sollte, dann hätte sich die Schwerbehinderte trotzdem noch einen Rentenanspruch „erarbeiten" können. Dann müßte sie, gerechnet vom April 1963 an, für insgesamt 240 Kalendermonate Beiträge zur gesetzlichen Rentenversicherung (Pflicht- oder freiwillige Beiträge) entrichten. Ab 1. 1. 1992 wird die Möglichkeit, nach 20 Jahren (= 240 Kalendermonaten) eine Rente wegen Erwerbsunfähigkeit zu erhalten, allerdings auf die Fälle beschränkt, in denen die EU bereits vor der Erfüllung der sogenannten kleinen Wartezeit (ab 1. 1. 1992 ist das die *allgemeine Wartezeit*) eingetreten ist und seitdem ununterbrochen bestanden hat, das sind die *Frühbehinderten*. Es besteht dann auch nicht mehr die Möglichkeit, den Zeitpunkt des Versicherungsfalles wahlweise auf den Tag der Rentenantragstellung zu verlegen (vgl. § 44 Abs. 3 SGB VI).

Auch ansonsten muß der Behinderte in dem Augenblick, in dem die Voraussetzungen der Erwerbsunfähigkeit vorliegen, bereits eine Vorversicherungszeit von 60 Kalendermonaten, die sogenannte kleine Wartezeit, zurückgelegt haben. Dieses Erfordernis entfällt nur dann, wenn einer der Tatbestände eingreift, in denen die Wartezeit als erfüllt gilt (diese Tatbestände können in § 1252 RVO bzw. in § 53 SGB VI nachgelesen werden). Neben der Erfüllung der sogenannten kleinen Wartezeit muß der Behinderte allerdings seit 1. 1. 1984 in den fünf Jahren vor der Rentenantragsstellung mindestens 36 Pflichtbeitragsmonate vorweisen; das bedeutet, der Behinderte muß in den fünf Jahren vor Eintritt der Erwerbsunfähigkeit mindestens drei Jahre versicherungspflichtig beschäftigt gewesen sein.

Die von der Rechtsprechung im Wege der Rechtsfortbildung geschaffene dritte Variante der Erwerbsunfähigkeit billigt den Behinderten, die nur noch zur Teilzeitarbeit fähig sind, einen Rentenanspruch auch nach einjähriger Arbeitslosigkeit, also bei fehlender Vermittlungsfähigkeit, zu. Die Rente wegen Erwerbsunfähigkeit wird dann allerdings nur „auf Zeit" gewährt (vgl. § 1276 Abs. 1 Satz 2 RVO bzw. § 102 Abs. 2 SGB VI). Diese Rechtsprechung hat zu einer starken Zunahme der Renten wegen Erwerbsunfähigkeit geführt: So wurden zum Beispiel von der BfA

im Januar 1986   616 978 Renten wegen Erwerbsunfähigkeit gewährt,

gegenüber nur   29 595 Renten wegen Berufsunfähigkeit bei einem Rentenvolumen (also alle Renten, das heißt Alters- und Hinterbliebenenrenten dazu genommen) von

insgesamt   4 527 687 (diese Zahlenangaben sind übernommen aus der Zeitschrift Die „Angestelltenversicherung" 1986 Seite 85).

Nach dem Einigungsvertrag vom 31. 8. 1990 (BGBl. I S. 889) werden Behinderten, denen nach DDR-Recht eine Invalidenrente zustand, diese Renten bis 31. 12. 1991 weitergewährt. Nach dem DDR-Recht müssen für die Gewährung einer Invalidenrente andere Voraussetzungen erfüllt sein als für die Gewährung einer Rente wegen Erwerbsunfähigkeit nach bundesdeutschem Recht. So ist generell eine Rentengewährung nur bei einer Minderung des Leistungsvermögens und des Verdienstes um mindestens zwei Drittel möglich.

Nach dem RÜG werden Invalidenrenten nach DDR-Recht, auf die am 31. 12. 1991 ein Anspruch besteht, ab 1. 1. 1992 als Rente wegen Erwerbsunfähigkeit weitergewährt, wenn der Behinderte nicht mehr als 250,– DM hinzuverdient (vgl. § 302 Abs. 2 SGB VI i.d.F. RÜG).

Entsteht ein Rentenanspruch wegen verminderter Erwerbsfähigkeit in der Zeit vom 1. 1. 1992 bis zum 31. 12. 1996, dann gilt für die rentenberechtigten Behinderten in den neuen Bundesländern nach Artikel 2 des RÜG ein besonderes Übergangsrecht. Danach werden Renten wegen verminderter Erwerbsfähigkeit als Invalidenrente und Zusatzinvalidenrente, Bergmannsinvalidenrente und Zusatzinvalidenrente, Bergmannsrente und Invalidenrente für Behinderte geleistet.

Invalidität liegt vor, wenn
1. durch Krankheit, Unfall oder eine sonstige geistige oder körperliche Schädigung
   a) das Leistungsvermögen und das Einkommen um mindestens zwei Drittel desjenigen von geistig und körperlich gesunden Versicherten in den neuen Bundesländern gemindert sind und
   b) die Minderung des Leistungsvermögens in absehbarer Zeit nicht behoben werden kann oder
2. nach den am 30. 6. 1990 geltenden Bestimmungen die Voraussetzungen für den Bezug von Blindengeld oder Sonderpflegegeld erfüllt sind.

Wegen der erforderlichen versicherungsrechtlichen Voraussetzungen muß in Artikel 2 § 7 RÜG nachgelesen werden.

Nach Artikel 2 § 10 RÜG haben *Anspruch auf Invalidenrente* Personen, die das 18. Lebensjahr vollendet haben und wegen Invalidität eine Erwerbstätigkeit nicht aufnehmen konnten. Das gilt jedoch nur dann, wenn berufsfördernde Leistungen zur Rehabilitation ständig oder vorübergehend nicht möglich sind oder aber angebotene berufsfördernde Leistungen zur Rehabilitation genutzt werden, das dabei erzielte Einkommen aber 400,– DM im Monat nicht übersteigt.

Wegen der weiteren Besonderheiten, die für die Renten wegen verminderter Erwerbsfähigkeit nach Artikel 2 § 7 ff. RÜG gelten, muß in diesen gesetzlichen Vorschriften nachgelesen werden.

b) Altersrente für Schwerbehinderte

Neben den vorgezogenen Altersruhegeldern oder *Altersrenten,* wie sie nach dem RRG 1992 heißen, die auch Nichtbehinderten gewährt werden wie das vorgezogene Altersruhegeld ab dem 63. Lebensjahr und das vorgezogene Altersruhegeld für Arbeitslose und für Frauen ab dem 60. Lebensjahr, erhalten Schwerbehinderte oder Berufs- oder Erwerbsunfähige aufgrund dieser Eigenschaft ebenfalls bereits mit Vollendung des 60. Lebensjahres eine Altersrente (§ 1248 Abs. 1 RVO bzw. § 37 SGB VI). Versicherungsrechtliche Voraussetzung dafür ist derzeit noch die Erfüllung der sogenannten großen Wartezeit von 180 Kalendermonaten und zusätzlich das Vorliegen von insgesamt 35 anrechnungsfähigen Versicherungsjahren (also Beitrags-, Ersatz- und Ausfall- bzw. Anrechnungszeiten, wie sie ab 1. 1. 1992 heißen).

§ 37 Nr. 3 SGB VI verlangt ab 1. 1. 1992 nur noch die Erfüllung der *Wartezeit* von 35 Jahren. Diese Jahre können auch mit *Berücksichtigungszeiten*, also Zeiten der Erziehung eines Kindes bis zu dessen 10. Lebensjahr oder mit Zeiten der nicht erwerbsmäßigen Pflege eines Pflegebedürftigen, erfüllt werden; 180 Monate Versicherungszeit müssen darin nicht mehr enthalten sein.

Hat der Behinderte eine derartige Vorversicherungszeit noch nicht zurückgelegt, es fehlen ihm zum Beispiel noch 12 Monate, dann muß er noch bis zur Vollendung des 61. Lebensjahres weiterarbeiten oder ansonsten anrechenbare Zeiten, z. B. der Arbeitsunfähigkeit, zurücklegen.

An der Altersgrenze von 60 Jahren hat sich durch das RRG 1992 für die Schwerbehinderten nichts ändert. Die darin bestimmte stufenweise Anhebung der Altersgrenzen vom Jahre 2001 an gilt bezüglich der Altersgrenze von 60 Jahren nur für die Altersrenten wegen Arbeitslosigkeit und für die Altersrenten für 60jährige Frauen, die nach dem 31. 12. 1940 geboren sind (die Einzelheiten können in § 41 Abs. 1 SGB VI nachgelesen werden). Vom 1. 1. 2001 an können die Versicherten, bei denen die Altersgrenzen angehoben werden, bis zu drei Jahren vor der – im Gesetz festgelegten – erhöhten Altersgrenze und damit vorzeitig die Altersrente in Anspruch nehmen. Zu beachten ist aber immer, daß eine vorzeitige Altersrente niedriger und eine spätere Rente höher sein wird.

Die Altersrente muß beantragt werden. Erhält der Schwerbehinderte zur Zeit der Antragstellung bereits eine Rente wegen Berufs- oder Erwerbsunfähigkeit, dann fällt diese Rentenleistung mit dem Beginn des vorgezogenen Altersruhegeldes weg.

Beantragt der Behinderte die vorgezogene Altersrente für Schwerbehinderte, dann muß die Schwerbehinderteneigenschaft bereits behördlich anerkannt sein. Es muß also entweder ein entsprechender Bescheid des Versorgungsamts vorliegen oder eine Rente aus der gesetzlichen Unfallversicherung oder eine Versorgungsrente bei einer MdE von 50 v. H. bewilligt sein. Anders als bei den Vergünstigungen nach dem Schwerbehindertengesetz genügt also nicht der Eintritt der entsprechenden Behinderung, sie muß vielmehr auch schon behördlich festgestellt sein.

Die nach § 2 SchwbG den Schwerbehinderten Gleichgestellten, also Behinderte mit einem GdB zwischen 30 und 50, gelten für einen Anspruch auf vorgezogene Altersrente nicht als Schwerbehinderte.

Weitere Voraussetzung für den Bezug einer vorzeitigen Altersrente ist außerdem, daß der Schwerbehinderte, falls er noch arbeitet, die Hinzuverdienstgrenzen nicht überschreitet. 60jährige Altersruhegeldbezieher durften bislang (und noch bis 31. 12. 1991) nicht mehr als 480,– DM hinzuverdienen, und Altersrentenbezieher durften nicht mehr als 1000,– DM hinzuverdienen. Außerdem waren gelegentliche Aushilfstätigkeiten von bis zu zwei Monaten oder insgesamt 50 Arbeitstagen erlaubt. Ab 1. 1. 1992 gelten besondere *Hinzuverdienstgrenzen* (vgl. § 34 Abs. 2 und 3 SGB VI). Die Hinzuverdienstgrenzen unterscheiden zwischen dem Bezug einer Vollrente und dem Bezug der – neu eingeführten – *Teilrente* (vgl. § 42 SGB VI). Die Teilrente beträgt ein Drittel, die Hälfte oder zwei Drittel der erreichten Vollrente. Dabei geht man davon aus, daß der Rentenberechtigte weiter – in eingeschränktem Umfang – arbeitet.

Für Schwerbehinderte, die bereits vor dem 31. 12. 1991 einen Anspruch auf eine vorgezogene Altersrente haben und die vor dem 2. 12. 1929 geboren sind, beträgt die Hinzuverdienstgrenze auch nach dem 31. Dezember 1991 1000,– DM, wenn sie die Wartezeit von 35 Jahren erfüllt haben (vgl. § 236 Abs. 1 SGB VI).

Nach den in § 236 Abs. 2 und 4 SGB VI getroffenen Übergangsregelungen können Rentenberechtigte, die bereits vor dem 31. 12. 1991 einen Anspruch auf eine vorgezogene Altersrente hatten, auch weiterhin – unbeschränkt – für längstens zwei Monate oder 50 Arbeitstage hinzuverdienen.

Bestand vor dem 31. 12. 1991 Anspruch auf eine Rente wegen Erwerbsunfähigkeit, die spätestens am 1. 1. 1984 begonnen hat, dann dürfen mindestens 625,– DM monatlich hinzuverdient werden.

Das alles gilt allerdings nur bis zur Vollendung des 65. Lebensjahres. Von diesem Lebensalter an kann der Schwerbehinderte beliebig viel verdienen, ohne daß sich dieser „Nebenverdienst" rentenschädlich auswirken könnte.

c) Altersübergangsgeld

Behinderten in den neuen Bundesländern, die in der Zeit vom 3. 10. 1990 bis 31. 12. 1991 arbeitslos geworden sind und bereits das 55. Lebensjahr vollendet haben, wird – unter bestimmten Voraussetzungen – ein *Altersübergangsgeld* nach §§ 249 e und f AFG gewährt. Dieses Altersübergangsgeld, das in den neuen Bundesländern mit dem Einigungsvertrag im Oktober 1990 eingeführt worden war, konnten arbeitslose Männer bislang nur mit Vollendung des 57. Lebensjahres in Anspruch nehmen. Für Frauen hingegen lag von Anfang an die Altersgrenze bei 55 Jahren. Aufgrund der Neufassung durch das Gesetz vom 21. 6. 1991 (BGBl. I S. 1306) erhalten nun auch arbeitslose Männer vom 1. 7. 1991 an bereits mit Vollendung des 55. Lebensjahres Altersübergangsgeld. Das Altersübergangsgeld wird für 5 Jahre gezahlt. Mit Vollendung des 60. Lebensjahres besteht dann ein Anspruch auf die vorgezogene Altersrente wegen Arbeitslosigkeit oder aber die vorgezogene Altersrente für Schwerbehinderte.

Das Altersübergangsgeld beträgt 65% vom letzten Nettolohn. Es liegt damit für ältere Arbeitnehmer in der Regel etwas über dem Arbeitslosengeld, das für verheiratete Versicherte (ohne Kinder) 63% des vorherigen Netto-Arbeitsentgelts beträgt.

Anspruch auf dieses Altersübergangsgeld hat nur, wer in den letzten 90 Kalendertagen der zuvor ausgeübten Beschäftigung seinen Wohnsitz oder gewöhnlichen Aufenthalt im Gebiet der ehemaligen DDR hatte.

Nach dem neu eingefügten § 249f AFG erhält ein Altersübergangsgeld auch, wer das 55. Lebensjahr vollendet hat, aufgrund einer entsprechenden Vereinbarung mit seinem ehemaligen Arbeitgeber in der damaligen DDR in den Vorruhestand getreten ist und Vorruhestandsleistungen nur deshalb nicht erhält, weil er die dafür erforderliche Altersgrenze nicht erreicht hatte.

II. Bei Beschäftigung in Heimarbeit

Durch die Regelung des § 49 SchwbG gelangen auch Heimarbeiter, Hausgewerbetreibende und ihnen Gleichgestellte (§§ 1, 2 HAG) in den Genuß eines besonderen Schutzes, der dem Schutz schwerbehinderter Arbeitnehmer vergleichbar ist. Diese Vorschriften können nicht unmittelbar auf sie angewendet werden, da sie wegen ihrer nur wirtschaftlichen, nicht aber persönlichen Abhängigkeit vom Auftraggeber nicht Arbeitnehmer, sondern nur „arbeitnehmerähnliche Personen" sind, deren vertragliche Beziehungen zu ihrem Auftraggeber nicht dem allgemeinen Arbeitsrecht unterliegen, sondern durch das Heimarbeitsgesetz spezialgesetzlich geregelt sind.

Ein Unterschied besteht allerdings insoweit, als den Auftraggeber nur dann eine Beschäftigungspflicht trifft, wenn er nicht nur

Heimarbeit ausgibt, sondern daneben auch noch über Arbeitsplätze im Sinne des § 7 SchwbG verfügt. Er kann seine Pflichtquote in einem solchen Fall aber auch mit der Vergabe von Heimarbeit erfüllen, wenn der Heimarbeiter in der Hauptsache für
diesen Auftraggeber als Arbeitgeber arbeitet (§ 49 Abs. 1
SchwbG). Dabei ist für die Beurteilung nicht maßgeblich, ob der
Schwerbehinderte seinen Lebensunterhalt aus dem Beschäftigungsverhältnis bestreitet (Beschluß des BAG vom 27. 9. 1974 =
AP Nr. 1 zu § 6 BetrVG 1972); es kommt vielmehr darauf an, in
welchem Umfang der Auftraggeber die Arbeitskraft des schwerbehinderten Heimarbeiters in Anspruch nimmt. Ist der Schwerbehinderte für mehrere Auftraggeber tätig, ist die Hauptbeschäf-
tigung zu ermitteln. Allerdings entfällt bei einer solchen Konstel-
lation die Möglichkeit der Anrechnung für alle Auftraggeber,
wenn jeder von ihnen den Schwerbehinderten nur in geringerem
Umfang beschäftigt. Daneben besteht eine Anrechnungsmöglichkeit auch in den Fällen, in denen ein Hausgewerbetreibender, der
einen schwerbehinderten Arbeitnehmer beschäftigt, in der
Hauptsache für einen der Beschäftigungspflicht unterliegenden
Auftraggeber tätig ist (§ 49 Abs. 4 Satz 1 SchwbG).

Gegenüber Kündigungen genießen schwerbehinderte Heimarbeiter, Hausgewerbetreibende und ihnen Gleichgestellte ebenso
wie schwerbehinderte Arbeitnehmer einen besonderen Schutz.
Auch hier kann das Vertragsverhältnis nur mit der vorherigen
Zustimmung der Hauptfürsorgestelle beendet werden. Fehlt sie,
ist die Kündigung unwirksam. Auf die entsprechenden Ausführungen zur Kündigung von Arbeitsverhältnissen kann verwiesen
werden (siehe S. 59 ff.). Besonders zu erwähnen ist noch, daß
auch die Herabsetzung der Arbeitsmenge um ¼ zustimmungsbe-
dürftig ist, wenn es sich nicht um eine Festsetzung gemäß § 11
Abs. 2 HAG oder die rechtmäßige Einführung von Kurzarbeit
handelt. Dies rechtfertigt sich daraus, daß eine solche Änderung
des Vertragsinhalts faktisch einer Änderungskündigung gleich-
kommt, deren Wirksamkeit ebenfalls an die Zustimmung der
Hauptfürsorgestelle geknüpft ist.

Bei einer ordentlichen Kündigung ist im Gegensatz zu § 16
SchwbG eine besondere Frist nur einzuhalten, wenn der Heimarbeiter mindestens vier Wochen für den Auftraggeber tätig war.
Sie beträgt ebenfalls vier Wochen und stellt den Schwerbehinderten gegenüber seinen nichtbehinderten Kollegen regelmäßig bes-

ser, da für diese grundsätzlich nur eine Frist von zwei Wochen gilt, die sich nur bei überwiegender Beschäftigung in Heimarbeit nach fünf Jahren erhöht (§ 29 Abs. 3 HAG).

Während der Kündigungsfrist, die auch bei einer Reduzierung der Arbeitsmenge um ¼ einzuhalten ist, hat der Schwerbehinderte einen Anspruch auf Zahlung von Entgelt in Höhe von ⅙ des Gesamtverdienstes der der Kündigung vorangegangenen letzten 24 Wochen (§ 29 Abs. 5 HAG). Bei Entgelterhöhungen während des Berechnungszeitraums oder der Kündigungsfrist ist von dem erhöhten Betrag auszugehen. Zeiten des Bezugs von Kurzarbeitergeld oder Krankengeld sind in den Berechnungszeitraum nicht einzubeziehen. Beschäftigt ein Hausgewerbetreibender mit Zustimmung des Auftraggebers als Hilfskraft einen Schwerbehinderten, dessen Arbeitsverhältnis als Folge der Entziehung oder Reduzierung von Aufträgen gekündigt werden muß, hat der Auftraggeber dem Hausgewerbetreibenden die Aufwendungen zu erstatten, die ihm bis zur Beendigung des Arbeitsverhältnisses mit dem Schwerbehinderten wegen seiner Lohnzahlungspflicht entstehen (§ 29 Abs. 7 HAG, § 49 Abs. 4 Satz 2 SchwbG).

Ebenso wie Arbeitnehmer haben auch Heimarbeiter einen Anspruch auf Erholungsurlaub, dessen Höhe sich nach § 12 Bundesurlaubsgesetz, gegebenenfalls einschlägigem Tarifrecht bzw. bei dessen Fehlen nach der bindenden Festsetzung des Heimarbeitsausschusses (§ 19 HAG) oder dem Inhalt der einzelvertraglichen Vereinbarung richtet. Zur Anwendung kommt die für den Heimarbeiter günstigste Regelung.

Das Urlaubsentgelt wird in Tarifverträgen regelmäßig auf der Grundlage des Heimarbeitsentgelts berechnet. Es beträgt je nach Höhe des Urlaubsanspruchs 2 v. H., 4 v. H. oder 8 v. H. des reinen Arbeitsentgelts, das heißt des vom Auftraggeber gezahlten Entgelts nach Abzug aller Unkosten und Preise für die Lieferung von Materialien. 2 v. H. des Arbeitsentgelts entsprechen etwa 6 Arbeitstagen.

Daneben hat der schwerbehinderte Heimarbeiter wie ein schwerbehinderter Arbeitnehmer einen Anspruch auf Zusatzurlaub, der gemäß § 44 SchwbG mindestens eine Arbeitswoche umfaßt und für den Schwerbehinderten günstigere sonstige Regelungen (durch Gesetz, Tarifvertrag oder Einzelvertrag) unberührt läßt. Diesen Urlaub erhalten auch Heimarbeitern Gleichgestellte, wenn sie Schwerbehinderte sind. Keinen Anspruch darauf besitzen dagegen gemäß § 2 SchwbG Gleichgestellte, wenn sie nicht Schwerbehinderte sind. Die Höhe des für den Zusatzurlaub zu gewährenden Entgelts ist nach den für den Erholungsurlaub geltenden Grundsätzen zu berechnen. Für den gesetzlichen Erholungsurlaub ist insoweit auf § 12 BUrlG zu verweisen. Sofern eine besondere Regelung nicht besteht, ist ein Urlaubsgeld in Höhe von 2 v. H. des Jahresarbeitsverdienstes (berechnet vom 1. Mai des vergangenen bis zum 30. April des laufenden Jahres) abzüglich der Unkostenzuschläge zu zahlen.

III. Bei Beschäftigung in einer Werkstatt für Behinderte

Das am 1. 7. 1975 in Kraft getretene SVBG, durch das Sondervorschriften zur sozialen Sicherung der Behinderten geschaffen worden waren, gilt nur noch bis 31. 12. 1991. Die gleichen Regelungen treffen jedoch § 5 Abs. 1 Nrn. 7 und 8 SGB V für den Bereich der gesetzlichen Krankenversicherung und – ab 1. 1. 1992 – § 1 Satz 1 Nr. 2 und 3 SGB VI für den Bereich der gesetzlichen Rentenversicherung, so daß sich an dem sozialen Schutz der Behinderten in diesen Bereichen nichts geändert hat. Danach unterliegen Behinderte, die in *anerkannten* Werkstätten für Behinderte oder anerkannten Blindenwerkstätten beschäftigt werden, der Versicherungspflicht in der gesetzlichen Kranken- und Rentenversicherung; das gilt auch für Behinderte, die von derartigen Einrichtungen als *Heimarbeiter* beschäftigt werden.

Versicherungspflichtig sind auch Behinderte, die in Einrichtungen der Jugendhilfe, in Berufsbildungswerken oder ähnlichen Einrichtungen für Behinderte für eine Erwerbstätigkeit befähigt werden sollen (vgl. § 5 Abs. 1 Nr. 5 SGB V, § 1 Satz 1 Nr. 3 SGB VI).

Auch dann, wenn eine nur geringfügige Beschäftigung ausgeübt wird, besteht – in Abweichung von dem für gesunde Arbeitnehmer geltenden Recht – Versicherungspflicht (vgl. § 5 Abs. 2 SGB VI).

Anerkannt werden Werkstätten für Behinderte in einem besonderen in § 57 SchwbG geregelten Anerkennungsverfahren. Die Entscheidung über die Anerkennung trifft die Bundesanstalt für Arbeit im Einvernehmen mit dem überörtlichen Träger der Sozialhilfe (die überörtlichen Träger der Sozialhilfe werden von den jeweiligen Bundesländern bestimmt, vgl. dazu im einzelnen „Mein Recht auf Sozialhilfe" VIII 1).

Einzelheiten über die fachlichen Anforderungen an eine Werkstatt für Behinderte und auch über das Verfahren zu ihrer Anerkennung sind in der Werkstättenverordnung vom 13. 8. 1980 (BGBl. I S. 1365) geregelt.

Ein *Werkstättenverzeichnis* wird bei der Bundesanstalt für Arbeit geführt und kann bei den Arbeitsämtern eingesehen werden. *Blindenwerkstätten* sind die nach § 5 Abs. 1 Nr. 1 des Blindenwarenvertriebsgesetzes anerkannten Werkstätten. Auch dazu führt die Bundesanstalt für Arbeit ein Werkstättenverzeichnis.

Die Pflichtversicherung für Behinderte erstreckt sich darüber hinaus auch noch auf Behinderte, die in Anstalten, Heimen oder gleichartigen Einrichtungen beschäftigt werden, unter der Voraussetzung, daß sie eine Arbeitsleistung erbringen, die in ihrem wirtschaftlichen Wert mindestens ⅕ der Arbeitsleistung eines voll erwerbsfähigen Beschäftigten in gleichartiger Beschäftigung beträgt (vgl. § 5 Abs. 1 Nr. 8 SGB V, § 1 Satz 1 Nr. 2 Buchstabe b) SGB VI). Zu den Anstalten, Heimen oder gleichartigen Einrichtungen gehören sämtliche Institutionen, die nach ihrer Zweckbestimmung Personen aufnehmen, die wegen ihrer körperlichen, geistigen oder seelischen Behinderung der Betreuung oder der Erziehung bedürfen. Hierunter fallen Heil- und Pflegeanstalten und entsprechende Einrichtungen für Körperbehinderte. Nicht dazu gehören Allgemeinkrankenhäuser (Urteil des BSG vom 28. 10. 1981 = SozR 5085 § 2 Nr. 1) und grundsätzlich auch nicht die Altersheime.

Die ständige Unterbringung eines Behinderten ist nicht Voraussetzung für die Versicherungspflicht in der gesetzlichen Kranken- und Rentenversicherung. Daher zählen auch Tageseinrichtungen, sogenannte Tagesstätten, für Behinderte, die nicht als Werkstätten für Behinderte anerkannt sind, zu den geschützten Einrichtungen.

Ob Versicherungspflicht besteht, unterliegt unterschiedlichen Anforderungen, je nach dem, ob der Behinderte in einer Werkstatt für Behinderte oder in einer Blindenwerkstatt beschäftigt ist oder aber in einer geschützten Einrichtung: Bei einer Beschäftigung in einer Werkstatt für Behinderte oder in einer Blindenwerkstatt ist der Eintritt der Versicherungspflicht ausschließlich

an die Beschäftigung in einer solchen anerkannten Werkstatt geknüpft. Es kommt weder auf die Art und Weise und die Dauer
der Beschäftigung noch auf die wirtschaftliche Verwertbarkeit
der Arbeitsleistung an. Auch bereits während der Dauer des sogenannten *Eingangsverfahrens* in einer Werkstatt für Behinderte
tritt Versicherungspflicht ein. Das gilt erst recht für Beschäftigun-
gen, die von Behinderten im *Trainingsbereich* einer Werkstatt
ausgeübt werden, und zwar auch bei Behinderten, die zu ihrer
Ausbildung beschäftigt sind (Urteil des BSG vom 11. 6. 1980 =
SozR 5085 § 1 Nr. 2). Ebenso unterliegen die im Bereich der
Verwaltung, Versorgung und Betreuung einer anerkannten
Werkstatt tätigen behinderten *Funktionskräfte* der Versicherungspflicht.

Ob und in welcher Höhe die in den anerkannten Werkstätten
beschäftigten Behinderten Arbeitsentgelt erhalten, ist unerheblich. Versicherungspflicht besteht also auch dann, wenn sie für
ihre Tätigkeit überhaupt keine Vergütung erhalten. Auch wenn
der Behinderte nicht an allen Tagen in der Woche in der Werkstatt eingesetzt ist, wird die Versicherungspflicht dadurch nicht
ausgeschlossen.

Für die aufgrund der versicherungspflichtigen Beschäftigung
zu entrichtenden Beiträge wird – unabhängig von der Zahlung
eines niedrigeren tatsächlichen Arbeitsentgelts – nach § 235
Abs. 3 SGB V, § 8 SVBG bzw. § 162 Nr. 2 SGB VI ein sog.
Mindestarbeitsentgelt in Ansatz gebracht. Dieses Mindestarbeitsentgelt beträgt für das Jahr 1991 in der gesetzlichen Krankenversicherung 8064,– DM im Jahr (= 672,– DM im Monat =
22,40 DM pro Kalendertag) – in den neuen Bundesländern sind es
3696,– DM im Jahr (= 308,– DM im Monat = 10,27 DM pro
Kalendertag); in der gesetzlichen Rentenversicherung ist das
Mindestarbeitsentgelt auf 28 224,– DM im Jahr festgesetzt worden (= 2352,– DM im Monat = 78,40 DM pro Kalendertag) und
für die neuen Bundesländer auf 12 936,– DM im Jahr (= 1078,–
DM im Monat = 35,93 DM pro Kalendertag); siehe dazu die
Bekanntmachung des BMA vom 20. 12. 1990 (BANZ 1990
S. 6806). Ist das tatsächliche Arbeitsentgelt des Behinderten niedriger als das Mindestarbeitsentgelt trägt der Träger der Einrich-
tung den Krankenversicherungsbeitrag allein (§ 251 Abs. 2 Nr. 2
SGB V), den Rentenversicherungsbeitrag hingegen nur zum Teil,
nämlich den Beitragsanteil des Differenzbetrages zwischen tat-

sächlichem Arbeitsentgelt und Mindestarbeitsentgelt (vgl. § 9 SVBG). Ab 1. 1. 1992 gilt für den Rentenversicherungsbeitrag, daß der Träger der Einrichtung den Beitrag allein trägt, wenn der Behinderte ein Arbeitsentgelt nicht erhält oder das Arbeitsentgelt ganz geringfügig ist (bis 20 v. H. der monatlichen Bezugsgröße): ist das Arbeitsentgelt des Behinderten etwas höher, liegt es aber noch unter dem Mindestarbeitsentgelt, dann gilt – wie nach bisherigem Recht –, daß der Arbeitgeber für den Differenzbetrag zwischen dem tatsächlichen Arbeitsentgelt und dem Mindestarbeitsentgelt den Rentenversicherungsbeitrag allein trägt. Bei höherem Arbeitsentgelt tragen die Behinderte und der Arbeitgeber den Beitrag zur Hälfte wie nach den allgemeinen Vorschriften.

Dasselbe gilt auch für behinderte *Heimarbeiter,* die von anerkannten Werkstätten beschäftigt werden. Heimarbeiter sind nach der in § 12 Abs. 2 SGB IV getroffenen Definition Personen, die in eigener Arbeitsstätte im Auftrag und für Rechnung von Gewerbetreibenden, gemeinnützigen Unternehmen oder öffentlichrechtlichen Körperschaften gewerbsmäßig arbeiten, auch wenn sie Roh- oder Hilfsstoffe selbst beschaffen.

Die Versicherungspflicht in geschützten Einrichtungen hängt demgegenüber davon ab, daß der Behinderte in gewisser Regelmäßigkeit eine Leistung erbringt, die ⅕ der Leistung eines voll erwerbsfähigen Beschäftigten in gleichartiger Beschäftigung entspricht. Unerheblich ist, ob ein Arbeitsentgelt gezahlt wird. Auch auf die Art der Arbeit kommt es nicht an. Dienstleistungen für den Träger der Einrichtung begründen ebenso Versicherungspflicht wie Fertigungsarbeiten. Es besteht ferner auch dann Versicherungspflicht, wenn eine Beschäftigung tatsächlich nicht als solche bezeichnet wird. Dies kann zum Beispiel bei einer Beschäftigung der Fall sein, die im Rahmen einer therapeutischen Behandlung durchgeführt wird.

Eine *gewisse Regelmäßigkeit* ist dann anzunehmen, wenn die Beschäftigung den Behinderten durchschnittlich 15 Stunden in der Woche in Anspruch nimmt. Die Feststellung des Leistungsfünftels kann nur nach Lage des Einzelfalles getroffen werden. Dabei ist von der Leistungsfähigkeit auszugehen, die ein voll erwerbsfähiger Arbeitnehmer in gleichartiger Beschäftigung während der normalen Arbeitszeit erbringt. Gegenüberzustellen ist jeweils der Wert der Arbeitsleistung: die Arbeitszeit bleibt bei der Gegenüberstellung unberücksichtigt.

Die Versicherungsplicht beginnt wie sonst auch mit der Aufnahme der Beschäftigung (vgl. § 186 Abs. 6 GRG). Dementsprechend endet die Versicherungspflicht und damit auch die (Zwangs-)Mitgliedschaft in der gesetzlichen Krankenversicherung grundsätzlich mit der Aufgabe der Beschäftigung (vgl. § 190 Abs. 8 GRG).

Allerdings sind auch bei einer Beschäftigung in einer Werkstatt für Behinderte oder in einer geschützten Einrichtung die Grundsätze über den sogenannten *mißglückten Arbeitsversuch* zu beachten (siehe oben unter B. I. 1. c) auf S. 22 ff.). Das bedeutet, der Behinderte muß gesundheitlich überhaupt in der Lage sein, die übernommene Beschäftigung oder bei einer berufsfördernden Maßnahme die Ausbildung aufzunehmen (Urteil des BSG vom 26. 10. 1982 = USK 82159).

Arbeitgeber der in den anerkannten Werkstätten oder den geschützten Einrichtungen beschäftigten Arbeitnehmer sind die Träger aller dieser Einrichtungen (§ 3 Abs. 3 SVBG). Ihnen obliegen dieselben Pflichten, die ansonsten die Arbeitgeber von versicherungspflichtig beschäftigten Arbeitnehmern zu erfüllen haben.

Aufgrund der Pflichtversicherung in der gesetzlichen Krankenversicherung stehen dem Behinderten alle Regelleistungen der gesetzlichen Krankenversicherung zu, er erhält also bei Arbeitsunfähigkeit auch Krankengeld (Urteil des BSG vom 25. 7. 1979 = BSGE Band 48 S. 283).

IV. Bei Beschäftigung als Beamter, Richter und Soldat

Auch schwerbehinderte Beamte und Richter können aus dem Schwerbehindertengesetz unmittelbar Rechte für sich herleiten, soweit sich nicht aus dem Gesetz selbst oder den Erfordernissen des öffentlichen Dienstes etwas anderes ergibt. Auch sie haben zum Beispiel Ansprüche auf eine Beschäftigung nach Kenntnissen und Fähigkeiten (§ 14 Abs. 2 SchwbG), auf Gewährung von Zusatzurlaub (§ 47 SchwbG) oder auf Ausstattung des Arbeitsplatzes mit technischen Arbeitshilfen (§ 14 Abs. 3 SchwbG).

Dagegen läßt sich aus dem Schwerbehindertengesetz ein Anspruch auf Einstellung nicht herleiten. Der nach seinem Wortlaut als Grundlage eines solchen Begehrens in Betracht kommende

§ 50 Abs. 1 SchwbG wendet sich als *Programmerklärung* für Gesetzgebung und Fürsorgepflicht nur an den Dienstherrn, ohne daß der einzelne Schwerbehinderte sich unmittelbar darauf stützen könnte (Urteil des BAG vom 6. 9. 1966 = AP Nr. 5 zu § 12 SchwbeschG).

Jedoch bieten Sondervorschriften zugunsten der Schwerbehinderten die Möglichkeit, bei der Einstellung von schwerbehinderten Bewerbern deren Gesundheitszustand, ihr häufig fortgeschrittenes Alter sowie ihre besondere soziale Lage zu berücksichtigen. Beispielhaft können insoweit die Heraufsetzung der Lebensaltersgrenze für die Übernahme als Beamter um 8 Jahre auf 40 Jahre (§ 1 der Ausbildungs- und Prüfungsordnung vom 20. 3. 1974, GMBl. S. 147, in der Fassung vom 21. 11. 1977, GMBl. S. 735) sowie die Verbesserung der Prüfungssituation für Schwerbehinderte genannt werden. So ermöglicht zum Beispiel § 38 der bayerischen Allgemeinen Prüfungsordnung vom 14. 2. 1984 (GVBl. S. 76) in Übereinstimmung mit der Wertung des § 50 Abs. 1 SchwbG aus sachlichem Grund eine Verlängerung der Arbeitszeit sowie die Wiederholung der Prüfung zur Verbesserung der Note (vgl. dazu das Urteil des Bayerischen Verfassungsgerichtshofs vom 17. 10. 1963 = BB 1963 S. 1339). Vergleichbare Regelungen enthält auch die Bundeslaufbahn-VO vom 15. 11. 1978 (BGBl. I S. 1763) i.d.F. d. Bekanntmachung vom 8. 3. 1990 (BGBl. I S. 449, ber. S. 863), die daneben bestimmt, daß Schwerbehinderte für die Einstellung nur das Mindestmaß an körperlicher Leistung zu erbringen haben und daß bei ihrer Beurteilung die Minderung der Arbeits- und Verwendungsfähigkeit aufgrund der Behinderung zu berücksichtigen ist (§ 13 Abs. 2 und 3 Laufbahn-VO). Schließlich gilt die Stellenbesetzungssperre des Gesetzes zur Eingrenzung von Personalmaßnahmen vom 22. 12. 1981 (BGBl. I S. 1565) nicht für Schwerbehinderte (§ 1 Abs. 3 Nr. 2, ebenso § 19 Abs. 3 Nr. 2 des Haushaltsgesetzes 1984 vom 22. 12. 1983, BGBl. I S. 1516).

Die zugunsten der Schwerbehinderten durchgeführten Maßnahmen sind durch den Erlaß des Bundesinnenministers vom 20. 3. 1978 über die Fürsorge für Schwerbehinderte (GMBl. S. 213) zusammengefaßt. Vergleichbare Bestimmungen existieren auch für den Bereich des Bundesministers der Verteidigung (Erlaß vom 14. 3. 1975, VMBl. S. 118, ergänzt durch den Erlaß vom 19. 6. 1980, VMBl. S. 329), für das Bundesarbeitsministerium (Za

1–01821/1 vom 29. 2. 1988), die Bundesministerien für Finanzen und Wirtschaft (MinBl. des BMF und des BMWi Nr. 5 vom 10. 4. 1981 S. 128) sowie in den Ländern Baden-Württemberg (Gem-ABl. 1978 S. 1177), Bayern (ABl. 1978 S. 341), Hessen (StAnz 1976 S. 778, 898), Niedersachsen (MinBl. 1982 S. 1262), Nordrhein-Westfalen (MBl. 1989 S. 208, ber. MBl. 1989 S. 464), Rheinland-Pfalz (MinBl. 1978 S. 411) und Schleswig-Holstein (ABl. 1982 S. 118).

Für die Beendigung des Dienstverhältnisses eines schwerbehinderten Beamten oder Richters enthält § 50 Abs. 2 SchwbG eine von dem Sonderkündigungsschutz für Arbeitnehmer gemäß §§ 15 ff. SchwbG abweichende Regelung. Bei der vorzeitigen Beendigung des Beamtenverhältnisses hat der Dienstherr lediglich *vorher* die Schwerbehindertenvertretung der Beschäftigungsdienststelle sowie die Hauptfürsorgestelle zu hören, wenn die Schwerbehinderteneigenschaft dem Dienstherrn bekannt oder offenkundig ist. Anderenfalls muß sich der Betroffene unverzüglich darauf berufen. Die unterlassene Anhörung kann weder im Widerspruchsverfahren (Urteil des BVerwG vom 13. 12. 1963 = AP Nr. 1 zu § 36 SchwbeschG) noch im Verwaltungsstreitverfahren (Urteil des BVerwG vom 8. 7. 1959 = AP Nr. 1 zu § 35 SchwbeschG) nachgeholt werden. Ebensowenig reicht die Erklärung, auch nach einer Anhörung wäre der Entlassung zugestimmt worden (Urteil des BVerwG vom 23. 10. 1969 = BVerwGE Band 34 S. 133). Eine schriftliche Stellungnahme ist nicht erforderlich. Ebensowenig bedarf es der Zustimmung, so daß die Entscheidung auch ohne deren Vorliegen wirksam ergehen kann (Urteil des BVerwG vom 31. 1. 1957 = BVerwGE Band 5 S. 18). Ein Verstoß gegen die Anhörungspflicht macht die trotzdem durchgeführte Verwaltungsmaßnahme nicht nichtig, sondern nur fehlerhaft (§ 40 Abs. 3 Ziff. 4 SGB X).

Hat die Anhörung nicht stattgefunden, muß sie innerhalb von sieben Tagen nachgeholt werden. Durchführung oder Vollzug der Entscheidung sind auszusetzen (§ 25 Abs. 2 Satz 2 SchwbG).

Ist eine Schwerbehindertenvertretung nicht gewählt worden, entfällt deren Anhörung. Etwas anderes gilt allerdings, wenn die Behörde das Unterlassen der Wahl zu vertreten hat. In diesem Fall bleibt die Entlassung wegen unterlassener Anhörung fehlerhaft (Urteil des BVerwG vom 27. 4. 1961 = AP Nr. 2 zu § 35 SchwbeschG).

Die Schwerbehindertenvertretung kann auch die gerichtliche Feststellung herbeiführen, daß sie angehört werden muß (Urteil des BVerwG vom 11. 5. 1966 = DB 1966 S. 1615).

Die Anhörung der Hauptfürsorgestelle ist nach der Neufassung des § 50 Abs. 2 Satz 1 SchwbG entbehrlich, wenn der Schwerbehinderte die vorzeitige Versetzung in den Ruhestand oder die Entlassung selbst beantragt hat. Nach der Begründung des Regierungsentwurfs (BR-Drucksache 431/84 S. 27) kann dieser Fall nicht anders behandelt werden als die Beendigung eines Arbeitsverhältnisses, bei der ein Zustimmungsverfahren ebenfalls nicht stattfindet. Entsprechendes gilt für die Entlassung eines Beamten auf Widerruf oder auf Probe auf eigenen Antrag.

Nach wie vor ist aber auch in diesen Fällen nach der Neufassung des § 50 Abs. 2 Satz 2 SchwbG die Beteiligung der Schwerbehindertenvertretung gemäß § 25 Abs. 2 SchwbG erforderlich.

Keine Anwendung findet diese Vorschrift auf die Versetzung in den Wartestand und in den einstweiligen Ruhestand nach §§ 36 ff. BBG, die keine Zurruhesetzung darstellen. Deshalb ist eine Anhörung hier ebenso entbehrlich wie bei der Versetzung in den Ruhestand kraft Gesetzes gemäß § 101 Abs. 2 BVerfGG, § 18 Abs. 2 des Bundesministergesetzes, das gemäß § 7 des Gesetzes vom 24. 7. 1974 auf parlamentarische Staatsekretäre entsprechend zur Anwendung kommt, sowie § 5 des Gesetzes zur Neuregelung der Rechtsverhältnisse der Mitglieder des Deutschen Bundestages vom 18. 2. 1977.

Ähnlich wie abhängig beschäftigten Schwerbehinderten die Möglichkeit des vorzeitigen Bezugs von Altersruhegeld eröffnet wird, können auch Beamte und Richter auf Lebenszeit auf ihren Antrag vorzeitig in den Ruhestand versetzt werden (§ 26 Abs. 3 Ziffer 2 BRRG, § 42 Abs. 3 Ziffer 2 BBG, § 48 Abs. 3 DRiG). Der Antrag bedarf der Schriftform, muß jedoch nicht begründet werden. Eine Ablehnung darf nur erfolgen, wenn dem vorzeitigen Ausscheiden des Antragstellers dienstliche Gründe entgegenstehen. Vorausgesetzt wird dabei, daß der Schwerbehinderte das sechzigste Lebensjahr vollendet hat und sich unwiderruflich verpflichtet, bis zur Vollendung des 62. Lebensjahres nicht mehr als durchschnittlich 425,– DM pro Monat aus Beschäftigung oder Erwerbstätigkeit hinzuzuverdienen. Dabei wird z. T. toleriert, daß diese Nebenverdienstgrenze gelegentlich nicht erheblich überschritten wird (vgl. dazu den niedersächsischen Runderlaß vom 12. 12. 1979, Nds. MBl. 1980, S. 2).

Für die persönliche Rechtsstellung schwerbehinderter Soldaten gelten die in § 50 Abs. 4 Satz 1 SchwbG ausdrücklich erwähnten Vorschriften des Gesetzes. Im übrigen finden sie Anwendung, soweit sie mit den Besonderheiten des Dienstverhältnisses der Soldatern vereinbar sind.

V. Bei selbständiger Tätigkeit

Schwerbehinderten und ihnen Gleichgestellten räumt das Schwerbehindertengesetz in seinem § 51 auch bei der Aufnahme einer selbständigen Tätigkeit eine bevorrechtigte Stellung ein. Wird dafür eine besondere Zulassung benötigt, ist sie bevorzugt zu erteilen. Zu denken ist hier an ein Gewerbe im Sinne der Gewerbeordnung (GewO) ebenso wie an die freie Tätigkeit von Ärzten, Apothekern oder Rechtsanwälten. Dementsprechend ist etwa bei der Ausschreibung einer Anwaltsnotarstelle ein schwerbehinderter Rechtsanwalt vor anderen Kandidaten zu berücksichtigen (Beschluß des BGH vom 15. 2. 1971 = NJW 1971 S. 1179). Auch sind bevorzugt Befreiungen zu gewähren, wenn die Zulassung zu der angestrebten Tätigkeit inhaltlich in der Form der Ausnahme von einem Verbot geschieht, wie dies etwa trotz des ansonsten bestehenden Verbots der gewerbsmäßigen Arbeitsvermittlung durch Private (§ 4 AFG) für die Vermittlung von Künstlern und Artisten in § 23 AFG vorgesehen ist. Allerdings entbindet diese allgemeine Förderungspflicht Bewerber nicht von der Erfüllung der gesetzlichen Voraussetzungen für eine Zulassung, zu denen insbesondere die fachliche Eignung gehört.

Auch wenn der Schwerbehinderte den Anforderungen für eine Zulassung genügt, besteht darauf kein unmittelbarer Rechtsanspruch. Wird er jedoch nicht vor anderen Bewerbern bevorzugt, wird eine für ihn negative behördliche Entscheidung wegen des darin liegenden Ermessensfehlers einer verwaltungsgerichtlichen Überprüfung nicht standhalten.

Da die Zulassung zum Beruf zum Bereich der Berufswahl und nicht der Berufsausübung gehört, ist die Bedeutung der bevorzugten Zulassung zu einer freien Tätigkeit wegen des grundgesetzlich garantierten besonderen Schutzes der Berufsfreiheit (Art. 12 Abs. 1 GG) nicht sehr groß. In diesem Bereich gilt für den Schwerbehinderten nichts anderes als für jeden anderen deutschen Bewerber, der die persönlichen und fachlichen Voraussetzungen für den Zugang zu einem Beruf erfüllt. Eine Begünstigung tritt allerdings für ausländische Schwerbehinderte ein, die hinsichtlich der Zulassung Deutschen gleichbehandelt werden, wenn dies nicht durch eine besondere Vorschrift ausgeschlossen ist.

Die Bevorzugung Schwerbehinderter bei der Zulassung zu einem Beruf gewinnt dagegen an Bedeutung, wenn es sich um die Ausübung einer Tätigkeit handelt, bei der ausnahmsweise eine Bedürfnisprüfung stattfinden darf (zum Beispiel bei Schornsteinfegern, Prozeßagenten, Notaren, vergleiche dazu den Beschluß des BVerfG vom 5. 5. 1964 = BVerfGE Band 17, S. 371). In diesen Fällen genießt der Schwerbehinderte den Vorzug vor den übrigen Bewerbern (Beschlüsse des BGH vom 13. 2. 1967 und 15. 2. 1971 = BGHZ 47 S. 84 und 55 S. 324). Dies gilt allerdings nur, wenn er ebenfalls einen Antrag auf Zulassung gestellt hat. Nichtbehinderten Bewerbern könnte der Zugang zum Beruf nämlich nicht mit der Begründung versagt werden, daß grundsätzlich Stellen für Schwerbehinderte freigehalten werden müssen.

C. Von der Ausübung einer Erwerbstätigkeit unabhängige Rechte des Schwerbehinderten

I. Sozialversicherungsrechtliche Ansprüche

1. Krankenversicherungsrechtliche Ansprüche

Das Recht der gesetzlichen Krankenversicherung, das bislang im zweiten Buch der RVO geregelt war, ist durch das GRG nicht nur in das Sozialgesetzbuch als fünftes Buch aufgenommen, sondern auch grundlegend neu gestaltet worden. Die seit 1. 1. 1989 geltenden gesetzlichen Neuregelungen verfolgen vor allem das Ziel, die dramatische Kostenexplosion im Gesundheitswesen einzudämmen und dadurch weitere Beitragssatzerhöhungen der Krankenkassen zu vermeiden. „Gespart" werden soll dabei insbesondere durch den Ausschluß bestimmter Arznei-, Heil- und Hilfsmittel, z.B. von Grippe- und Abführmitteln (vgl. im einzelnen § 34 SGB V), durch die Einführung der *Zuzahlungspflicht* bei den übrigen Arznei-, Verband- und Hilfsmitteln (vgl. § 31 Abs. 3, § 32 Abs. 2 und § 33 SGB V) und bei den Fahrkosten (§ 60 SGB V), durch die Herabsetzung des Sterbegeldes auf 2100,– DM (§ 59 SGB V) sowie durch die Beschränkung der Kostenerstattung beim Zahnersatz auf grundsätzlich 50% (§ 30 SGB V).

Von der Zuzahlungspflicht gibt es nach §§ 61, 62 SGB V für Einkommensschwache eine völlige oder teilweise Befreiung. Nach § 61 Abs. 3 SGB V sind von der Einkommensanrechnung dabei z.B. die Grundrenten nach dem BVG ausgenommen.

Andererseits ist hervorzuheben, daß z.B. die *Haushaltshilfe*, die u.a. zu gewähren ist, wenn wegen Krankenhausbehandlung die Weiterführung des Haushalts nicht möglich ist und im Haushalt ein behindertes und auf Hilfe angewiesenes Kind lebt, nach § 38 SGB V ebenso weiter gewährt wird wie die sog. *häusliche Krankenpflege*. Die häusliche Krankenpflege gibt es nach § 37 SGB V jetzt auch dann, wenn dadurch die Verweildauer im Krankenhaus verkürzt werden kann. Auch psychisch Kranke haben Anspruch auf häusliche Krankenpflege (vgl. die Begründung zum Gesetzentwurf eines GRG in BR-Drucks. 200/88 S. 176).

Behinderte in Alten- und Pflegeheimen haben einen Anspruch auf häusliche Krankenpflege nur dann, wenn sie in der Einrichtung ihren Haushalt beibehalten. Haben sie keinen eigenen Haushalt, dann erhalten sie häusliche Krankenpflege nur unter der Voraussetzung, daß sie in ihrer Familie leben.

Als sog. *ambulante Rehabilitationskur* sieht § 40 SGB V eine Komplexleistung aus medizinischen Maßnahmen (Anwendungen) vor, verbunden z.B. mit Ernährungsberatung, gruppen- oder einzeltherapeutischen Maßnahmen und Hilfen zur Entwöhnung von Genußmitteln. Die Krankenkasse trägt dabei die Kosten für die medizinischen Maßnahmen und zahlt einen Zuschuß zu den übrigen Kurkosten bis höchstens 15,– DM pro Kalendertag.

Die in § 43 SGB V aufgeführten ergänzenden Leistungen zur Rehabilitation, z.B. der Rehabilitationssport (früher Behindertensport), umfassen alle Leistungen, die nach Art und Schwere der Behinderung erforderlich werden. Diese Leistungen sind auch psychisch Kranken zu gewähren; es muß sich aber immer um Leistungen handeln, die dem Aufgabenbereich der gesetzlichen Krankenversicherung zuzuordnen sind. Deshalb fallen psychosoziale Leistungen nicht darunter (vgl. die Begründung zum Gesetzentwurf eines GRG in BR-Drucks. 200/88 S. 180).

a) Beitrittsrecht

Das bislang in § 176c RVO a.F. enthaltene *Beitrittsrecht für Schwerbehinderte* ist – unverändert – übernommen worden und jetzt in § 9 Abs. 1 Nr. 4, Abs. 2 Nr. 4 SGB V geregelt.

Auch weiterhin besteht dieses Beitrittsrecht für alle Schwerbehinderten grundsätzlich unabhängig vom Lebensalter; es kann allerdings von einer Altersgrenze abhängig gemacht werden, nämlich dann, wenn die Krankenkasse, der der Schwerbehinderte beitreten will, in ihre Satzung eine entsprechende Bestimmung aufgenommen hat.

Das Beitrittsrecht zur gesetzlichen Krankenversicherung ist indes dadurch erheblich eingeschränkt worden, und zwar bereits durch das Kostendämpfungs-Ergänzungsgesetz vom 22. 12. 1981 (BGBl. I S. 1578), daß dieses Recht davon abhängt, daß entweder der Schwerbehinderte selbst, sein Vater oder seine Mutter oder sein Ehegatte in den letzten fünf Jahren vor dem Beitritt mindestens drei Jahre versichert waren. Das Erfordernis einer solchen *Vorversicherungszeit* entfällt nur dann, wenn wegen der Behinderung nicht die Möglichkeit bestand, in die gesetzliche Krankenversicherung zu gelangen. Das ist z. B. der Fall, wenn der Schwerbehinderte zwar beschäftigt war, der wirtschaftliche Wert seiner Arbeitsleistung aber nicht ein Fünftel der Leistung einer Vergleichsperson erreicht und deshalb keine Versicherungspflicht bestanden hatte. Zu dieser sog. Härteklausel in Fällen, in denen vom Erfordernis einer Vorversicherungszeit abgesehen werden kann vgl. das Urteil des BSG vom 10. 9. 1987 = Die SGb. 1988 S. 380 ff. Danach ist die Prüfung der Versicherungsmöglichkeiten des Behinderten auf den Fünf-Jahres-Zeitraum vor dem Beitritt zu begrenzen.

Ebenso wie die versicherungspflichtig beschäftigten Behinderten haben auch die beitrittsberechtigten Schwerbehinderten ein Wahlrecht zwischen der Mitgliedschaft bei verschiedenen Krankenkassen (vgl. §§ 184 Abs. 1 und 185 Abs. 2 SGB V).

Die gewählte Krankenkasse darf die Mitgliedschaft nicht ablehnen (§ 185 Abs. 3 SGB V).

Die Mitgliedschaft des beitrittsberechtigten Schwerbehinderten beginnt mit dem Tag des Beitritts, der schriftlich zu erklären ist (§ 188 Abs. 1 und 3 SGB V).

Das Beitrittsrecht besteht allerdings nicht zeitlich unbegrenzt; es muß vielmehr innerhalb von drei Monaten nach Feststellung der Schwerbehinderteneigenschaft erklärt werden. Maßgeblich ist nicht das Datum des Schwerbehindertenausweises (= Tag der Ausstellung), sondern das Datum des Feststellungsbescheides des Versorgungsamts.

b) Ausstattung mit Hilfsmitteln

Nach § 33 SGB V hat der Schwerbehinderte einen Anspruch auf Versorgung mit Seh- und Hörhilfen, mit Körperersatzstücken, orthopädischen und anderen Hilfsmitteln, die im Einzelfall erforderlich sind, um eine bestehende körperliche Behinderung auszugleichen. Dieser Anspruch umfaßt auch die notwendige Änderung, Instandsetzung und Ersatzbeschaffung sowie die Ausbildung im Gebrauch der Hilfsmittel.

Für die Hilfsmittel werden jetzt nach § 36 SGB V *Festbeträge* festgelegt, die dann von der Krankenkasse übernommen werden (vgl. § 33 Abs. 2 SGB V). Wählt der Behinderte ein geeignetes Hilfsmittel in einer aufwendigeren Ausführung als notwendig, dann muß er die Mehrkosten selbst tragen.

Auf Hilfsmittel, die zwar auch die Behinderung auszugleichen helfen, gleichzeitig aber *Gebrauchsgegenstände des täglichen Lebens* darstellen, hat der Schwerbehinderte dagegen keinen Anspruch. Folgende Tabelle zeigt auf, welche Gegenstände als Hilfsmittel von der Krankenkasse zu gewähren sind und bei welchen Gegenständen das BSG die Hilfsmitteleigenschaft verneint hat:

Hilfsmittel	kein Hilfsmittel
Arthrodesenstuhl (bei Hüftgelenkserkrankungen) schwenkbarer Autositz, wenn erst durch ihn die Benutzung eines Pkw möglich wird	Angorawäsche
Badhelfer	Auto-Kindersitz
Blattwendegerät	Blindenschrift-Schreibmaschinen
Blindenführhund einschließlich Unterhaltungskosten	Elektrische Schreibmaschine
Clos-o-mat	Führ-Person für Blinde[1]
Fahrstuhl	Herrentoupet
Fernsehlesegerät	Kraftfahrzeug, auch nicht Zusatzgeräte wie z.B. Automatikgetriebe
Hörgeräte	Treppenlift (Monolift)
Korrektions-Schutzbrille	
Krankenlifter	
Optacon-Lesegerät	
Orthopädische Schuhe	
Schulterluxationsbandage	
Schwimmprothese	

1) Vgl. dazu das Urteil des BSG vom 27. 6. 1985 = SozR 2200 § 182 b Nr. 31; danach haben Blinde aus der gesetzlichen Krankenversicherung auch dann keinen Anspruch auf Aufwendungsersatz für fremde Führung, wenn sie keinen Führhund halten können (Bestätigung und Fortentwicklung des Urteils des BSG vom 18. 5. 1978 = SozR 2200 § 182 b Nr. 8).

Hilfsmittel	kein Hilfsmittel

Sportbrille, wenn z.B. ein
Schulkind nur so am Schul-
sport teilnehmen kann
Überbrückungsmieder
Unterarmprothese

Die Spitzenverbände der Krankenkassen haben in einem gemeinsamen Rundschreiben vom 27. 6. 1978, abgedruckt zuletzt
(= Stand 21. 1. 1988) in der Zeitschrift Die Ersatzkasse 1988
S. 257ff., einen Hilfsmittelkatalog aufgestellt, in dem sie die verschiedenen Hilfsmittel aufführen und jeweils eine Funktionsbe-
schreibung dazu geben.

c) Familienversicherung für schwerbehinderte Kinder

Nach § 10 SGB V haben Personen, die in der gesetzlichen
Krankenversicherung versichert sind, nicht nur für sich selbst
einen Anspruch auf die Leistungen der gesetzlichen Krankenversicherung, sondern gleichzeitig sind – unter bestimmten Voraussetzungen – auch ihre Ehegatten und ihre Kinder versichert und
haben nach der Neuregelung in § 10 SGB V auch im Krankheits-
fall einen *eigenen Anspruch* auf Krankenhilfeleistungen. Der Beitrag des Mitglieds, durch das die Familienversicherung begründet
wird, erhöht sich dadurch nicht. Voraussetzung für das Bestehen
einer Familienversicherung ist allerdings u. a., daß das monatliche
Einkommen des versicherten Familienangehörigen ⅐ der monatlichen Bezugsgröße nach § 18 SGB IV nicht übersteigt; das sind
im Jahr 1991 monatlich 480,– DM und in den neuen Bundesländern 250,– DM im Monat.

Für die unterhaltsberechtigten Kinder besteht die Familienversicherung aber grundsätzlich nur bis zur Volljährigkeitsgrenze,
über das 18. Lebensjahr hinaus längstens bis zur Vollendung des
23. Lebensjahres, wenn sie nicht erwerbstätig sind, und bis zur
Vollendung des 25. Lebensjahres hingegen nur dann, wenn sich
das Kind in Schul- oder Berufsausbildung befindet oder ein freiwilliges soziales Jahr leistet. Für Kinder, die wegen körperlicher,
geistiger oder seelischer Behinderung außerstande sind, sich
selbst zu unterhalten, besteht die Familienversicherung *ohne Al-*

*ters*grenze. Die Behinderung muß aber bereits vor der Vollendung des 18. Lebensjahres bzw. vor Ablauf der Verlängerungszeiträume eingetreten sein (Urteil des BSG vom 28. 11. 1979 = BSGE Band 49 S. 159, 163), und das Kind muß in diesem Zeitpunkt bereits versichert gewesen sein (vgl. § 10 Abs. 2 Nr. 4 SGB V). Das bedeutet, daß die Schwerbehinderung, wenn sich das Kind über das 18. Lebensjahr hinaus in Schul- oder Berufsausbildung befunden oder ein freiwilliges soziales Jahr geleistet hatte, spätestens bis zum 25. Lebensjahr eingetreten sein muß. Diese zeitliche Grenze verschiebt sich nur dann noch über das 25. Lebensjahr hinaus, wenn das Kind eine gesetzliche Dienstpflicht erfüllen mußte. Die Zeitgrenze verlängert sich dann entsprechend um den Zeitraum der Dienstleistung. Tritt also zum Beispiel die Schwerbehinderung bei einem 30-jährigen unterhaltsberechtigten Kind ein, dann besteht kein Anspruch auf die kostenlose Familienversicherung mehr. Das schwerbehinderte Kind muß dann von seinem Beitrittrecht nach § 9 SGB V Gebrauch machen, dann aber auch selbst als Mitglied Beiträge zahlen.

d) Leistungen bei Schwerpflegebedürftigkeit

Zur Vermeidung von Pflegebedürftigkeit sind zunächst als Ermessensleistung der Krankenkassen in § 23 SGB V sog. *Vorsorgekuren* vorgesehen, die ambulant oder stationär bis zur Höchstdauer von vier Wochen gewährt werden können. Es besteht eine Zuzahlungspflicht von 10,– DM, von der Kinder bis zur Vollendung des 18. Lebensjahres befreit sind.

Ist die Pflegebedürftigkeit bereits eingetreten und ist der Behinderte so hilflos, daß er für die gewöhnlichen und regelmäßig wiederkehrenden Verrichtungen im Ablauf des täglichen Lebens auf Dauer in sehr hohem Maße der Hilfe bedarf, ist also Schwerpflegebedürftigkeit eingetreten (vgl. § 53 Abs. 1 SGB V), dann hat die Krankenkasse seit 1. 1. 1991 die sog. *Leistungen bei Schwerpflegebedürftigkeit* zu gewähren, und zwar in Gestalt von häuslicher Pflegehilfe (§ 54 SGB V). Hinzuweisen ist darauf, daß schwerpflegebedürftig auch psychisch Kranke sind, wenn sie die Notwendigkeit alltäglicher Verrichtungen nicht erkennen oder trotz bestehender Einsicht die alltäglichen Verrichtungen nicht mehr durchführen können.

Die Schwerpflegebedürftigkeit kann von jedem Arzt auf einem einfachen Verordnungsvordruck bescheinigt werden. Nach ärztlicher Feststellung der Schwerpflegebedürftigkeit besucht in der Regel ein Arzt des medizinischen Dienstes der Krankenkasse den Pflegebedürftigen. Er bestätigt ggfs. die Schwerpflegebedürftigkeit.

Auch die häusliche Pflegehilfe ist von einer *Vorversicherungszeit* des Pflegebedürftigen abhängig gemacht; bei Kindern muß die Vorversicherungszeit in der Person eines Elternteils erfüllt sein (die Einzelheiten müssen in § 54 SGB V nachgelesen werden). Als Faustregel gilt: Wer stets krankenversichert war, erfüllt auf jeden Fall diese Voraussetzung.

Mit der häuslichen Pflegehilfe sollen Pflegeeinsätze finanziert werden, und zwar bis zu einer Stunde je Einsatz und bis zu 25 Pflegeeinsätzen im Monat, insgesamt begrenzt auf Kosten in Höhe von 750,– DM im Monat.

Bei Urlaub oder sonstiger Verhinderung der Pflegeperson wird die häusliche Pflegehilfe über diesen Umfang hinaus für längstens vier Wochen im Jahr gewährt, wenn die Pflegeperson zuvor mindestens zwölf Monate den Pflegebedürftigen gepflegt hatte. Auch hier ist die Verpflichtung der Krankenkasse der Höhe nach begrenzt, und zwar auf insgesamt 1800,– DM.

Auf Antrag des Schwerpflegebedürftigen kann anstelle der häuslichen Pflegehilfe als Sachleistung auch ein Geldbetrag in Höhe von 400,– DM im Monat gezahlt werden (§ 57 SGB V). Die Pflegeperson muß dann allerdings nachweisen, daß sie auch bei Ausübung einer Erwerbstätigkeit zu einer ausreichenden Pflege in der Lage ist. Danach steht zwar eine Erwerbstätigkeit der Pflegeperson der Geldleistung nicht entgegen; es muß aber ausreichend Zeit für die Pflege bleiben. Eine halbschichtige Erwerbstätigkeit bis zu vier Stunden täglich dürfte in der Regel unschädlich sein (vgl. die Begründung zum Gesetzentwurf eines GRG in BR-Drucks. 200/88 S. 185).

2. Unfallversicherungsrechtliche Ansprüche

Der Versicherungsschutz der gesetzlichen Unfallversicherung erstreckt sich nicht nur auf alle aufgrund eines Arbeits-, Dienst- oder Lehrverhältnisses Beschäftigten und auf andere Erwerbstätige wie Heimarbeiter, Zwischenmeister, Hausgewerbetreibende und ihre im Unternehmen tätigen Ehegatten sowie sonstige mitarbeitende Personen, sondern ist im Laufe der Zeit auf immer neue als schutzdürftig erachtete Personenkreise ausgedehnt worden. So sind zum Beispiel auch Arbeitslose (im Zusammenhang mit der Meldepflicht beim Arbeitsamt), Personen, die bei Unglücksfällen tätig werden, vor allem aber Kinder im Kindergarten, Schüler und Studenten in den Schutz der gesetzlichen Unfallversicherung einbezogen worden. Die Einzelheiten können in § 539 RVO nachgelesen werden.

Nach dem Einigungsvertrag vom 31. 8. 1990 (BGBl. II S. 889) finden die §§ 539 ff. RVO in den neuen Bundesländern erst ab 1. 1. 1992 Anwendung. Bis zum 31. 12. 1991 gelten noch die Vorschriften des Gesetzes über die Sozialversicherung vom 28. 6. 1990 (GBl. I Nr. 38 S. 486) bzw. die im Kapitel VIII, Sachgebiet F: Sozialversicherung, des Einigungsvertrages aufgeführten unfallversicherungsrechtlichen Vorschriften der ehemaligen DDR. Im RÜG sind dazu Übergangsvorschriften enthalten, die als 5. Teil hinter § 1147 RVO eingefügt worden sind (vgl. Artikel 8 RÜG).

a) Voraussetzungen des Versicherungsschutzes

Die gesetzliche Unfallversicherung gewährt Versicherungsschutz bei *Arbeitsunfällen;* das sind Unfälle im Zusammenhang mit der ausgeübten Beschäftigung bzw. bei Nichterwerbstätigen im Zusammenhang mit der versicherten Tätigkeit. Auch die durch eine berufliche Tätigkeit verursachten *Berufskrankheiten* werden entschädigt. Als Berufskrankheit gilt allerdings nicht jede durch eine Berufstätigkeit verursachte Krankheit, sie muß vielmehr grundsätzlich als Berufskrankheit anerkannt und in der Berufskrankheitenverordnung aufgeführt sein.

Seit 1925 stehen auch die sogenannten *Wegeunfälle,* das sind Unfälle auf dem Wege nach der Arbeitsstätte und auf dem Heimweg nach Beendigung der Arbeit, unter Versicherungsschutz. Dabei besteht nach § 550 Abs. 2 Nr. 2 RVO Versicherungsschutz auch für *Fahrgemeinschaften,* das bedeutet, der Unfallversicherungsschutz bleibt auch dann erhalten, wenn zum Zwecke der Fahrgemeinschaft Um- oder Abwege gefahren werden müssen, um die Mitfahrer aufzunehmen oder abzusetzen. Unfallversicherungsschutz besteht auch für Geschäftsreisen und auch für Wochenend- und Feiertagsheimfahrten zur Familienwohnung (§ 550 Abs. 3 RVO). Der versicherte Weg beginnt mit dem Durchschreiten der Haustür (= Außentür) und endet – auf dem Rückweg – mit dem Erreichen des häuslichen Bereichs wiederum an der Haustür.

Bei den Personen, die unabhängig von der Ausübung einer Erwerbstätigkeit dem Versicherungsschutz der gesetzlichen Unfallversicherung unterstehen, muß der als Arbeitsunfall zu entschädigende Unfall „bei" der versicherten Tätigkeit geschehen. Bei Schülern, Studenten und Kindern in Kindergärten besteht nach der Rechtsprechung des Bundessozialgerichts Versicherungsschutz im Rahmen des „Organisationsbereichs" der Schule, der Hochschule oder des Kindergartens. So stehen zum Beispiel Schüler bei der Erledigung ihrer Hausaufgaben außerhalb des organisatorischen Verantwortungsbereichs der Schule, zum Beispiel bei gemeinsamer Erledigung von Hausaufgaben in einer privaten Schularbeitsgruppe, nicht unter dem Schutz der gesetzlichen Unfallversicherung.

Der Unfall muß weiterhin bei dem Unfallverletzten zu einem Körperschaden geführt haben. Bei der Beurteilung der aufgrund eines Körperschadens sich ergebenden MdE ist von der im Zeitpunkt des Unfalls bestehenden Erwerbsfähigkeit auszugehen und zur Bewertung der unfallbedingten MdE auch dann mit 100 v.H. anzusetzen, wenn die Erwerbsfähigkeit bereits zur Zeit des Unfalls durch Krankheit oder durch die Folgen anderer Unfälle gemindert war. Ausgangspunkt für die Bemessung der MdE ist also die individuelle Erwerbsfähigkeit, das heißt die Erwerbsfähigkeit, die bei dem Verletzten vor dem Unfall bestand, nicht hingegen die „normale" Erwerbsfähigkeit eines gesunden Menschen. Diese individuelle Erwerbsfähigkeit wird mit 100 v.H. angesetzt, und zwar auch dann, wenn der Verletzte zur Zeit des Unfalls bereits in seiner Erwerbsfähigkeit gemindert war.

Beispiel: Der Verletzte besaß wegen eines Gebrechens vor dem Unfall eine Erwerbsfähigkeit von nur noch 80 v.H. der „normalen" Erwerbsfähigkeit. Sinkt seine Erwerbsfähigkeit durch die Unfallfolgen auf 40 v.H., dann erhält er eine Verletztenrente nach einer MdE von 50 v.H., weil er die Hälfte seiner individuellen Erwerbsfähigkeit verloren hat.

War der Verletzte allerdings vor dem Unfall bereits dauernd völlig erwerbsunfähig, dann erhält er keine Verletztenrente, weil die MdE nicht mehr aufgrund des Unfalls eintreten konnte (vgl. zum Beispiel das Urteil des BSG vom 24. 2. 1977 = BSGE Band 43 S. 208).

Sogenannte *Nachschäden*, also Gebrechen oder Gesundheitsstörungen, die nach dem Unfall unabhängig vom Unfall eintreten, führen nicht zu einer höheren MdE-Bewertung.

Beispiel: Der Unfallverletzte hatte durch einen Unfall ein Auge verloren. Später erblindete das zweite Auge durch eine Augenkrankheit, so daß er völlig erblindete. Er verlangte nunmehr eine Verletztenrente vom Unfallversicherungsträger nach einer MdE von 100 v. H. Dieser Anspruch wurde abgelehnt. Nach der Rechtsprechung des Bundessozialgerichts geschah das zu Recht. Sowohl im Unfallversicherungsrecht als auch im Versorgungsrecht werden die sogenannten Nachschaden-Fälle gleichbehandelt. Nach der dazu gegebenen Begründung heißt es: Mit den Leistungen der Unfallversicherung und des Versorgungsrechts sollten nicht Nachteile ausgeglichen werden, die ohne ursächlichen Zusammenhang mit der Vorschädigung aufträten (vgl. zum Beispiel das Urteil des BSG vom 29. 5. 1962 = BSGE Band 17 S. 99).

b) Sachleistungen

Nach Eintritt des Unfalls oder der Berufskrankheit hat der Verletzte Anspruch auf Heilbehandlung:

Also ärztliche und zahnärztliche Behandlung, Versorgung mit Arznei- und Verbandmitteln, Heilmitteln, Krankengymnastik, Bewegungs-, Sprach- und Beschäftigungstherapie, Ausstattung mit Körperersatzstücken und anderen Hilfsmitteln einschließlich der notwendigen Änderung, Instandsetzung und Ersatzbeschaffung sowie der Ausbildung im Gebrauch der Hilfsmittel, Belastungserprobung und Arbeitstherapie, Gewährung von Pflege und von stationärer Heilbehandlung (vgl. im einzelnen §§ 547, 557 bis 559 RVO).

Zum Zwecke der beruflichen Wiedereingliederung des Behinderten wird als berufsfördernde Leistung zur Rehabilitation die *Berufshilfe* gewährt; das sind insbesondere:

Hilfen zur Erhaltung oder Erlangung eines Arbeitsplatzes einschließlich Leistungen zur Förderung der Arbeitsaufnahme, Berufsfindung und Arbeitserprobung, Berufsvorbereitung einschließlich einer wegen der Behinderung erforderlichen Grundausbildung, berufliche Anpassung, Fortbildung, Ausbildung und Umschulung, einschließlich eines zur Teilnahme an diesen Maßnahmen erforderlichen schulischen Abschlusses, sonstige Hilfen der Arbeits- und Berufsförderung, um den Verletzten eine angemessene und geeignete Berufs- oder Erwerbstätigkeit auf dem allgemeinen Arbeitsmarkt oder in einer Werkstatt für Behinderte zu ermöglichen.

Außerdem werden als *ergänzende Leistungen* übernommen

Kosten, insbesondere für Prüfungsgebühren, Lernmittel, Arbeitskleidung und Arbeitsgerät sowie Ausbildungszuschüsse an den Arbeitgeber, wenn die Maßnahme im Betrieb durchgeführt wird, Reisekosten auch für Familienheimfahrten (siehe dazu § 569b RVO).

Es werden weiterhin auch Kosten übernommen für die Beschaffung eines Kraftfahrzeugs und auch für den Erwerb eines Führerscheins, und zwar in der Regel in Gestalt eines – einkommensabhängigen – Zuschusses, sowie für eine behinderungsbedingte Zusatzausstattung des Kraftfahrzeugs; die Einzelheiten können in der Kraftfahrzeughilfe-Verordnung vom 28. 9. 1987 (BGBl. I S. 2251) idF der ÄndVO vom 30. 9. 1991 (BGBl. I S. 1950) nachgelesen werden (siehe dazu auch S. 91).

Für Schwerverletzte gibt es als ergänzende Leistung auch Maßnahmen der *Wohnungshilfe.* Zur Orientierung haben die Spitzenverbände der Unfallversicherungsträger Richtlinien über die „Gewährung von Wohnungshilfe zur Eingliederung Behinderter" – Stand 1. Januar 1981 – herausgegeben. Als Arten der Wohnungshilfe sind darin unter anderem vorgesehen die Anpassung (zum Beispiel Ausstattung, Umbau, Ausbau oder Erweiterung) der bisherigen Wohnung oder die Unterbringung in anderem – behindertengerechten – Wohnraum.

c) Geldleistungen

Solange der Unfallverletzte aufgrund der Unfallfolgen arbeitsunfähig krank ist, erhielt er bislang, wenn er krankenversichert war, von der Krankenkasse das *Krankengeld* (vgl. § 565 RVO a. F.). Der Anspruch auf das Verletztengeld aus der gesetzlichen Unfallversicherung war nachrangig. Das hat sich aufgrund des GRG geändert. Seit 1. 1. 1991 erhält der Verletzte, wenn er aufgrund eines Arbeitsunfalls arbeitsunfähig ist, Verletztengeld und kein Krankengeld mehr. Auch für die Behandlungsleistungen, die infolge eines Arbeitsunfalls oder einer Berufskrankheit notwendig werden, ist seit 1. 1. 1991 ausschließlich die gesetzliche Unfallversicherung zuständig. Das gilt auch für Arbeitsunfälle oder Berufskrankheiten, die vor dem 1. 1. 1991 eingetreten sind. Für die Behandlung von Unfallfolgen oder Folgen einer Berufskrankheit braucht also ein *Behandlungsschein* der Krankenkasse nicht mehr mitgebracht zu werden. Zu beachten ist auch, daß in der gesetzlichen Unfallversicherung eine *Zuzahlung* – wie in der Krankenversicherung – *nicht* vorgesehen ist. Man muß deshalb darauf achten, daß der Arzt auf seiner Verordnung das Kästchen „frei" ankreuzt.

Mit dem Wegfall der Arbeitsunfähigkeit zahlt der Unfallversicherungsträger die *Verletztenrente*, wenn die MdE über die 13. Woche nach dem Unfall oder dem Beginn der Berufskrankheit hinaus andauert und die MdE mindestens 20 v. H. beträgt. Die Bewertung der MdE erfolgt in der Regel in Sätzen, die auf volle 10 v. H. abgerundet werden. Eine Abweichung um 5 v. H. rechtfertigt keine anderweite Festsetzung der MdE, weil sie innerhalb der Schätzungen eigenen Schwankungsbreite liegt.

Als Verletztenrente wird der Teil der Vollrente gewährt, der dem Grad der MdE entspricht (*Teilrente*, vgl. § 581 Abs. 1 Nr. 2 RVO). Solange der Verletzte infolge des Unfalls ohne Arbeitseinkommen ist, wird die Teilrente auf die Vollrente erhöht (§ 587 Abs. 1 RVO).

Die Renten werden entsprechend dem Grad der MdE nach dem *Jahresarbeitsverdienst* errechnet. Als Jahresarbeitsverdienst gilt der Gesamtbetrag aller Arbeitsentgelte und Arbeitseinkommen vor dem Unfall (§ 571 Abs. 1 Satz 1 RVO). Für jugendliche Unfallverletzte gelten Sondervorschriften; vgl. dazu im einzelnen die §§ 573 ff. RVO.

Kann ein Schwerverletzter infolge des Unfalls nicht mehr erwerbstätig sein und erhält er keine Rente aus der gesetzlichen Rentenversicherung, dann erhöht sich die Verletztenrente um 10 v. H., die sogenannte *Schwerverletztenzulage*.

Zu der nach dem Jahresarbeitsverdienst zu berechnenden Verletztenrente tritt für Schwerverletzte außerdem gegebenenfalls auch noch eine *Kinderzulage*, die unter bestimmten Voraussetzungen in der Regel bis zum 18. Lebensjahr des Kindes, unter bestimmten Voraussetzungen aber auch bis zum vollendeten 25. Lebensjahr und – im Falle der Erfüllung der gesetzlichen Wehrdienst-, Zivildienst- oder einer gleichgestellten Dienstpflicht – sogar über das 25. lebensjahr hinaus gezahlt wird (siehe dazu im einzelnen § 583 RVO).

Ist der Verletzte infolge des Arbeitsunfalls so hilflos, daß er nicht ohne ständige pflegerische Betreuung leben kann, so erhält er nach § 558 RVO entweder *Hauspflege*, d.h. die Betreuung durch eine Krankenschwester, einen Krankenpfleger oder in anderer geeigneter Weise wird vom Unfallversicherungsträger bezahlt, oder *Anstaltspflege*, das bedeutet, daß die erforderliche Pflege mit dem Einverständnis des Verletzten in einer Anstalt übernommen wird. Anstelle der Haus- oder Anstaltspflege kann auch ein *Pflegegeld* gewährt werden; es beträgt seit 1.7. 1991 zwischen 473,– DM und 1893,– DM.

Eine *Abfindung* wird nur bei Dauerrenten unter 30 v.H. gewährt (§ 604 RVO). Wird nach Zahlung einer derartigen Abfindung der Verletzte Schwerverletzter, dann lebt auf *Antrag* des Schwerverletzten der Rentenanspruch wieder auf (§ 606 Satz 1 RVO).

Stirbt der Verletzte an den Unfallfolgen, dann wird ein *Sterbegeld* gezahlt in Höhe von $\frac{1}{12}$ des Jahresarbeitsverdienstes und in einer Mindesthöhe von 400,– DM. Außerdem werden die Kosten der Überführung an den Bestattungsort bezahlt, wenn der Tod nicht am Bestattungsort eingetreten ist. Das Sterbegeld ist allerdings nach § 589 Abs. 1 Nr. 1 RVO i.d.F. des GRG auf die tatsächlich angefallenen Bestattungskosten begrenzt.

Vom Todestag an erhalten die Hinterbliebenen, das sind die Witwe bzw. der Witwer und die in § 596 RVO aufgeführten Personen, eine *Hinterbliebenenrente* (vgl. §§ 590 und 592 bis 599 RVO) sowie eine *Überbrückungshilfe* (§ 591 RVO).

Die Hinterbliebenenrenten (Witwen-, Witwer- und Waisenrenten sowie Renten an die frühere Ehefrau oder den früheren Ehemann) erhöhen sich von $\frac{1}{10}$ des Jahresarbeitsverdienstes auf $\frac{2}{5}$ des Jahresarbeitsverdienstes, wenn und *solange* der Rentenberechtigte berufs- oder erwerbsunfähig ist oder solange er – u.a. – für ein Kind sorgt, das wegen körperlicher, geistiger oder seelischer *Behinderung* Waisenrente erhält oder nur deswegen nicht erhält, weil es das 27. Lebensjahr vollendet hat (vgl. § 590 Abs. 2 Nr. 3 RVO i.d.F. des RÜG, der ab 1. 1. 1992 gilt).

Der Anspruch auf *Waisenrente* besteht grundsätzlich längstens bis zur Vollendung des 27. Lebensjahres, wenn sich die Waise z.B. in Schul- oder Berufsausbildung befindet oder aber *wegen körperlicher, geistiger oder seelischer Behinderung* außerstande ist, sich selbst zu unterhalten. Über das 27. Lebensjahr hinaus wird Waisenrente nur im Falle der Verzögerung der Schul- oder Berufsausbildung durch Erfüllung der gesetzlichen Wehrdienst-,

Zivildienst- oder einer gleichgestellten Dienstpflicht gewährt (vgl. § 595 Abs. 2 RVO i.d.F. des RÜG, der ab 1. 1. 1992 gilt).

3. Rentenversicherungsrechtliche Ansprüche

Von der Ausübung einer Erwerbstätigkeit unabhängige Ansprüche bestehen im Recht der gesetzlichen Rentenversicherung für die Hinterbliebenen desjenigen Behinderten, der für die Mindestversicherungszeit von 60 Kalendermonaten (sogenannte kleine oder allgemeine Wartezeit) vor seinem Tode Versicherungszeiten zurückgelegt hatte. *Hinterbliebenenrenten,* also Witwen-, Witwer- und Waisenrenten, stehen bei Erfüllung dieser Wartezeit nach dem Tode des Behinderten seinen Angehörigen zu (die Einzelheiten können in §§ 1263 bis 1267 RVO bzw. für die Zeit ab 1. 1. 1992 in §§ 46 bis 49 SGB VI nachgelesen werden). Der besonderen Schutzbedürftigkeit des Behinderten wird dabei auch in diesem Regelungsbereich durch Einzelregelungen Rechnung getragen. So wird nach § 1268 Abs. 2 RVO eine höhere, die sog. große Witwen- und Witwerrente gezahlt, wenn der Rentenberechtigte berufs- oder erwerbsunfähig ist oder für ein Kind sorgt, das wegen körperlicher oder geistiger Gebrechen Waisenrente erhält. Im wesentlichen das Gleiche gilt auch für das neue ab 1. 1. 1992 geltende Rentenrecht (vgl. § 46 Abs. 2 SGB VI). Allerdings wird dann in Erweiterung des bisherigen Rechts, sofern das Kind behindert ist und zu Hause versorgt wird, ein Anspruch auf die großen Witwen- und Witwerrenten unabhängig vom Alter des Kindes gegeben sein, also auch nach der Vollendung des 18. Lebensjahres des Kindes. Große Witwen- und Witwerrenten werden bei entsprechender Minderung der Erwerbsfähigkeit nach § 102 Abs. 2 SGB VI auch zeitlich befristet gezahlt, wenn die begründete Aussicht auf Besserung besteht.

Die ab 1. 1. 1992 unter der Bezeichnung *„Witwen- oder Witwerrente nach dem vorletzten Ehegatten"* (vgl. § 46 Abs. 3 SGB VI) zu leistende Hinterbliebenenrente, die bis 31. 12. 1991 nach § 1291 Abs. 2 RVO als sog. Wiederauflebensrente gewährt wird, wird ebenfalls als große Witwen- und Witwerrente – unter den bezeichneten Voraussetzungen – gezahlt mit der Besonderheit, daß ab 1. 1. 1992 nicht mehr verlangt wird, daß im Zeitpunkt der Wiederheirat ein Anspruch auf Hinterbliebenenrente bestanden hat.

Die in § 46 Abs. 2 SGB VI aufgeführten Voraussetzungen werden auch bei Inanspruchnahme der sog. *Erziehungsrente* verlangt, die bis 31. 12. 1991 nach § 1265 a RVO gewährt wird und ab 1. 1. 1992 aufgrund des § 47 SGB VI an Versicherte gezahlt wird, die selbst die allgemeine Wartezeit von 60 Kalendermonaten erfüllt haben und deren Ehe nach dem 30. 6. 1977 geschieden, für nichtig erklärt oder aufgelöst worden ist.

Körperlich und geistig behinderte Kinder, die außerstande sind, sich selbst zu unterhalten, erhalten *Waisenrente* auch über die Volljährigkeitsgrenze von 18 Jahren hinaus längstens bis zur Vollendung des 25. Lebensjahres (§ 1267 Abs. 1 RVO und ab 1. 1. 1992 sogar bis zur Vollendung des 27. Lebensjahres nach § 48 Abs. 4 Nr. 2 SGB VI). Waisenrentenberechtigt sind nicht nur die eigenen Kinder des Verstorbenen, sondern auch in den Haushalt aufgenommene Stiefkinder und in den Haushalt aufgenommene Pflegekinder, mit denen gleichsam Familienbande bestehen, sowie die Enkel und Geschwister des Verstorbenen, wenn er sie entweder in seinen Haushalt aufgenommen oder aber überwiegend unterhalten hatte (vgl. § 1267 Abs. 1a RVO bzw. ab 1. 1. 1992 § 48 Abs. 3 SGB VI).

Neben der Witwe des Verstorbenen erhält auch die frühere Ehefrau bis 31. 12. 1991 eine sogenannte *Geschiedenenwitwenrente,* wenn die Ehe vor dem 1. 7. 1977, also vor der Einführung des Versorgungsausgleichs, aufgelöst worden war, unter der Voraussetzung, daß eine Unterhaltsverpflichtung des Verstorbenen bestand oder aber tatsächlich Unterhalt gezahlt wurde (§ 1265 Abs. 1 S. 1 RVO); rentenrechtlich von Bedeutung ist allerdings erst ein Unterhalt in einer Mindesthöhe von 25% des maßgeblichen Sozialhilfesatzes.

Fehlt es an einer Unterhaltsverpflichtung des Verstorbenen, dann erhält die frühere Ehefrau unter bestimmten weiteren Voraussetzungen eine Rente, unter anderem, wenn und solange sie berufs- oder erwerbsunfähig ist (die Einzelheiten können in § 1265 RVO Abs. 1 S. 2 Nummern 1 bis 3 nachgelesen werden; die darin aufgeführten Voraussetzungen müssen *nebeneinander* gegeben sein). Diese Rentenberechtigung besteht allerdings nur dann, wenn eine rentenberechtigte Witwe nicht vorhanden ist. Ab 1. 1. 1992 erhalten vor dem 1. 7. 1977 geschiedene Ehegatten, die nicht wieder geheiratet haben, unter den gleichen Voraussetzungen eine kleine Witwen- oder Witwerrente und eine *große*

Witwen- oder Witwerrente u. a. dann, wenn sie berufs- oder erwerbsunfähig sind oder aber ein behindertes Kind zu Hause versorgen und auch im Zeitpunkt der Scheidung versorgt haben (die Einzelheiten müssen in § 243 SGB VI nachgelesen werden).

Auch ab 1. 1. 1992 wird wie bisher bei Witwen- und Witwerrenten das Einkommen des Rentenberechtigten angerechnet. Diese Einkommensanrechnung wird dann allerdings bei allen Renten wegen Todes vorgenommen, also auch bei den Erziehungs- und den Waisenrenten (die Einzelheiten müssen in § 97 SGB VI nachgelesen werden).

In den neuen Bundesländern wird – längstens bis zum 31. 12. 1996 – zu den Witwen-, Witwer- und Erziehungsrenten, die vor dem 1. 1. 1994 begonnen haben, ein *Sozialzuschlag* gewährt, wenn bestimmte Einkommensgrenzen nicht überschritten werden (die Einzelheiten müssen in Artikel 40 RÜG nachgelesen werden).

II. Versorgungsrechtliche Ansprüche

Das Versorgungsrecht, das ursprünglich geschaffen wurde, um die Kriegsopfer zweier Weltkriege zu rehabilitieren und zu entschädigen, weitet sich immer mehr zu einem sozialen Entschädigungsrecht aus. So sind vor allem die Soldaten der Bundeswehr und andere Dienstpflichtige, insbesondere im Zivildienst, in das Versorgungsrecht einbezogen, sowie Impfgeschädigte und auch die Opfer von Gewalttaten aufgrund des OEG vom 11. 5. 1976 (BGBl. I S. 1181), jetzt i. d. F. der Bekanntmachung vom 7. 1. 1985 (BGBl. I S. 1), zuletzt geändert durch das KOV-Anpassungsgesetz 1990 vom 26. 6. 1990 (BGBl. I S. 1211). Das OEG macht die Entschädigung – dem Grunde nach – davon abhängig, daß ein – nachweisbarer – vorsätzlicher tätlicher Angriff auf den Verletzten geführt worden ist; es sollen hingegen nicht sämtliche Unfälle mit Fremdverschulden ausgeglichen werden (Urteil des BSG vom 22. 6. 1988 = SozR 1500 § 128 Nrn. 34 und 35). Das OEG gilt – nach Maßgabe des Einigungsvertrages vom 31. 8. 1990 (BGBl. II S. 889) – auch in den neuen Bundesländern.

Art und Umfang der Entschädigungsleistungen für alle diese Personen richten sich nach dem BVG.

Organisatorisch ist die Versorgung aufgespalten, verschiedenen Behörden übertragen und in Streitfällen auf verschiedene Rechtswege zur Sozial- und zur Verwaltungsgerichtsbarkeit aufgeteilt. Die Zuständigkeiten liegen für die Heil- und Krankenbehandlung wie für die Renten (§§ 10 bis 24a, 29ff. BVG) bei den Versorgungsämtern – hier sind im Streitfall die Sozialgerichte zuständig –, für Leistungen der Kriegsopferfürsorge (§§ 25 bis 27i BVG) hingegen bei den Fürsorgestellen – hier ist der Rechtsweg zu den Verwaltungsgerichten eröffnet –.

1. Voraussetzungen

Versorgungsrechtliche Ansprüche erwachsen dann, wenn die Behinderung durch eine militärische oder militärähnliche Dienstverrichtung oder durch einen Unfall während der Ausübung solchen Dienstes oder durch die diesem Dienst eigentümlichen Verhältnisse verursacht worden ist (§ 1 Abs. 1 BVG). Wie im Unfallversicherungsrecht muß die Behinderung durch ein bestimmtes schädigendes Ereignis hervorgerufen oder verschlimmert sein. Der sogenannte Nachschaden bleibt auch im Versorgungsrecht unberücksichtigt. Das bedeutet, daß ein bereits auf einem Auge Kriegserblindeter also keine höhere Rente erhält, wenn er aufgrund einer Krankheit auch noch die Sehkraft des anderen Auges einbüßt.

Anders beurteilt werden allerdings die sogenannten mittelbaren Schädigungsfolgen, das sind Gesundheitsstörungen, die nicht unmittelbar durch den schädigenden Vorgang verursacht worden sind, bei denen aber die anerkannte Schädigungsfolge wesentlich mitgewirkt hat.

Beispiel: Ein Kriegsbeschädigter, dem ein Bein amputiert worden war, stürzt infolge seiner Gehbehinderung auf vereister Straße unglücklich und erleidet in ursächlichem Zusammenhang mit seinem schweren Sturz eine Augenverletzung, die zur Erblindung des Auges führt. Auch diese Erblindung ist dann als Schädigungsfolge zu entschädigen.

2. Sach- und Geldleistungen

Bei Gesundheitsstörungen, die als Schädigungsfolge anerkannt sind, erhält der *Beschädigte* (im Versorgungsrecht wird der Behinderte Beschädigter genannt) *Heilbehandlung.* Die Heilbehandlung umfaßt nach § 11 Abs. 1 BVG

ambulante ärztliche und zahnärztliche Behandlung,
Versorgung mit Arznei und Verbandmitteln,
Versorgung mit Heilmitteln einschließlich Krankengymnastik,
Bewegungstherapie, Sprachtherapie und Beschäftigungstherapie
sowie mit Brillen und Kontaktlinsen,
Versorgung mit Zahnersatz,
stationäre Behandlung in einem Krankenhaus (Krankenhausbehandlung),
stationäre Behandlung in einer Rehabilitationseinrichtung,
häusliche Krankenpflege,
Versorgung mit Hilfsmitteln,
Belastungserprobung und Arbeitstherapie.

Die Einzelheiten müssen in § 11 BVG nachgelesen werden.

Versehrtenleibesübungen werden in Übungsgruppen unter ärztlicher Betreuung und fachkundiger Leitung durchgeführt (§ 11a BVG).

Bei Arbeitsunfähigkeit erhält der Beschädigte ein *Versorgungskrankengeld* (§ 16 BVG), das wegen der anderen Bemessungsgrenze (vgl. § 16a Abs. 3 BVG) höher sein kann als das Krankengeld, das die Krankenkasse bei Arbeitsunfähigkeit zahlt und das nun wegen des Bezuges von Versorgungskrankengeld ruht (§ 49 Abs. 1 Nr. 3 SGB V).

Ein blinder Beschädigter hat einen Anspruch auf 216,– DM monatlich, um damit einen *Blindenführhund* zu unterhalten, oder als Beihilfe zu den Aufwendungen für fremde Führung (§ 14 BVG).

Für *außergewöhnlichen Verschleiß an Wäsche und Kleidung* wird ein monatlicher Pauschbetrag von 27 bis 176,– DM gewährt (§ 15 BVG). Die Höhe dieser Pauschbeträge richtet sich nach den Verschleißtatbeständen, die in der Verordnung zur Durchführung des § 15 BVG vom 31.1.1972 (BGBl. I S. 105) bewertet worden sind.

Die Rentenleistungen bestimmen sich nach der Höhe der MdE: Die MdE ist höher zu bewerten, wenn der Beschädigte durch die Art der Schädigungsfolgen in seinem zuvor ausgeübten Beruf, in seinem nachweisbar angestrebten oder in dem Beruf besonders betroffen ist, den er nach Eintritt der Schädigung ausgeübt hat oder noch ausübt (§ 30 Abs. 2 BVG). Ab einer MdE um 30 v. H. wird eine *Grundrente* gewährt.

Rentenberechtigte Beschädigte, deren Einkommen aus gegenwärtiger oder früherer Tätigkeit durch die Schädigungsfolgen gemindert ist (Einkommensverlust) erhalten zusätzlich einen *Berufsschadensausgleich* in Höhe von 42,5 v. H. des auf volle Deutsche Mark nach oben abgerundeten Verlustes (§ 30 Abs. 3 BVG; vgl. dazu im einzelnen die Absätze 4 bis 7 des § 30 BVG, in denen die Berechnung des Berufsschadensausgleichs auf der Grundlage des durch die Schädigung bewirkten Einkommensverlusts geregelt ist). Ist der Anspruch auf den Berufsschadensausgleich weggefallen, weil der Beschädigte keinen Einkommensverlust mehr hatte, und erleidet der Beschädigte später wieder einen Einkommensverlust, dann lebt der Anspruch auf Berufsschadensausgleich auch dann wieder auf, wenn der – neue – Einkommensverlust auf schädigungsunabhängigen Gründen beruht. Der Beschädigte muß sich dann allerdings das Durchschnittseinkommen der Berufsgruppe anrechnen lassen, der er vor dem Wegfall des Einkommensverlusts angehört hatte (Urteil des BSG vom 13. 5. 1987 = BSGE Band 62 S. 1 ff.). Bei einem „altersbedingten" Ausscheiden aus dem Erwerbsleben, z. B. der Aufgabe einer selbständigen Tätigkeit als Landwirt, behält der Beschädigte den Anspruch auf Berufsschadensausgleich, allerdings pauschal gekürzt (Urteil des BSG vom 3. 6. 1987 = SozR 3100 § 30 Nr. 70). Vergrößert sich allerdings der Einkommensverlust eines Schwerbeschädigten dadurch, daß er mit 60 Jahren *vorzeitig* Altersrente bezieht, erhöht sich sein Berufsschadensausgleich – jedenfalls bis zur Vollendung des 63. Lebensjahres (Urteil des BSG vom 4. 7. 1989 = SozR 3100 § 30 Nr. 78). Eine Kürzung des Berufsschadensausgleichs ist bei vorzeitigem Ausscheiden aus dem Erwerbsleben auch dann nicht zulässig, wenn die Schwerbehinderung nur zum Teil schädigungsbedingt ist: der Beweggrund für das vorzeitige Ausscheiden aus dem Erwerbsleben spielt dabei keine Rolle (Urteil des BSG vom 6. 12. 1989 = SozR 3642 § 8 Nr. 7).

Bei einer – schädigungsbedingten – Hilflosigkeit des Beschädigten, die bei den Verrichtungen des täglichen Lebens fremde Hilfe erforderlich macht, wird eine nach dem Grad der Hilflosigkeit zu bemessende *Pflegezulage* (vgl. § 35 BVG) gezahlt, die in der

Stufe I	402,– DM,
Stufe II	684,– DM,
Stufe III (z. B. Blinde)	970,– DM,
Stufe IV	1249,– DM,
Stufe V	1620,– DM,
Stufe VI	1996,– DM

im Monat beträgt. Blinde erhalten mindestens die Pflegezulage nach Stufe III, erwerbsunfähige Hirngeschädigte mindestens nach Stufe I.

Wird der Beschädigte – nicht nur vorübergehend – in einer Anstalt oder in einem Pflegeheim untergebracht, dann werden die gesamten durch diese Unterbringung entstehenden Kosten nach § 35 Abs. 2 BVG übernommen, und zwar einschließlich der Kosten für die Beschaffung notwendiger Bekleidung; der Beschädigte muß diese Kosten nicht etwa von der – ihm verbleibenden – Grundrente bezahlen (Urteil des BSG vom 8. 10. 1987 = BSGE Band 62 S. 200 ff.). Eine – im Gesetz vorgesehene – „angemessene" Erhöhung der Pflegezulage ist allerdings bei einer Anstalts- oder Heimunterbringung des Beschädigten ausgeschlossen; die Pflegezulage kann vielmehr nur dann – angemessen – erhöht werden, wenn Wartung und Pflege im häuslichen Bereich durchgeführt werden (Urteil des BSG vom 15. 9. 1988 – 9 RV 5/88 – (Aktenzeichen).

Beim Tod eines rentenberechtigten Beschädigten wird demjenigen, der die Bestattung besorgt, ein *Bestattungsgeld* von 2290,– DM, wenn der Tod Schädigungsfolge ist, bzw. von 1146,– DM, wenn der Tod schädigungsunabhängig eingetreten ist, zugebilligt (vgl. im einzelnen § 36 BVG). Außerdem wird den Angehörigen in der in § 37 Abs. 2 BVG genannten Reihenfolge ein *Sterbegeld* in Höhe des 3-fachen der Versorgungsbezüge gezahlt.

Ebenso wie im Recht der gesetzlichen Unfall- und Rentenversicherung haben die Hinterbliebenen, also die Witwe, der Witwer und die Waisen und zusätzlich im Versorgungsrecht auch die Verwandten der aufsteigenden Linie, also die Eltern (§ 49 BVG), einen Anspruch auf *Hinterbliebenenrente*. Die Witwe hat neben einem Anspruch auf eine monatliche Grundrente von 568,– DM, bei geringem Einkommen einen Anspruch auf einen *Schadensausgleich* (§ 40 a BVG) und bei Verlust zum Beispiel der Hälfte der

Erwerbsfähigkeit auch noch einen Anspruch auf eine *Ausgleichs-rente* (§ 41 BVG). Wegen der Abhängigkeit vom Einkommen ist die volle Ausgleichsrente der Witwe – ebenso wie die Ausgleichs-rente des Schwerbeschädigten (siehe dazu S. 141 f.) – um das je-weils anzurechnende Einkommen zu mindern. Was als Einkom-men gilt und welche Einkünfte bei der Feststellung der Aus-gleichsrente unberücksichtigt bleiben, richtet sich nach der DVO zu § 33 BVG i. d. F. vom 1. 7. 1975 (BGBl. I S. 1769).

Hatte der verstorbene Beschädigte für mindestens fünf Jahre einen Anspruch auf Berufsschadensausgleich gehabt, so steht der Witwe außerdem eine *Witwenbeihilfe* nach § 48 BVG zu (Urteil des BSG vom 27. 1. 1987 = SozR 3100 § 48 Nr. 16).

Bei einer Wiederverheiratung wird der Witwe bzw. dem Wit-wer des Beschädigten eine *Abfindung* in Höhe des 50-fachen der monatlichen Grundrente gezahlt (§ 44 BVG).

Ein Anspruch der Waisen auf *Waisenrente* besteht grundsätz-lich bis zur Vollendung des 18. Lebensjahres und unter bestimm-ten Voraussetzungen höchstens bis zur Vollendung des 27. Le-bensjahres; über diesen Zeitpunkt hinaus wird eine Waisenrente nur dann gezahlt, wenn die Waise körperlich oder geistig ge-brechlich ist, dieser Zustand bereits vor Vollendung des 27. Le-bensjahres eingetreten ist und die Waise aufgrund dieses Zustan-des außerstande ist, sich selbst zu unterhalten; das gilt jedoch nur, wenn die Waise nicht von ihrem Ehegatte unterhalten werden kann (§ 45 Abs. 3 BVG). Hatte die bereits vor dem 27. Lebensjahr gebrechliche Waise nach diesem Zeitpunkt eine Erwerbstätigkeit ausgeübt und wird sie danach erwerbsunfähig, dann wird erneut Waisenrente gezahlt.

Auch die Waisen erhalten zu der Grundrente von monatlich

160,–	bei Halbwaisen,
300,–	bei Vollwaisen,

eine Ausgleichrente von

280,– DM	bei Halbwaisen,
391,– DM	bei Vollwaisen.

Elternrente steht den Eltern des Beschädigten zu, allerdings nur dann, wenn sie entweder erwerbsunfähig im Sinne der gesetzli-chen Rentenversicherung sind oder aus anderen zwingenden Gründen eine Erwerbstätigkeit nicht mehr ausüben können oder das 60. Lebensjahr vollendet haben (§§ 49, 50 BVG). Den leibli-chen Eltern des Beschädigten gleichgestellt sind Adoptiv-, Stief-

und Pflegeeltern sowie Großeltern, die von dem Verstorbenen unterhalten worden waren.

Die Elternrente beträgt monatlich
bei einem Elternpaar 770,– DM,
bei einem Elternteil 537,– DM.

3. Sonderrechte für Schwerbeschädigte

Schwerbeschädigter ist, wer in seiner Erwerbsfähigkeit um mindestens 50 v. H. gemindert ist; insofern deckt sich der Begriff des Schwerbeschädigten im Versorgungsrecht mit dem des Schwerbehinderten. Außerdem gelten Beschädigte, die einen Anspruch auf eine Pflegezulage haben, stets als Schwerbeschädigte.

Schwerbeschädigte erhalten Heilbehandlung auch für Gesundheitsstörungen, die nicht als Schädigungsfolge anerkannt sind (§ 10 Abs. 2 BVG).

Die ihnen zustehende Grundrente erhöht sich um 36,– DM im Monat bei einer MdE um 50 und 60, um 46,– DM bei einer MdE um 70 und 80 und um 57,– DM bei einer MdE um 90 und bei Erwerbsunfähigkeit, wenn sie das 65. Lebensjahr vollendet haben.

Ist der Schwerbeschädigte in seiner Erwerbsfähigkeit um mindestens 90 v. H. gemindert, dann gilt er als erwerbsunfähig (§ 31 Abs. 2 BVG). Er erhält dann, wenn er durch die anerkannten Schädigungsfolgen gesundheitlich außergewöhnlich betroffen ist, eine monatliche *Schwerstbeschädigtenzulage*. Sie beträgt in der
Stufe I 109,– DM,
Stufe II 223,– DM,
Stufe III 337,– DM,
Stufe IV 450,– DM,
Stufe V 560,– DM,
Stufe VI 675,– DM.

Die Einstufung erfolgt aufgrund einer Punktebewertung. Die Einzelheiten müssen der dazu ergangenen Durchführungsverordnung vom 20. 4. 1970 (BGBl. I S. 410) entnommen werden.

Kann der Schwerbeschädigte eine zumutbare Erwerbstätigkeit nicht mehr oder nur noch im beschränkten Umfang ausüben, erhält er eine monatliche *Ausgleichsrente* unter Anrechnung seines Einkommens (vgl. §§ 32, 33 BVG).

Heiratet der Schwerbeschädigte, dann darf die Ausgleichsrente nicht deswegen gekürzt werden, weil der Ehegatte mehr zum

Familienunterhalt beiträgt als der Schwerbeschädigte (Urteil des BSG vom 24. 4. 1991 – 9a/9 RV 15/88 – Aktenzeichen).

Die volle Ausgleichsrente, also ohne Einkommensanrechnung, beträgt monatlich bei einer MdE

um 50 oder 60 v. H.   581,– DM,
um 70 oder 80 v. H.   704,– DM,
um 90 v. H.   843,– DM,
bei Erwerbsunfähigkeit   950,– DM.

Auch jugendliche Schwerbeschädigte erhalten eine Ausgleichsrente. Sie wird vor Vollendung des 14. Lebensjahres bis zu 30 v. H., vor Vollendung des 18. Lebensjahres bis zu 50 v. H. der Sätze der volljährigen Schwerbeschädigten gezahlt und wird dann auf den vollen Satz erhöht, wenn der jugendliche Schwerbeschädigte seinen Lebensunterhalt allein bestreiten muß. Eine Lehrlingsvergütung bis zur Höhe von 150,– DM ist für den Anspruch auf Ausgleichsrente unbeachtlich, der im übrigen von den wirtschaftlichen Verhältnissen des jugendlichen Beschädigten und seiner unterhaltpflichtigen Angehörigen abhängt. Daß die Ausgleichsrente nur bei Kindern und Jugendlichen von deren – ungünstigen – wirtschaftlichen Verhältnissen abhängig gemacht wird, verstößt nicht gegen den Gleichheitsgrundsatz (Urteil des BSG vom 25. 5. 1988 = SozR 3100 § 34 Nr. 1).

Ist der Schwerbeschädigte verheiratet, dann bekommt er zusätzlich noch einen *Ehegattenzuschlag* in Höhe von 104,– DM monatlich, der nach Auflösung der Ehe weitergezahlt wird, wenn ein im Haushalt lebendes Kind vorhanden ist.

Schließlich gibt es auch noch einen *Kinderzuschlag* in Höhe des gesetzlichen Kindergeldes (siehe dazu im einzelnen § 33b BVG).

Ist der Tod eines Schwerbeschädigten nicht auf die Schädigungsfolgen zurückzuführen, dann erhalten die Hinterbliebenen eine *Beihilfe*, wenn der Verstorbene aufgrund der Schädigungsfolgen eine entsprechende Erwerbstätigkeit nicht ausüben konnte und die Versorgungsansprüche seiner Hinterbliebenen dadurch gemindert sind (§ 48 BVG).

4. Leistungen der Kriegsopferfürsorge

Die Kriegsopferfürsorge ist eine *ergänzende Hilfe* zu den versorgungsrechtlichen Ansprüchen. Sie ist wie die Sozialhilfe eine einkommens- und vermögensabhängige Leistung (§ 25a Abs. 1 BVG).

Der Leistungskatalog der Kriegsopferfürsorge umfaßt:

Hilfe zur beruflichen Rehabilitation, Krankenhilfe, Hilfe zur Pflege, Hilfe zur Weiterführung des Haushalts, Altenhilfe, Erziehungsbeihilfe, ergänzende Hilfe zum Lebensunterhalt, Erholungshilfe, Wohnungshilfe, Hilfen in besonderen Lebenslagen.

Als *Hilfen zur beruflichen Rehabilitation* kommen insbesondere in Betracht:

Hilfen zur Erhaltung oder Erlangung eines Arbeitsplatzes einschließlich Hilfen zur Förderung der Arbeitsaufnahme sowie Eingliederungshilfen an Arbeitgeber,
Berufsfindung und Arbeitserprobung, Berufsvorbereitung einschließlich einer wegen der Schädigung erforderlichen Grundausbildung,
berufliche Anpassung, Fortbildung, Ausbildung und Umschulung einschließlich eines zur Teilnahme an diesen Maßnahmen erforderlichen schulischen Abschlusses,
sonstige Hilfen der Arbeits- und Berufsförderung, um Beschädigten eine angemessene und geeignete Erwerbs- oder Berufstätigkeit auf dem allgemeinen Arbeitsmarkt oder in einer Werkstatt für Behinderte zu ermöglichen.

Erziehungsbeihilfen werden gewährt mit dem Ziel, den Kindern des Beschädigten eine angemessene Ausbildung zu ermöglichen.

Die *ergänzende Hilfe zum Lebensunterhalt* wird in Anlehnung an das BSHG als laufende Leistung zur Bestreitung des Lebensunterhalts gezahlt, soweit der Lebensunterhalt nicht aus den übrigen Leistungen nach dem BVG und dem einzusetzenden Einkommen und Vermögen bestritten werden kann.

Mit der *Erholungshilfe* soll dem Beschädigten ein Erholungsurlaub ermöglicht werden, der drei Wochen umfassen sollte, diesen Zeitraum in der Regel jedoch nicht übersteigen darf.

Die *Wohnungshilfe* besteht in der Beratung in Wohnungs- und Siedlungsangelegenheiten sowie in der Mitwirkung bei der Beschaffung und Erhaltung ausreichenden und gesunden Wohnraums. Geldleistungen werden in der Regel nur gewährt, wenn die Wohnung eines Schwerbeschädigten mit Rücksicht auf Art und Schwere der Schädigung besonderer Ausgestaltung oder baulicher Veränderung bedarf; derartige Geldleistungen werden dann aber in der Regel nur als Darlehen gezahlt.

Hilfen in besonderen Lebenslagen werden schließlich zur Verfügung gestellt als

– Hilfen zum Ausbau oder zur Sicherung der Lebensgrundlage,
– vorbeugende Gesundheitshilfe,
– Hilfe bei Schwangerschaft oder bei Sterilisation,
– Hilfe zur Familienplanung,
– Hilfe für werdende Mütter und Wöchnerinnen,
– Eingliederungshilfe für Behinderte,
– Blindenhilfe,
– Hilfe zur Überwindung besonderer sozialer Schwierigkeiten.

Die Einzelheiten hinsichtlich der Leistungen der Kriegsopferfürsorge müssen in den §§ 25 bis 27i BVG nachgelesen werden.

Die Auflistung der Ansprüche im Versorgungsrecht und im Kriegsopferfürsorgerecht sollte nur einen Überblick geben; es besteht insofern kein Anspruch auf Vollständigkeit, denn der umfangreiche Leistungskatalog im Versorgungsrecht enthält dazu entsprechend den individuellen Gegebenheiten der Schädigungsfolgen zu viele Einzelregelungen. Die Zahlen der Leistungsanpassungen für das Jahr 1991 lagen noch nicht vor und sind deshalb unberücksichtigt geblieben; zugrunde gelegt wurde der Stand von 1990. Hinsichtlich der jährlich vorzunehmenden Leistungsanpassungen wird auf § 56 BVG i.d.F. des RRG 1992 verwiesen. Danach werden die *Leistungen für Blinde*, der *Pauschbetrag* als Ersatz für Kleider- und Wäscheverschleiß, das *Pflegegeld*, die *Grundrenten*, die *Schwerstbeschädigtenzulage*, die *Pauschbeträge* für schwerbehinderte Hausfrauen, die *Ausgleichs-* und *Elternrenten*, der *Ehegattenzuschlag*, die *Pflegezulage* und das *Bestattungsgeld* jährlich zum 1. Juli entsprechend dem Vomhundertsatz angepaßt, um den sich die Renten der gesetzlichen Rentenversicherung ändern. Demgemäß sind die Versorgungsrenten in den alten Bundesländern aufgrund des Gesetzes vom 6. 5. 1991 (BGBl. I S. 1065) zum 1. 7. 1991 dergestalt angepaßt worden, daß der sich für Juli 1991 ergebende anpassungsfähige Rentenbetrag um 4,7 v. H. erhöht wurde. In den neuen Bundesländern sind die *Kriegsbeschädigtenrenten* nach § 6 der 2. Rentenanpassungsverordnung vom 19. 6. 1991 (BGBl. I S. 1300) um 15 v. H. des anpassungsfähigen Betrages erhöht worden.

D. Steuerliche Erleichterungen

Zu den einen Schwerbehinderten treffenden körperlichen und seelischen Belastungen treten häufig noch finanzielle hinzu. Zu erwähnen sind etwa die Kosten der Beschäftigung einer Haushaltshilfe oder der Unterbringung in einem Heim oder einer Pflegeeinrichtung. Zum Ausgleich dieser Nachteile genießt der Schwerbehinderte auf den verschiedensten Gebieten eine Reihe von steuerlichen Erleichterungen.

I. Lohn- bzw. Einkommensteuer

Zu denken ist zunächst an die am häufigsten auftretende Art der Steuer, die auf Lohn und Einkommen erhoben wird.

1. Pauschbeträge

Gemäß § 33 b Abs. 2 und 4 EStG (i. d. F. der Bekanntmachung vom 7. 9. 1990, BGBl. I S. 1898, ber. am 7. 3. 1991, BGBl. I S. 808) erhalten Körperbehinderte auf Antrag einen nach dem Grad ihrer Behinderung abgestuften Pauschbetrag.

Zum Kreis der Begünstigten gehören zunächst die Schwerbehinderten (körperlich, geistig oder seelisch Behinderten, vgl. Abschnitt 100 Abs. 1 LStR 1990 i. d. F. der Bekanntmachung vom 12. 10. 1989, BStBl. I Sondernummer 3/1989 sowie Abschnitt 194 Abs. 1 EStR 1990 i. d. F. der Bekanntmachung vom 10. 11. 1990, BStBl. I Sondernummer 4/1990), deren GdB auf mindestens 50 festgestellt ist. Einbezogen sind weiter Körperbehinderte, deren GdB auf weniger als 50 festgestellt ist, der aber mindestens 25 beträgt, wenn ihnen wegen der Behinderung nach gesetzlichen Vorschriften Renten oder andere laufende Bezüge zustehen; dies gilt auch dann, wenn das Recht auf die Bezüge ruht oder der Anspruch auf die Bezüge durch Zahlung eines Kapitals abgefunden worden ist. Sind diese Voraussetzungen nicht erfüllt, werden die Pauschbeträge nur gewährt, wenn die Behinderung zu einer äußerlich erkennbaren dauernden Einbuße der körperlichen Beweglichkeit geführt hat oder es sich um eine typische Berufskrankheit handelt. Deren Vorliegen wird nach den Kriterien beurteilt, die bei Versicherten gemäß § 551 Abs. 1 RVO i. V. m. der geltenden Berufskrankheitenverordnung anzuwenden sind (Urteil des BFH vom 26. 3. 1965 = BStBl. III S. 358). Bei der Feststellung des GdB bleiben reine Alterserscheinungen unberücksichtigt.

Die Erfüllung dieser Voraussetzungen ist dem Finanzamt durch Vorlage bestimmter Urkunden nachzuweisen, an deren Inhalt es gebunden ist (§ 65 EStDV). Die Feststellung des Versorgungsamtes ist ein Grundlagenbescheid im Sinne der §§ 171 Abs. 10, 175 Abs. 1 Satz 1 Ziff. 1 AO (Urteile des BFH vom 13. 12. 1985 = DB 1986 S. 1158 sowie vom 28. 10. 1988 = DB 1989 S. 607). Körperbehinderte mit einem GdB von mindestens 50 müssen einen Ausweis gemäß § 4 Abs. 5 SchwbG vorlegen. Der Rentenbescheid eines Trägers der gesetzlichen Rentenversicherung (Urteil des BFH v. 25. 4. 1968 = BStBl. II S. 606) oder eine amtsärztliche Bescheinigung (Urteil des BFH vom 5. 2. 1988 = DB 1988 S. 943; a. A. Fischer DB 1988 S. 1574) reichen insoweit nicht aus. Liegt der GdB zwischen 50 und 25 und stehen dem Körperbehinderten wegen der Behinderung nach gesetzlichen Vorschriften eine Rente oder andere laufende Bezüge zu, genügt zum Nachweis auch der Rentenbescheid oder der entsprechende Bescheid zum Beispiel des Versorgungsamts. Nicht ausreichend ist allerdings der Rentenbescheid eines Trägers der gesetzlichen Rentenversicherung. Besteht in einem solchen Fall kein Anspruch auf laufende Geldleistungen, muß die der Finanzbehörde vorzulegende Bescheinigung des Versorgungsamtes eine Äußerung darüber enthalten, ob die Körperbehinderung zu einer äußerlich erkennbaren dauernden Einbuße der körperlichen Beweglichkeit geführt hat oder auf einer typischen Berufskrankheit beruht (Abschnitt 100 Abs. 6 LStR 1990, Abschnitt 194 Abs. 6 EStR 1990). Für das Gebiet der ehemaligen DDR ist vom Bundesfinanzministerium mit Rücksicht auf den erheblichen Arbeitsanfall eine Zwischenregelung erlassen worden, die sich an die Maßgaben der Anlage 1 Kapitel VIII Sachgebiet E Abschnitt III Nr. 1 Buchstabe a des Einigungsvertrages vom 31. 8. 1990 (BGBl. II S. 885, 1040) anlehnt (BMF-Schreiben vom 25. 10. 1990 – IV B 1 – S 2286 – 62/90, DB 1991 S. 2347):

Danach gelten Anerkennungen als Beschädigte nach der Anordnung über die Anerkennung als Beschädigte und Ausgabe von Beschädigtenausweisen vom 10. 6. 1971 (GBl. II Nr. 56 S. 493) i. d. F. der Anordnung

Nr. 2 vom 18. 7. 1979 – Umtausch von Beschädigtenausweisen – (GBl. I Nr. 33 S. 315) bis zum Ablauf ihrer Gültigkeit, längstens bis zum 31. 12. 1993, als Feststellungen über das Vorliegen einer Behinderung und den Grad der Behinderung von 30 bei Ausweisstufe I, 50 bei Ausweisstufe II, 80 bei Ausweisstufe III und 100 bei Ausweisstufe IV, solange die Voraussetzungen der Anerkennung fortbestehen. Unberührt davon bleibt die Prüfung der übrigen Voraussetzungen des § 33b Abs. 2 EStG. Schwer- und Schwerstbeschädigtenausweise, die gemäß der Anordnung über die Anerkennung als Beschädigte und Ausgabe von Beschädigtenausweisen vom 10. 6. 1971 in dem in Artikel 3 des Einigungsvertrags genannten Gebiet ausgegeben worden sind, gelten bis zum Ablauf ihrer Gültigkeit, längstens bis zum 31. 12. 1993, als Ausweise über die Eigenschaft als Schwerbehinderte mit einem Grad der Behinderung von 50 bei Ausweisstufe II, 80 bei Ausweisstufe III und 100 bei Ausweisstufe IV.

Der Pauschbetrag wird schon von der Gemeindebehörde auf der Lohnsteuerkarte eingetragen. Ist dies unterblieben, muß ein entsprechender Antrag beim Finanzamt gestellt werden.

Sind diese Voraussetzungen erfüllt, erhält der Körperbehinderte auf seinen Antrag einen Pauschbetrag nach folgender Staffel:

Stufe	bei einem GdB von	DM
1	25 bis 34	600,–
2	35 bis 44	840,–
3	45 bis 54	1110,–
4	55 bis 64	1410,–
5	65 bis 74	1740,–
6	75 bis 84	2070,–
7	85 bis 90	2400,–
8	91 bis 100	2760,–

Die Pauschbeträge werden nicht gekürzt, auch wenn die Voraussetzungen für ihre Gewährung nicht während des gesamten Kalenderjahres vorgelegen haben (Urteil des BFH vom 30. 11. 1966 = BStBl. 1967 III S. 457). Auch eine Kürzung um die zumutbare Belastung findet nicht statt.

Diese steuerliche Vergünstigung wird nur einmal gewährt, auch wenn der Körperbehinderte aus mehreren Gründen einen Anspruch auf eine Pauschale besitzt. Ausnahmsweise werden Pauschbeträge nebeneinander gewährt, wenn

a) beide Ehegatten einen Anspruch auf einen steuerfreien Pauschbetrag haben,

b) wenn sowohl der Steuerpflichtige als auch sein Kind, für das er einen Kinderfreibetrag erhält, körperbehindert sind,

c) wenn einem Steuerpflichtigen der Pauschbetrag für Körperbehinderte und einem Kind, für das er einen Kinderfreibetrag erhält, der Pauschbetrag für Hinterbliebene zusteht,

d) wenn ein Steuerpflichtiger zugleich Anspruch auf einen Pauschbetrag für Körperbehinderte und den Pauschbetrag für Hinterbliebene hat (Abschnitt 194 Abs. 3 EStR 1990, Abschnitt 100 Abs. 3 LStR 1990).

Ändert sich der GdB im Laufe des Kalenderjahres, ist der höhere Wert für das gesamte Jahr anzusetzen.

Der Pauschbetrag erhöht sich auf 7200,– DM für Blinde und Körperbehinderte, die infolge ihrer Körperbehinderung ständig so hilflos sind, daß sie nicht ohne fremde Wartung und Hilfe bestehen können. Diese Voraussetzung ist erfüllt, wenn der Zustand der Hilflosigkeit (auch Pflegebedürftigkeit, vgl. Abschnitt 100 Abs. 1 LStR 1990, Abschnitt 194 Abs. 1 EStR 1990) dauernd, d.h. nicht nur vorübergehend (grds. mehr als 6 Monate) gegeben ist. Erforderlich ist, daß während eines nicht nur vorübergehenden Zeitraums der Hilflosigkeit fremde Wartung und Pflege ständig (im Sinne von ununterbrochen, d.h. nicht nur während einzelner Krankheitsphasen oder für einzelne tägliche Verrichtungen) notwendig ist (Urteil des BFH vom 28. 9. 1984 = DB 1985 S. 421).

In diesen Fällen ist die Gewährung des Pauschbetrages nicht davon abhängig, daß auch tatsächlich eine Pflegeperson beschäftigt wird. Außerdem kann der erhöhte Pauschbetrag auch für behinderte Kinder gewährt werden, wenn deren GdB wenigstens 25 beträgt und das Versorgungsamt wegen Besonderheiten des Kindesalters Hilflosigkeit im Sinne des § 33b Abs. 3 letzter Satz EStG bescheinigt hat (Erlaß des Senators für Finanzen – Berlin – vom 2. 1. 1980 – III B 11 – S 2286 – 2/77). Der erforderliche Nachweis kann durch die Vorlage des Ausweises nach § 4 Abs. 5 SchwbG (mit Merkzeichen „Blind" oder „H"), eines Bescheides über die Gewährung von Pflege, Pflegezulage oder Pflegegeld (zum Beispiel gemäß § 35 BVG) oder aber durch eine Bescheinigung des Versorgungsamtes geführt werden.

Steht der Pauschbetrag einem Kind des Steuerpflichtigen im Sinne des § 32 Abs. 1 bis 5 EStG zu und nimmt das Kind ihn nicht selbst in Anspruch, kann er auf Antrag auf den Steuerpflichtigen übertragen werden. Bei Ehegatten, die beide unbeschränkt steuerpflichtig sind und nicht dauernd getrennt leben, genügt es, wenn bei einem von ihnen die Übertragungsvoraussetzungen vorliegen. Bei dauernd getrennt lebenden oder geschiedenen Ehegatten sowie nicht miteinander verheirateten Elternpaaren wird der Pauschbetrag je zur Hälfte übertragen, wenn beide Elternteile einen Steuerfreibetrag erhalten. Diese Ausnahme wurde beibehalten, um zu verhindern, daß der ggf. hohe Pauschbetrag sich bei einem der Elternteile möglicherweise nicht auswirkt. Bei der Veranlagung zur Einkommensteuer können die Eltern gemeinsam eine davon abweichende Verteilung beantragen, die dann für den gesamten Veranlagungszeitraum maßgeblich ist. Außerhalb des Veranlagungsverfahrens ist dies nur dann möglich, wenn der andere Elternteil nicht im Inland lebt oder verstorben ist.

Allerdings ist zu beachten, daß für die Kosten der Unterbringung des Kindes in einer Heil- und Pflegeanstalt keine Steuerermäßigung nach § 33 EStG in Anspruch genommen werden kann, wenn der Pauschbetrag von 7200,– DM für ein ständig hilfloses körperbehindertes Kind ganz oder teilweise auf einen Steuerpflichtigen übertragen wurde (Urteil des BFH vom 10. 5. 1968 = BStBl. II S. 647).

Für Hinterbliebene gilt ein Pauschbetrag von 720,– DM, der den oben beschriebenen Grundsätzen entsprechend übertragen werden kann (Abschnitt 100 Abs. 13 LStR 1990, Abschnitt 194 Abs. 12 EStR 1990).

Einen Einstieg in die steuerliche Anerkennung der mit der häuslichen Pflege eines ständig pflegebedürftigen Menschen verbundenen finanziellen Belastungen stellt die Einführung eines Pflegepauschbetrages von 1800,– DM pro Jahr (§ 33b Abs. 6 EStG) durch das Steuerreformgesetz 1990 dar. Dieser kann bei einer Pflege durch mehrere Personen nach dem Verhältnis der jeweiligen Pflegeleistung aufgeteilt werden. Pflegt ein Steuerpflichtiger mehrere Personen, steht ihr der Pauschbetrag mehrfach zu.

Wird durch Verwaltungsakt die Voraussetzung für die Inanspruchnahme eines Pauschbetrages festgestellt, ist dies vom Finanzamt zu berücksichtigen, weil darin ein Grundlagenbescheid im Sinne der §§ 171 Abs. 10, 175 AO zu sehen ist (Urteil des BFH vom 18. 4. 1980 = BStBl. II S. 682). Gemäß § 175 Abs. 1 Ziff. 1 AO ist daher eine Änderung früherer Steuerfestsetzungen

vorzunehmen, auch wenn für den Bestimmungszeitraum dem
Grunde nach ein Antrag im Sinne des § 33 Abs. 1 EStG nicht
gestellt wurde (Urteil des BFH vom 13. 12. 1985 = BStBl. 1986 II
S. 245). Auf Antrag ist eine Änderung der Steuerfestsetzungen für
alle Kalenderjahre vorzunehmen, auf die sich der Grundlagenbescheid bezieht.

2. Außergewöhnliche Belastungen

Die Pauschbeträge stellen keine Obergrenze für den Ausgleich
der dem Körperbehinderten laufend unmittelbar infolge der Behinderung entstehenden Mehraufwendungen dar. Er hat daneben
die Möglichkeit, gemäß § 33 EStG eine Steuerermäßigung wegen
höherer Aufwendungen in Anspruch zu nehmen. Macht er davon
Gebrauch, wird ihm allerdings die sogenannte „zumutbare Belastung", die sich nach der Höhe des Einkommens, dem Familien-
stand und der Anzahl der Kinder richtet (§ 33 Abs. 3 EStG),
angerechnet.

Die zumutbare Belastung beträgt

bei einem Gesamtbetrag der Einkünfte	bis 30 000 DM	über 30 000 DM bis 100 000 DM	über 100 000 DM
1. bei Steuerpflichtigen, die keine Kinder haben und bei denen die Einkommensteuer			
a) nach § 32a Abs. 1, ...	5	6	7
b) nach § 32a Abs. 5 oder 6 (Splitting-Verfahren)	4	5	6
zu berechnen ist;			
2. bei Steuerpflichtigen mit			
a) einem Kind oder zwei Kindern	2	3	4
b) drei oder mehr Kindern	1	1	2

vom Hundert des
Gesamtbetrags
der Einkünfte.

Als Kinder des Steuerpflichtigen zählen die, für die er einen Kinderfreibetrag erhält.

Erwachsen dem Steuerpflichtigen neben den durch den Pauschbetrag abgegoltenen außergewöhnlichen Belastungen andere, kann er sie außerdem geltend machen. Ebensowenig werden Werbungskosten und Sonderausgaben, die als Folge einer Körperbehinderung entstehen, durch die Pauschbeträge abgegolten.

a) Krankheitskosten

Zu den abzugsfähigen Belastungen gehören zum Beispiel durch einen akuten Anlaß, zum Beispiel eine Operation, herbeigeführte außerordentliche Krankheitskosten, auch wenn dies mit dem zur Körperbehinderung führenden Leiden im Zusammenhang steht oder den GdB erst herbeigeführt hat (Urteil des BFH vom 30. 11. 1966 = BStBl. 1967 III S. 457).

Dies gilt auch für die Kosten einer Heilkur, wenn sie zur Heilung oder Linderung nachweislich notwendig ist, eine andere Behandlung nicht oder kaum erfolgversprechend erscheint und die Heilbehandlung am Kurort unter ärztlicher Kontrolle durchgeführt wird. Der Nachweis der Notwendigkeit der Kur muß regelmäßig durch ein *vor* ihrem Antritt ausgestelltes amts- oder vertrauensärztliches Zeugnis geführt werden (Urteil des BFH vom 11. 12. 1987 = BStBl. 1988 II S. 275).

b) Kosten einer Privatschule

Dies gilt auch für die Kosten des Besuches einer Privatschule mit individueller Förderung, die ein Kind im Interesse einer angemessenen Berufsausbildung wegen seiner Behinderung besucht, weil eine öffentliche oder sonst schulgeldfreie Schule nicht zur Verfügung steht bzw. nicht erreichbar ist (Abschnitt 92 Abs. 4 Satz 3 LStR 1990, Abschnitt 186 Abs. 4 Satz 3 EStR 1990). Der Nachweis, daß der Besuch der Privatschule erforderlich ist, muß durch eine Bestätigung der zuständigen obersten Landeskultusbehörde oder von ihr bestimmten Stelle geführt werden (Abschnitt 92 Absatz 4 Satz 4 LStR 1990, Abschnitt 186 Absatz 4 Satz 4 EStR 1990).

c) Kraftfahrzeugkosten

Bei Körperbehinderten, deren GdB mindestens 80 beträgt, können auch Kraftfahrzeugkosten, soweit sie nicht Betriebsausgaben oder Werbungskosten sind, also Kosten für Privatfahrten darstellen, in angemessenem Rahmen als außergewöhnliche Belastung nach § 33 EStG neben dem Pauschbetrag berücksichtigt werden. Das gleiche gilt für Körperbehinderte mit einem GdB von mindestens 70, aber weniger als 80, bei denen darüber hinaus eine erhebliche Beeinträchtigung der Bewegungsfähigkeit im Straßenverkehr vorliegt (Urteil des BFH vom 28. 1. 1966 = BStBl. III S. 291). Der Nachweis dafür ist durch eine Bescheinigung des Versorgungsamts zu führen, wenn nicht im Schwerbehindertenausweis das Merkzeichen „G" eingetragen ist. Als angemessen wird im allgemeinen ein nachgewiesener oder glaubhaft gemachter Aufwand für Privatfahrten von insgesamt 3000 Kilometern jährlich bei einem Kilometersatz von 0,42 DM (= 1260,– DM) angesehen (Urteil des BFH vom 16. 2. 1970 = BStBl. II S. 380).

Ist ein Steuerpflichtiger so gehbehindert, daß er sich außerhalb des Hauses nur mit dem Kraftfahrzeug fortbewegen kann (Merkzeichen „aG" im Ausweis), werden grundsätzlich alle Kraftfahrzeugkosten mit Ausnahme der Betriebsausgaben und Werbungskosten als außergewöhnliche Belastung anerkannt. Dies gilt nicht nur für die unvermeidbaren Privatfahrten, sondern in angemessenem Rahmen auch für Erholungs-, Freizeit- und Besuchsfahrten (Urteil des BFH vom 1. 8. 1975 = BStBl. II S. 825). Bei fehlendem Nachweis wird auf der Grundlage der Reisekostenpauschsätze geschätzt; die ADAC-Tabellen können nicht angewendet werden (Urteil des BFH vom 27. 6. 1980 = DB 1980 S. 2016). Statt der Kilometerpauschale (0,42 DM pro Kilometer, ab 1. 10. 1991: 0,52 DM) können auch die tatsächlichen Kosten angesetzt werden. Dabei ist nach der Rechtsprechung der Finanzgerichte eine jährliche Fahrleistung von 20 000 km nicht zu beanstanden. Daraus ergibt sich eine außergewöhnliche Belastung von bis zu 8400,– DM pro Jahr (0,42 DM × 20 000 km, vgl. Hoffmann/ Ruff/Schwarz, Steuerratgeber für Behinderte, Beck-Rechtsberater im dtv Nr. 5284 Rdnr. 195).

In anderen Fällen ist die Berücksichtigung einer höheren jährlichen Fahrleistung nur möglich, wenn dies etwa durch ein Fahrtenbuch oder eine Aufstellung der von dem Körperbehinderten durchgeführten Privatfahrten nachgewiesen wird (Urteil des BFH vom 23. 2. 1968 = BStBl. II S. 415).

Besitzt er kein eigenes Kraftfahrzeug, kann er statt der Kilometerpauschale nachgewiesene Taxikosten neben dem Körperbehindertenpauschbetrag geltend machen. Entsprechendes gilt, wenn im Fall der Übertragung des Pauschbetrages auf den Steuerpflichtigen bei diesem Fahrtkosten entstanden sind. Berücksichtigungsfähig sind dann allerdings nur jene Fahrten, an denen der Körperbehinderte selbst teilgenommen hat.

d) Beschäftigung einer Hausgehilfin oder Haushaltshilfe

Ist der Körperbehinderte nicht nur vorübergehend körperlich hilflos oder schwer körperbehindert (GdB von mindestens 45), wird ihm für seine durch die Beschäftigung einer Hausgehilfin oder Haushaltshilfe (auch stundenweise) verursachten Kosten neben dem Körperbehindertenpauschbetrag ein Freibetrag in Höhe der tatsächlichen Aufwendungen bis höchstens 1200,– DM gewährt (§ 33a Abs. 3 Satz 1 Nr. 1 EStG). Bei Hilflosigkeit (§ 33b EStG) steht ihm ein Freibetrag von bis zu 1800,– DM zu. Dies gilt auch dann, wenn eine solche Körperbehinderung beim Ehegatten, einem im Haushalt des Steuerpflichtigen lebenden Kind oder einer anderen zu seinem Haushalt gehörenden unterhaltenen Person vorliegt, für die eine Steuerermäßigung gemäß § 33a Abs. 1 EStG (Unterhalt und Berufsausbildung von Angehörigen) besteht.

e) Heim- oder Pflegeunterbringung

In gleicher Höhe werden Freibeträge gewährt, wenn der Steuerpflichtige oder sein nicht dauernd getrennt lebender Ehegatte in einem Heim oder dauernd zur Pflege untergebracht wird, sofern die Aufwendungen für die Unterbringungskosten auch Aufwendungen für solche Dienstleistungen enthalten, die denen einer Hausgehilfin oder Haushaltshilfe vergleichbar sind (§ 33a Abs. 3 Satz 2 EStG).

f) Aufwendungen für ein hauswirtschaftliches Beschäftigungs-
verhältnis bei Merkzeichen „H"

Gemäß § 10 Absatz 1 Nr. 8 EStG 1990 können Steuerpflichtige, zu deren Haushalt ein Hilfloser (Merkzeichen „H") gehört,
seit dem Veranlagungszeitraum 1990 bis zu 12 000 DM pro Jahr
als Sonderausgaben im Kalenderjahr abziehen, wenn aufgrund
der Beschäftigungsverhältnisse Pflichtbeiträge zur inländischen
Rentenversicherung entrichtet werden.

3. Werbungskosten

Bei
a) Körperbehinderten mit einem GdB von mindestens 70
b) Körperbehinderten mit einem GdB von weniger als 70, aber
   mindestens 50, die erheblich gehbehindert sind,

können in Abweichung von der sonst für einen Arbeitnehmer
gültigen Regelung für Fahrten zwischen Wohnung und Arbeitsstätte sowie für Familienheimfahrten bei doppelter Haushaltsführung statt der (Entfernunbgs-)Kilometerpauschale (0,58 bzw.
0,26 DM ab 1. 1. 1991; 0,65 DM bzw. 0,30 DM ab 1. 1. 1992) die
tatsächlichen Aufwendungen berücksichtigt werden (§ 9 Abs. 2
EStG; Abschnitt 42 Abs. 6 Satz 1, Abschnitt 38 Absatz 1 Sätze 3
bis 7 LStR 1990).
Dazu gehören insbesondere die Absetzungen für Abnutzung
(Abschreibung), Betriebsstoff (Benzin, Öl), Reifen, laufende Re-
paraturen und Pflege, Garagenmiete, Versicherung, Kraftfahr-
zeugsteuern und der Beitrag zu einem Automobilclub. Die Auf-
wendungen müssen dem Finanzamt durch Belege nachgewiesen
werden.
Statt dessen können diese Körperbehinderten aber auch für die
Benutzung eines eigenen Kraftfahrzeuges zwischen Wohn- und
Arbeitsstätte ohne Einzelnachweis die für Dienstreisen geltenden
Sätze von 0,42 (ab 1. 10. 1991: 0,52) DM (PKW) bzw. 0,18 DM
(Motorrad oder Motorroller) für jeden gefahrenen Kilometer als
Werbungskosten in Ansatz bringen (Abschnitt 42 Absatz 4 Satz 1
LStR 1990). Wird ein in dem beschriebenen Umfang körperlich
Behinderter im eigenen PKW arbeitstäglich einmal von einem
Dritten zur Arbeitsstätte gefahren und nach Dienstschluß wieder
von dort abgeholt, kann er als Werbungskosten auch die Aufwen-

dungen geltend machen, die ihm durch die Leerfahrten entstehen. Dieser Gedanke ist auch auf Körperbehinderte zu übertragen, die entweder keine Fahrerlaubnis besitzen oder aus mit ihrer Behinderung in Zusammenhang stehenden Gründen von einer vorhandenen Fahrerlaubnis keinen Gebrauch machen (Urteil des BFH vom 2. 12. 1977 = BStBl. 1978 II S. 260).

Gemäß § 4 Abs. 5 Ziff. 6 EStG gelten diese Grundsätze für selbständig tätige Schwerbehinderte entsprechend.

II. Umsatzsteuer

Im Hinblick auf die Umsatzsteuer werden Vergünstigungen teils im Wege der Steuerbefreiung teils durch Herabsetzung des Steuersatzes gewährt.

1. Steuerbefreiung

Beschäftigt ein Blinder nicht mehr als zwei Arbeitnehmer, sind seine Umsätze steuerfrei (Ausnahme: Lieferung von Mineralölen und Branntweinen). Nicht als Arbeitnehmer gelten Ehegatte, Kinder und Eltern des Blinden sowie die Auszubildenden.

Steuerfrei sind auch die Umsätze der Inhaber von anerkannten Blindenwerkstätten und anerkannten Zusammenschlüssen von Blindenwerkstätten im Sinne des § 5 Abs. 1 des Blindenwarenvertriebsgesetzes vom 9. 4. 1965 (BGBl. I S. 311), wenn es sich um

a) die Lieferung und den Eigenverbrauch von Blindenwaren und Zusatzwaren im Sinne des Blindenwarenvertriebsgesetzes
b) um sonstige Leistungen handelt, an deren Ausführung ausschließlich Blinde mitgewirkt haben.

2. Reduzierung des Steuersatzes

Daneben wird auf die Herstellung von Hilfsmitteln nur der ermäßigte Steuersatz erhoben. Dies gilt gemäß § 12 UStG unter anderem für Krankenfahrstühle, Körperersatzstücke, Apparate und andere Vorrichtungen, die zum Verhüten oder Korrigieren körperlicher Mißbildungen verwendet werden. Davon ausgeschlossen sind jene Teile und Zubehör, die Gegenstand einer selbständigen Lieferung sind.

III. Vermögensteuer

Körperbehinderte mit einem durch amtliche Unterlagen nachgewiesenen, voraussichtlich mindestens drei Jahre dauernden GdB von mehr als 90 (Erwerbsunfähigkeit) und einem Vermögen von bis zu 150 000 DM erhalten bei der Vermögenssteuer zu dem normalen Freibetrag von 70 000 DM einen zusätzlichen Freibetrag von 10 000 DM. Dabei wird nicht vorausgesetzt, daß der Körperbehinderte bzw. sein Ehegatte in der Vergangenheit durch die Ausübung eines Berufs oder sonstige Einkünfte in der Lage war, seinen Lebensunterhalt zu bestreiten. Erwerbsunfähig im Sinne des § 6 VStG können auch Körperbehinderte sein, die ihrem Alter nach noch keinem Beruf nachgehen können (Urteil des BFH vom 25. 1. 1980 = BStBl. II S. 262).

Werden Ehegatten zusammen veranlagt, verdoppelt sich die Gesamtvermögensgrenze, wenn bei einem steuerpflichtigen Ehegatten die Voraussetzungen für die Gewährung des zusätzlichen Freibetrages vorliegen. Werden sie von beiden Ehegatten erfüllt, verdoppeln sich die Freibeträge.

Wird von einem Mitglied einer Veranlagungsgemeinschaft, die von einem Kind und seinen Eltern oder einem Elternteil gebildet wird, ein Freibetrag wegen Erwerbsunfähigkeit beantragt, muß bei der Berechnung der Vermögensgrenze von 150 000 DM oder 300 000 DM zwischen dem Vermögen der Eltern oder des Elternteils einerseits und dem Vermögen des Kindes andererseits unterschieden werden (Urteil des BFH vom 12. 10. 1979 = BStBl. 1980 II S. 166).

Übersteigt das Gesamtvermögen den Betrag von 150 000 DM bzw. 300 000 DM, mindert sich der Freibetrag um den übersteigenden Betrag. Dementsprechend entfällt er vollständig, wenn das Gesamtvermögen einen Umfang von 160 000 DM bzw. 320 000 DM erreicht.

Der Freibetrag erhöht sich auf 50 000 DM wenn die genannte Vermögensgrenze nicht überschritten ist und die steuerfreien Ansprüche des Körperbehinderten nach § 111 Nr. 1 bis 4 und 9 des Bewertungsgesetzes (zum Beispiel Sozialversicherungsrenten, Betriebsrenten oder Beamtenpensionen) 4800 DM pro Jahr nicht übersteigen.

Bei der Zusammenveranlagung von Ehegatten wird der Freibetrag gewährt, wenn einer der Ehegatten in dem genannten Sinne erwerbsunfähig ist, das Gesamtvermögen 300 000 DM nicht übersteigt und die Ansprüche des behinderten Ehegatten nach § 111 Nr. 1 bis 4 und 9 des Bewertungsgesetzes 4800 DM pro Jahr nicht übersteigen. Er erhöht sich auf 100 000 DM, wenn beide Ehegatten erwerbsunfähig sind, das Gesamtvermögen nicht mehr als 300 000 DM beträgt und die Ansprüche beider Ehegatten nach § 111 Nr. 1 bis 4 und 9 des Bewertungsgesetzes 9600 DM nicht übersteigen. Sind sie höher, gehen aber die Ansprüche eines Ehegatten über 4800 DM nicht hinaus, steht diesem Ehegatten der erhöhte Freibetrag zu. Daneben kommt für den anderen Ehegatten der Freibetrag in Höhe von 10 000 DM in Betracht.

Beantragt ein Mitglied der von einem Kind und seinen Eltern oder einem Elternteil gebildeten Veranlagungsgemeinschaft den erhöhten Freibetrag, muß zwischen den steuerfreien Ansprüchen der Eltern einerseits und denen des Kindes andererseits unterschieden werden.

Liegen bei der Zusammenveranlagung von Ehegatten bei dem einen die Voraussetzungen für die Gewährung des erhöhten Freibetrages von 50 000 DM (§ 6 Abs. 4 VStG) und bei dem anderen für den Freibetrag nach § 6 Abs. 3 VStG (= 10 000 DM) vor und übersteigt das Vermögen die Gesamtsumme von 300 000 DM, so ist die Summe der Freibeträge um den überschießenden Betrag zu kürzen. Ein Freibetrag entfällt daher, wenn das Gesamtvermögen 360 000 DM erreicht.

Wird die Erwerbsunfähigkeit rückwirkend anerkannt, ist eine bestandskräftige Steuerfestsetzung auch dann zu ändern, wenn die Berücksichtigung der Freibeträge des § 6 Abs. 3 und 4 VStG im Veranlagungszeitraum nicht geltend gemacht wurde. Die Bescheinigung des Versorgungsamtes über die rückwirkende Anerkennung der Erwerbsunfähigkeit ist ein Grundlagenbescheid im Sinne der §§ 171 Abs. 10, 175 Abs. 1 Satz 1 AO.

IV. Grundsteuer

Eine Vergünstigung bei der Erhebung der Grundsteuer genießen gemäß § 36 GrStG Kriegsbeschädigte und andere Körperbeschädigte, die zum Erwerb oder zur wirtschaftlichen Stärkung ihres Grundbesitzes eine Kapitalabfindung aufgrund des Bundesversorgungsgesetzes oder eine Grundrentenabfindung aufgrund des Rentenkapitalisierungsgesetzes erhalten haben (Abschnitt 44 Absatz 1 GrStR 1978). Kapitalabfindungen nach anderen Gesetzen bleiben außer Betracht. Bei der Veranlagung wird lediglich der um die Kapitalabfindung bzw. den Rentenkapitalisierungsbetrag verminderte Einheitswert zugrunde gelegt.

Diese Vergünstigung bezieht sich allerdings nur auf das Grundstück, zu dessen Erwerb oder wirtschaftlichen Stärkung (zum Beispiel Tilgung einer Hypothek) die Kapitalabfindung verwendet wurde. Die Voraussetzungen für die Gewährung dieses Steuervorteils sind auch erfüllt, wenn die Abfindung für ein Ersatzgrundstück verwendet worden ist und das Landesversorgungsamt einer Übertragung auf dieses Grundstück zugestimmt hat. Schließlich ist die Grundsteuer auch zu ermäßigen, wenn die Abfindung zum Abschluß oder zur Auffüllung eines Bausparvertrages genutzt wurde, der dann zum Kauf eines Grundstücks oder zur Tilgung einer Hypothek eingesetzt wird.

Ist der Beschädigte nur Mitglied einer Eigentümergemeinschaft nach Bruchteilen (§ 1008 BGB) oder Teilhaber einer Gesamthandgemeinschaft, kommt die Grundsteuervergünstigung nur für seinen Anteil in Betracht. Handelt es sich dagegen um gemeinschaftliches Eigentum von Ehegatten, kann die Vergünstigung auch beim Anteil des Ehegatten berücksichtigt werden.

Sie besteht so lange fort, wie die Versorgungsbezüge in der gesetzlichen Höhe gekürzt sind. Zugunsten der Witwe eines abgefundenen Beschädigten, die das Grundstück ganz oder teilweise geerbt hat, bleibt sie bestehen, solange sie auf dem Grundstück wohnt und nicht wieder heiratet.

V. Erbschafts- und Schenkungssteuer

Unter besonderen Umständen kann nach § 13 Abs. 1 Nr. 6 des Erbschafts- und Schenkungssteuergesetzes vom 17. 4. 1974 (BGBl. I S. 933) eine Steuerbefreiung in Betracht kommen, wenn es sich um einen Erwerb durch die Eltern, Adoptiv-, Stief- oder Großeltern des Erblassers handelt. Vorausgesetzt wird dabei, daß die genannten Personen infolge geistiger oder körperlicher Gebrechen und unter Berücksichtigung ihrer bisherigen Lebensstellung als erwerbsunfähig anzusehen sind oder durch die Führung eines gemeinsamen Haushaltes mit Erwerbsunfähigen oder in der

Ausbildung befindlichen Abkömmlingen an der Ausübung einer Erwerbstätigkeit gehindert sind. Daneben darf der Erwerb zusammen mit dem übrigen Vermögen 40 000 DM nicht übersteigen. Bei Überschreitung dieser Grenze wird die Steuer nur insoweit erhoben, als sie aus der Hälfte des die Wertgrenze übersteigenden Betrags gedeckt werden kann.

Diese Vorschrift hat allerdings als Folge einer Gesetzesänderung vom 18. 8. 1980 (BGBl. I S. 1542) faktisch nur noch Auswirkungen auf Schenkungen unter Lebenden, da bei einem Erwerb von Todes wegen Eltern und Voreltern kraft Gesetzes in die Steuerklasse II fallen, für die ein Freibetrag von 50 000 DM gilt.

VI. Kraftfahrzeugsteuer

Vergünstigungen bei der Entrichtung der Kraftfahrzeugsteuer erhalten auf Antrag Schwerbehinderte, die zum Ausgleich ihrer Behinderung auf die Benutzung eines Kraftfahrzeugs besonders angewiesen sind. Der Antrag ist bei dem für die Verwaltung der Kraftfahrzeugsteuer zuständigen Finanzamt einzureichen. Die entsprechenden Vordrucke werden vom Versorgungsamt übersandt. Völlig von der Kraftfahrzeugsteuer befreit sind jene Schwerbehinderten, die durch einen Ausweis im Sinne des Schwerbehindertengesetzes oder des Artikels 3 des Gesetzes über die unentgeltliche Beförderung Schwerbehinderter im öffentlichen Personenverkehr vom 9. 7. 1979 (BGBl. I S. 989) mit den Merkzeichen „H", „Bl" oder „aG" nachweisen, daß sie *hilflos, blind oder außergewöhnlich gehbehindert* sind. Auf Grund der Sonderregelung des § 17 KraftStG gelten Behinderte, denen am 1. 6. 1979 die Kraftfahrzeugsteuer gemäß § 3 Abs. 1 Nr. 1 KraftStG a. F. erlassen war, im Sinne des § 3a Abs. 1 KraftStG n. F. als außergewöhnlich gehbehindert, solange bei ihnen nicht nur vorübergehend ein GdB von mindestens 50 vorliegt.

Schwerbehinderte, die durch einen Ausweis mit dem Merkzeichen „G" (Gültigkeitsvermerk für die Zeit ab dem 1. 4. 1984[1])

---

[1] Vor diesem Datum ausgestellten Ausweisen kommt diese Wirkung nicht zu, da sie ohne den Nachweis der erheblichen Bewegungsbehinderung erteilt werden konnten, vgl. dazu die Urteile des BSG vom 18. 12. 1985 = BSGE Bd. 59 S. 242 f. sowie vom 24. 4. 1985 = BSGE Bd. 58 S. 72.

nachweisen, daß sie in ihrer Bewegungsfähigkeit im Straßenverkehr erheblich beeinträchtigt sind, erhalten für ein auf sie zugelassenes Kraftfahrzeug gemäß § 3 a KraftStG eine Steuerermäßigung in Höhe von 50 v. H. des Steuersatzes.[2] Nach Artikel 7 i. V. m. Artikel 10 SchwbG n. F. wird ab 1. 1. 1987 zum Nachweis der Anspruchsberechtigung die Vorlage eines Ausweises mit orangefarbenem Flächenaufdruck gefordert.

Liegen die Voraussetzungen für eine unentgeltliche Beförderung im Straßenverkehr vor, kann der Schwerbehinderte diese Vergünstigung auch in Anspruch nehmen, wenn er gemäß § 3 a Abs. 1 oder § 17 KraftStG von der Entrichtung der Kraftfahrzeugsteuer befreit ist. Hat er gemäß § 3 a Abs. 2 lediglich einen Anspruch auf eine Steuerermäßigung, muß er wählen, ob er diese Vergünstigung wahrnimmt oder eine Wertmarke löst. Beide *Vorteile* werden *nicht nebeneinander* gewährt. Das Finanzamt vermerkt die Inanspruchnahme der Steuerermäßigung auf dem Schwerbehindertenausweis bzw. einem Beiblatt, das als dessen Bestandteil gilt. Bei einem Wechsel von der Steuerermäßigung zur Freifahrt oder in der anderen Richtung wird ein neues Beiblatt nur gegen Rückgabe des bisherigen ausgestellt (vgl. dazu den Erlaß des Niedersächsischen Finanzministers betreffend Änderung des Kraftfahrzeugsteuergesetzes durch das Steuerentlastungsgesetz, S 6030-75-32 3 vom 9. 1. 1984).

Schwerbehinderte, auf deren Ausweisen mit dem Merkzeichen „B" anerkannt ist, daß sie ständiger Begleitung bedürfen, müssen bei der Benutzung öffentlicher Verkehrsmittel den üblichen Fahrpreis entrichten, wenn sie etwa wegen der Inanspruchnahme der Kraftfahrzeugsteuerermäßigung eine Wertmarke für die Freifahrt in öffentlichen Verkehrsmitteln nicht gelöst haben. Die Begleitperson fährt allerdings frei.

Die Steuervergünstigung steht dem Behinderten nur für *ein* Fahrzeug zu. Sie entfällt, wenn das Fahrzeug zur Beförderung von Gütern (Ausnahme: Handgepäck), zur entgeltlichen Personenbeförderung (Ausnahme: gelegentliche Mitbeförderung) oder durch andere Personen zu Fahrten benutzt wird, die weder mit

---

[2] Die für einen Teil der Schwerbehinderten eingetretene Verschlechterung der steuerrechtlichen Situation verstößt nicht gegen höherrangiges Recht (Urteil des BFH vom 9. 8. 1988 = BB 1988 S. 2307).

der Fortbewegung noch der Haushaltsführung des Behinderten im Zusammenhang stehen.

VII. Hundesteuer

Für behinderte Halter von Hunden besteht die Möglichkeit, aufgrund landesgesetzlicher Regelungen eine Befreiung von der Hundesteuer zu beantragen. Sie wird regelmäßig gewährt für Führhunde von Blinden sowie das Halten von Hunden, die zum Schutz und zur Hilfe Blinder, Tauber oder völlig hilfloser Personen unentbehrlich sind. Sie kommt auch für hochgradig Sehbehinderte oder Schwerhörige in Betracht.

E. Sonstige Erleichterungen

I. Unentgeltliche Beförderung im öffentlichen Personenverkehr

Schwerbehinderte, die infolge ihrer Behinderung *in ihrer Bewegungsfreiheit im Straßenverkehr erheblich beeinträchtigt* oder *hilflos* oder *gehörlos* sind, müssen von den Unternehmen, die öffentlichen Personenverkehr betreiben, gegen Vorzeigen eines entsprechend gekennzeichneten Ausweises im *Nahverkehr* unentgeltlich befördert werden (§ 59 Abs. 1 SchwbG). Siehe dazu auch die „Übersicht der Nachteilsausgleiche" auf S. 209.

Voraussetzung für die kostenlose Beförderung ist grundsätzlich, daß der Ausweis mit einer gültigen Wertmarke versehen ist. Die Wertmarke kostet 120,– DM jährlich oder halbjährlich 60,– DM. In den neuen Bundesländern werden Wertmarken bis zum 31. 12. 1992 für 60,– DM (Gültigkeitsdauer: 1 Jahr) und für 30 DM (Gültigkeitsdauer: ½ Jahr) ausgegeben. Im Falle der Rückgabe wird ein Betrag von 5,– DM pro Monat erstattet, sofern der zu erstattende Betrag 15,– DM nicht unterschreitet. In den alten Bundesländern wird im Falle der Rückgabe ein Betrag von 10,– DM pro Monat erstattet; der zu erstattende Betrag darf 30,– DM nicht unterschreiten. Eine Rückerstattung kommt also nur in Betracht, wenn mindestens 3 Monate lang die kostenlose Beförderung nicht genutzt wird.

Die Kostenbeteiligung ist mit dem Grundgesetz vereinbar (vgl. Urteil des BSG vom 8. 10. 1987 = SozR 3870 § 57 Nr. 1). Stirbt der Schwerbehinderte nach dem Erwerb der Wertmarke, dann kann sein Erbe den anteiligen Betrag von 120,– DM zurückfordern, der der Gültigkeitsdauer nach dem Tod des Schwerbehinderten entspricht; tritt also z. B. der Tod nach einem Monat ein, dann können 110,– DM zurückgefordert werden (§ 57 Abs. 1 Satz 4 SchwbG).

Eine Ausnahme von der *Kostenbeteiligung* gilt nur für Schwerbehinderte, die

1. blind im Sinne des § 24 Abs. 1 BSHG oder hilflos im Sinne des § 33 b EStG sind, also Personen, deren Ausweise die Merkzeichen „H", „Bl" oder „aG" enthalten,

2. Arbeitslosenhilfe oder laufende Leistungen zum Lebensunterhalt nach dem BSHG, dem JWG oder als Kriegsopferfürsorge-Leistung erhalten, also alles Personen, die bedürftig sind,

3. am 1. 10. 1979 die Voraussetzungen des damals geltenden Gesetzes über die unentgeltliche Beförderung von Kriegs- und Wehrdienstbeschädigten sowie von anderen Behinderten im Nahverkehr vom 27. 8. 1965 (BGBl. I S. 978) ... erfüllten, solange der GdB infolge der anerkannten Schädigung auf wenigstens 70 festgestellt ist oder auf wenigstens 50 und sie – gleichzeitig – infolge der Schädigung erheblich gehbehindert sind. Das gilt auch, wenn der Schwerkriegsbeschädigte am 1. 10. 1979 seinen Wohnsitz noch in der – damaligen – DDR hatte (Urteil des BSG vom 15. 9. 1988 – 9/9a RVs 9/86 (Aktenzeichen).

1. Berechtigter Personenkreis

Bis zum 31. 3. 1984 galten alle Schwerbehinderten mit einer MdE von wenigstens 80 v. H. als erheblich bewegungsbehindert. Sie waren damit zur Inanspruchnahme der kostenlosen Personenbeförderung berechtigt. Seit dem 1. 4. 1984 erhalten auch Schwerbehinderte mit einem GdB von 80 und mehr den als Nachweis der Bewegungsbehinderung im Ausweis enthaltenen Aufdruck „G" nur, wenn eine tatsächliche Beeinträchtigung der Bewegungsfähigkeit im Straßenverkehr festgestellt ist oder wenn sie hilflos oder gehörlos sind. Schwerbehinderte mit einem GdB von 80 und mehr können seither nur noch mit einem Ausweis mit halbseitigem orangefarbenen Flächenaufdruck und eingetragenem Merkzeichen „G" kostenlos fahren, dessen Gültigkeit mit dem 1. 4. 1984 beginnt oder auf dem ein entsprechender Änderungsvermerk eingetragen ist (wegen der Einzelheiten der Eintragungen im Schwerbehindertenausweis wird auf die als Anlage angefügte Ausweisverordnung zum Schwerbehindertengesetz verwiesen).

Erheblich beeinträchtigt in seiner Bewegungsfreiheit im Straßenverkehr ist, wer infolge seiner Behinderungen nicht ohne erhebliche Schwierigkeiten oder nicht ohne Gefahren für sich oder andere Wegstrecken im Ortsverkehr zurücklegen kann, die üblicherweise noch zu Fuß zurückgelegt werden (§ 60 Abs. 1 Satz 1 SchwbG). Auf die konkreten örtlichen Verhältnisse, z. B. bergige

Gegend, kommt es dabei nicht an. Wegstrecken, die üblicherweise noch zu Fuß zurückgelegt werden können, sind – als „gegriffene Größe" – mit zwei Kilometern bei einer Fußwegdauer von einer halben Stunde zu bemessen (Urteil des BSG vom 10. 12. 1987 = BSGE Band 62 S. 273ff.).

Diese Voraussetzungen sind aufgrund einer Einschränkung des Gehvermögens immer dann als erfüllt anzusehen, wenn auf die Gehfähigkeit sich auswirkende Funktionsstörungen der unteren Gliedmaßen und/oder der Lendenwirbelsäule bestehen, die für sich allein schon einen GdB von 50, also die Schwerbehinderteneigenschaft, begründen. Darüber hinaus können die Voraussetzungen bei Behinderungen an den unteren Gliedmaßen mit einem GdB unter 50 gegeben sein, wenn diese Behinderungen sich auf die Gehfähigkeit besonders auswirken, z.B. bei Versteifung des Hüft-, Knie- oder Fußgelenks in ungünstiger Stellung, arteriellen Verschlußkrankheiten mit einem GdB von 40 (vgl. Anhaltspunkte S. 128).

Im übrigen sind aber auch andere Behinderte einbezogen, die aus anderen Gründen im Straßenverkehr erheblich beeinträchtigt sind, z.B. Ohnhänder, Anfallskranke, bei denen die Gefahr besteht, daß sie plötzlich stürzen, geistig Behinderte, die zwar öffentliche Verkehrsmittel auf ihnen bekannten Strecken benutzen können, sich jedoch im Straßenverkehr nicht oder nur mit erheblichen Schwierigkeiten orientieren können. Weiter in Betracht kommen schwere Beeinträchtigungen der Herzleistung, schwere Atembehinderungen und dergleichen.

Schwerbehinderte, die hilflos oder gehörlos sind, haben einen Anspruch auf kostenlose Beförderung ohne Rücksicht darauf, ob sie im Straßenverkehr erheblich beeinträchtigt sind. Hilflos sind, wie sich aus § 33 b Abs. 3 EStG ergibt, Behinderte, die nicht ohne ständige Wartung und Pflege leben können. Bei Kindern gilt kein besonderer Begriff der Hilflosigkeit (dazu und zum Begriff der Hilflosigkeit vgl. Urteil des BSG vom 29. 8. 1990 = SozR 3 – 3870 § 48 Nr. 1). Unter Gehörlosen sind sowohl Hörbehinderte zu verstehen, bei denen Taubheit beiderseits vorliegt, als auch Hörbehinderte mit einer an Taubheit grenzenden Schwerhörigkeit beiderseits, wenn daneben schwere Sprachstörungen (schwer verständliche Lautsprache, geringer Sprachschatz) vorliegen; das sind in der Regel Hörbehinderte, bei denen die an Taubheit grenzende Schwerhörigkeit angeboren oder in der Kindheit erworben ist (vgl. den Schriftlichen Bericht des Ausschusses für Arbeit und Sozialordnung in BT-Drucks. 10/5701 S. 14).

Erfordert der Zustand des Behinderten eine *ständige Begleitung* durch eine Begleitperson, dann wird auch diese Begleitperson kostenlos befördert, wenn ein entsprechender Vermerk „B" zusätzlich zu dem Merkzeichen „G" im Ausweis des Schwerbehinderten eingetragen ist. Entfällt aus Rechtsgründen das Merkzeichen „G", so berechtigt dies auch zur Entziehung des Merkzeichens „B" (Urteil des BSG vom 11. 11. 1987 = SozR 3870 § 58 Nr. 2). Die Notwendigkeit ständiger Begleitung ist anzunehmen bei Schwerbehinderten, die bei Benutzung von öffentlichen Verkehrsmitteln infolge ihrer Behinderung zur Vermeidung von Gefahren für sich oder andere regelmäßig auf fremde Hilfe angewiesen sind (§ 60 Abs. 2 SchwbG). Die Notwendigkeit ständiger Begleitung ist stets anzunehmen,

z. B. bei Querschnittsgelähmten, Ohnhändern, Blinden, erheblich Sehbehinderten, hochgradig Hörbehinderten, geistig Behinderten und Anfallskranken, bei denen die Annahme einer erheblichen Beeinträchtigung der Bewegungsfreiheit im Straßenverkehr gerechtfertigt ist (Anhaltspunkte S. 130).

Die Begleitperson hat auch dann einen Anspruch auf kostenlose Beförderung, wenn der Schwerbehinderte selbst dazu nicht berechtigt ist, weil er sich für die Kraftfahrzeugsteuerermäßigung entschieden hat und sich deshalb nicht im Besitz eines Beiblatts zum Ausweis mit Wertmarke befindet.

Voraussetzung für einen Anspruch auf unentgeltliche Beförderung der Begleitperson ist aber immer, daß die Notwendigkeit der ständigen Begleitung im Ausweis des Schwerbehinderten eingetragen ist. So kann sich also z. B. die Begleitperson eines behinderten Kindes, wenn sie eine Freifahrt in Anspruch nehmen will, nicht allein darauf berufen, daß die einschlägigen Beförderungsbedingungen eine Begleitung vorschreiben.

Die Ausstellung der Schwerbehindertenausweise und der Beiblätter wird von den für die Durchführung des Bundesversorgungsgesetzes zuständigen Behörden vorgenommen. Sie setzt eine – unanfechtbare – Entscheidung über das Vorliegen der Behinderung und den Grad der Behinderung voraus. Die Gültigkeitsdauer des Ausweises ist befristet. Er muß berichtigt oder eingezogen werden, sobald eine Neufeststellung unanfechtbar geworden ist (§ 4 Abs. 5 SchwbG). Die näheren Vorschriften über die Aus-

gestaltung der Ausweise und ihre Gültigkeitsdauer finden sich in
den Richtlinien über Ausweise für Schwerbeschädigte und
Schwerbehinderte, die zur Zeit noch in der Fassung der Bekanntmachung vom 6. 1. 1977 gelten (BVBl. S. 29).

Für Streitigkeiten über die Ausstellung, Berichtigung und Einziehung der Ausweise und im Zusammenhang mit der Ausgabe
der Wertmarken ist der Rechtsweg zu den Gerichten der Sozial-
gerichtsbarkeit gegeben (§ 4 Abs. 6, § 59 Abs. 1 Satz 8 SchwbG).

2. Beförderungspflicht

Voraussetzung für die Inanspruchnahme der kostenlosen Be-
förderung ist das Vorzeigen des entsprechend gekennzeichneten
Ausweises mit dem mit einer Wertmarke versehenen Beiblatt,
vergleichbar z. B. einer gültigen Eisenbahnmonatsfahrkarte. Ein
Nachweis auf andere Weise ist nicht möglich; eine Fotokopie des
Ausweises berechtigt also nicht zur kostenlosen Beförderung.

Ist der Ausweis aber z. B. vom Versorgungsamt unzutreffend
berichtigt worden, z. B. nach Erteilung eines Abhilfebescheides,
dann berechtigt dieser Ausweis gleichwohl zur Inanspruchnahme
der kostenlosen Beförderung, weil er mit der richtigen Rechtslage
nicht im Einklang steht.

Die Pflicht zur kostenlosen Beförderung besteht gegenüber
Schwerbehinderten, die auf eine ständige Begleitung angewiesen
sind, auch dann, wenn sie keine Begleitperson bei sich haben, es
sei denn, sie bilden eine konkrete Gefahr für die Ordnung und
Sicherheit des Betriebes oder für andere Fahrgäste. Die Entscheidung darüber müssen der Unternehmer oder das Fahrpersonal im
Einzelfall treffen (Urteil des OVG Lüneburg vom 11. 9. 1984
VRS Bd. 68 S. 73). Die Pflicht zur kostenlosen Beförderung erstreckt sich nach § 59 Abs. 2 Nr. 2 SchwbG auch auf das Handgepäck, den Krankenfahrstuhl (soweit die Beschaffenheit des Ver-
kehrsmittels das zuläßt), sonstige orthopädische Hilfsmittel und
einen Führhund. Daraus folgt, daß z. B. an den Rollstuhl gebundene Schwerbehinderte nur dort einen Anspruch auf Beförderung
haben, wo die Verkehrsmittel behindertengerecht ausgestaltet
sind. In einer Reihe von Gemeinden sind deshalb besondere
Fahrdienste für Schwerbehinderte geschaffen worden. So gibt es
z. B. im Land Berlin die Einrichtung des sogenannten *Telebus* für
außergewöhnlich Gehbehinderte (Merkzeichen „aG" im Schwerbehindertenausweis) und an den Rollstuhl gebundene Schwerbe-

hinderte. Es handelt sich dabei um ein Transportsystem, das einen sogenannten Haus-zu-Haus-Verkehr ermöglicht (nähere Auskünfte gibt die Telebus-Beratung, Joachimstaler-Straße 15, 1000 Berlin 15, Tel. (030) 88003-0).

Die Verpflichtung zur kostenlosen Beförderung erstreckt sich bei der Inanspruchnahme von Fähren nicht auf den PKW des Schwerbehinderten (Urteil des Bundesverwaltungsgerichts vom 27. 11. 1981 = DÖV 1982 S. 751).

3. Nah- und Fernverkehr

Zum *Nahverkehr* gehört der öffentliche Personenverkehr mit Straßenbahnen, Omnibussen, Hochbahnen, also z. B. der S-Bahn, und Untergrundbahnen (vgl. § 4 Abs. 2 PBefG). Nahverkehr liegt dabei immer dann vor, wenn die Mehrzahl der Beförderungen eine Strecke von 50 Kilometer nicht übersteigt.

In den Nahverkehrsbegriff sind weiterhin einbezogen die Nahverkehr-, Eil- und D-Züge im Umkreis von 50 Kilometer um den Wohnsitz oder gewöhnlichen Aufenthalt des Schwerbehinderten. Seit 1. 7. 1991 ist auch die Deutsche Reichsbahn miteinbezogen. Schwerbehinderte, die in den Gebieten wohnen, in denen sonstiger Nahverkehr oder Verkehrsverbünde nicht bestehen, sollen also nicht benachteiligt werden. Für D-Züge mit Zuschlag besteht allerdings eine Zuschlagspflicht (§ 59 Abs. 1 Satz 1 SchwbG).

Um den 50 Kilometer-Umkreis des Schwerbehinderten im Nahverkehr zu kontrollieren, wird dem Schwerbehinderten ein von der Deutschen Bundesbahn erstelltes Streckenverzeichnis zum Ausweis ausgehändigt, in dem alle kostenlos zu befahrenden Strecken bzw. Streckenabschnitte eingetragen sind (vgl. dazu § 7 Abs. 2 der Ausweisverordnung im Anhang). Dieses Streckenverzeichnis dient zum einen der Information des Behinderten, zum anderen aber auch als Legitimation gegenüber dem Kontrollpersonal der Deutschen Bundesbahn.

Wünscht ein Schwerbehinderter mit mehreren Wohnsitzen und/oder gewöhnlichem Aufenthalt einen vom ersten Wohnsitz abweichenden Ort als Mittelpunkt des 50 km-Umkreises, dann muß er beim Versorgungsamt, das für die Ausstellung des Ausweises zuständig ist, die Aushändigung eines Streckenverzeichnisses für den von ihm gewählten Ort verlangen. Das Versorgungsamt fordert dann bei dem für diesen Ort zuständigen Versorgungsamt das entsprechende Streckenverzeichnis an, händigt es dem Schwerbehinderten aus und zieht gegebenenfalls ein bereits ausgegebenes früheres Streckenverzeichnis ein (Verkehrs-Nachrichten Heft 6/1981 S. 9). Auch die Nahverkehrsmittel auf dem Wasser dürfen kostenlos beansprucht werden, z. B. eine Fähre, nicht jedoch mit dem Pkw (vgl. S. 167).

Die kostenlose Beförderung der Begleitperson und der mitgeführten Sachen im *Fernverkehr* betrifft wegen der Begriffsbestimmung des Nahverkehrs alle Beförderungen, bei denen die Mehrzahl die 50-Kilometer-Grenze überschreitet.

Die gesetzlichen Regelungen werden durch Tarifvergünstigungen im innerdeutschen Luftverkehr ergänzt. Die Deutsche Lufthansa befördert seit dem 1. 10. 1979 die Begleitperson des Behinderten kostenlos, sofern eine ständige Begleitung notwendig ist. Außerdem gewährt sie eine 30% Flugpreisermäßigung für Schwerkriegsbeschädigte, Schwerwehrdienstbeschädigte der Bundeswehr und schwerbeschädigte rassisch-politisch Verfolgte, soweit die Schwerbeschädigung vor dem 1. 10. 1979 eingetreten ist.

II. Vergünstigungen für Halter und Benutzer von Fahrzeugen

1. *Kfz-Versicherung*

Erfüllt der schwerbehinderte Halter eines Kraftfahrzeugs die Voraussetzungen für die Befreiung von der Kraftfahrzeugsteuer (s. o. S. 143 f.), erhält er sowohl bei der Kraftfahrzeughaftpflicht- als auch der Fahrzeugvollversicherung für ein Fahrzeug einen *Beitragsnachlaß* von 25 v. H. (Tarifbestimmung Nr. 14, gültig ab 1. 1. 1981). Dieser wird nur *auf Antrag* gewährt, der bei der betroffenen Versicherung gestellt werden muß. Dabei hat der Schwerbehinderte nachzuweisen, daß er von der Entrichtung der Kraftfahrzeugsteuer befreit ist. Dies geschieht durch die Vorlage einer amtlich beglaubigten Fotokopie oder Abschrift des Kraftfahrzeugsteuerbescheides. Bei einem Wechsel des Fahrzeugs muß der Nachweis erneut geführt werden. Die Beitragsreduzierung beginnt mit dem Tag der Steuerbefreiung und endet bei deren Wegfall am Schluß des laufenden Versicherungsjahres.

Ist der Schwerbehinderte Halter eines Leichtkraftrades oder eines Fahrzeugs, das ein Versicherungskennzeichen führen muß, erhält er den Beitragsnachlaß nur, wenn er infolge seiner Behinderung in seiner Bewegungsfähigkeit im Straßenverkehr erheblich beeinträchtigt ist oder gilt und dies durch einen gültigen Schwerbehinderten- oder Schwerbeschädigtenausweis mit orangefarbenem Flächenaufdruck nachweist. Wegen der Einzelheiten der Regelung wird beispielhaft auf den hessischen Erlaß über Vergünstigungen für Schwerbehinderte vom 9. 2. 1981 (StAnz S. 573) verwiesen.

Seit der Hauptfälligkeit 1987 wird Schwerbehinderten, die für ihr Kraftfahrzeug eine Steuerermäßigung von wenigstens 50 v. H. erhalten, für das im Kraftfahrzeugsteuerbescheid gekennzeichnete Fahrzeug auf ihren beim Versicherer zu stellenden Antrag ein Prämiennachlaß von 12,5 v. H. gewährt. Damit reagierte die Versicherungswirtschaft auf eine Entschließung des Bundestages (223. Sitzung) vom 20. 6. 1986, in der es hieß:

Der Deutsche Bundestag erwartet von der Versicherungswirtschaft, daß auch den Schwerbehinderten, denen die Kraftfahrzeugsteuerermäßigung eingeräumt ist – ebenso wie den von der Kraftfahrzeugsteuer befreiten Schwerbehinderten –, ein Beitragsnachlaß gewährt wird.

Für Kraftfahrzeuge, für die wegen ihrer Ausrüstung mit schadstoffverringernden Anlagen gemäß §§ 3 b und 3 c KraftStG keine Kraftfahrzeugsteuer zu entrichten ist, gilt – sofern der Versicherungsnehmer gemäß § 3 a KraftStG zur Inanspruchnahme einer Steuerermäßigung von 50 v. H. berechtigt ist – während der Dauer der Kraftfahrzeugsteuerbefreiung ein Beitragsnachlaß von 12,5 v. H. Voraussetzung dafür ist die Aushändigung des Beiblattes zum Schwerbehindertenausweis an die zuständige Versicherung.

2. Haftpflichtversicherung für elektrisch betriebene Krankenfahrzeuge

Nach einer Empfehlung des HUK-Verbandes werden elektrisch betriebene Krankenfahrzeuge, die wegen ihrer geringen Geschwindigkeit nicht der Versicherungspflicht unterliegen, prämienfrei versichert, wenn der Behinderte eine Privathaftpflichtversicherung besitzt.

3. Parkplatzreservierung

Schwerbehinderten mit außergewöhnlicher Gehbehinderung und Blinden kann die Straßenverkehrsbehörde ein Parksonder-

recht einräumen (§ 6 Abs. 1 Nr. 14 StVG), wenn genügender
Parkraum nicht vorhanden ist und der Schwerbehinderte keine
Garage oder keinen Abstellplatz in zumutbarer Entfernung von
seiner Wohnung oder seinem Arbeitsplatz außerhalb des öffentlichen Verkehrsraums hat. In einem solchen Fall ist ihm eine Parkmöglichkeit zu schaffen, die besonders zu kennzeichnen ist.

An der Freihaltung von Parkraum für den beschriebenen Personenkreis besteht ein besonderes und gewichtiges öffentliches
Interesse. Dies rechtfertigt in stark frequentierten Innenbereichen
von Großstädten das Abschleppen verbotswidrig geparkter Fahr-
zeuge bereits dann, wenn der Verkehrsverstoß von nur relativ
kurzer Dauer (ca. 15 Minuten) ist (Urteil des VGH Kassel vom
15. 6. 1987 = NJW 1987 S. 3278).

4. Parkerleichterungen

Mit Rücksicht auf die Schwere ihrer Behinderung kann die
zuständige Straßenverkehrsbehörde Schwerbehinderten mit außergewöhnlicher Gehbehinderung („aG") und Blinden („Bl") eine Ausnahmegenehmigung erteilen, die sie von der Einhaltung
einer Reihe von Verkehrsvorschriften befreit. Der begünstigte
Personenkreis ist in der vom Bundesminister für Verkehr erlassenen Allgemeinen Verwaltungsvorschrift zu StVO i. d. F. vom
22. 7. 1976 (BAnz Nr. 142 vom 31. 7. 1976 S. 3) umschrieben.
Danach sind außergewöhnlich gehbehindert diejenigen Schwerbehinderten, die sich wegen der Schwere ihres Leidens dauernd
nur mit fremder Hilfe oder nur mit großer Anstrengung außerhalb ihres Kraftfahrzeugs bewegen können (Querschnittgeläm-
te, Doppeloberschenkelamputierte, Doppelunterschenkelampu-
tierte, Hüftexartikulierte und einseitig Oberschenkelamputierte,
die dauernd außerstande sind, ein Kunstbein zu tragen, oder nur
eine Beckenkorbprothese tragen können oder zugleich unter-
schenkel- oder armamputiert sind, sowie Schwerbehinderte, die
nach versorgungsärztlicher Feststellung, auch auf Grund von Erkrankungen, dem vorstehend aufgeführten Personenkreis gleich-
zustellen sind; als Erkrankungen, die eine solche Gleichstellung
rechtfertigen, sind z. B. Herzschäden und Krankheiten der At-
mungsorgane anzusehen, sofern die Einschränkung der Herzleistung oder Lungenfunktion für sich allein einen GdB von wenigstens 80 bedingt). Eine erweiternde Auslegung dieser straßenver-

kehrsrechtlichen Vorschriften wird nicht für zulässig erachtet (Urteil des BSG vom 3. 2. 1988 = SozR 3870 § 3 Nr. 28). So reichen etwa Orientierungsstörungen bei der Fortbewegung (etwa als Folge von Mongolismus) nicht aus, da allein auf die funktionelle Behinderung beim Gehen abzustellen ist (vgl. dazu das Urteil des BSG vom 6. 11. 1985 = SozR 3870 § 3 Nr. 18).

Eine solche *Ausnahmegenehmigung,* die gut lesbar ausgelegt sein muß (§ 42 Absatz 4 StVO), kann auch Schwerbehinderten mit außergewöhnlicher Gehbehinderung erteilt werden, die keine Fahrerlaubnis besitzen, sowie Blinden, die auf die Benutzung eines Kraftfahrzeugs angewiesen sind und sich nur mit fremder Hilfe bewegen können. In diesen Fällen muß aus der Ausnahmegenehmigung hervorgehen, daß der sie jeweils befördernde Kraftfahrzeugführer von der Einhaltung der entsprechenden Vorschriften der StVO befreit ist.

Ihnen kann z.B. gestattet werden, *bis zu drei Stunden* an Stellen zu parken, an denen ein *eingeschränktes Halteverbot* besteht (Zeichen 286 StVO). Für bestimmte Halteverbotsstrecken kann auch eine kürzere Parkzeit genehmigt werden. In diesen Fällen muß die Ankunftszeit aus einer Parkscheibe hervorgehen. Ebenso kann die *Überschreitung der zulässigen Parkdauer* im Bereich eines Zonenhalteverbots (Zeichen 290 StVO) gestattet werden. Dies gilt auch für das Parken an durch die Zeichen 314 und 315 StVO gekennzeichneten Stellen, für die durch ein Zusatzschild eine Begrenzung der Parkzeit angeordnet ist. Schließlich kann ihnen auch erlaubt werden, *an Parkuhren ohne Gebühren und zeitliche Begrenzung* sowie *während der Ladezeiten in Fußgängerzonen* zu parken, in denen das Be- und Entladen für bestimmte Zeiten freigegeben ist. Jedoch wird dabei einschränkend vorausgesetzt, daß in zumutbarer Entfernung keine andere Parkmöglichkeit besteht.

Die – für das gesamte Bundesgebiet gültige – Ausnahmegenehmigung, die bei der örtlichen Straßenverkehrsbehörde zu beantragen ist, soll in der Regel (gebührenfrei) auf 2 Jahre und stets widerruflich erteilt werden. Von der Befristung kann Abstand genommen werden, wenn ein nicht besserungsfähiger Körperschaden vorliegt.

Ohnhändern (Ohnarmern) und Kleinwüchsigen (Körpergröße 1,39 m und darunter) kann mit Rücksicht auf ihre spezifische Behinderung erlaubt werden, an Parkuhren und an Parkscheinautomaten gebührenfrei zu parken (§ 46 Absatz 1 Nr. 4 a und b StVO in Verbindung mit der Verwaltungsvorschrift zu dieser Norm). Ohnhänder (Ohnarmer) können darüber hinaus von der Verpflichtung zur Benutzung einer Parkscheibe befreit werden. Die entsprechenden Genehmigungen müssen gut sichtbar an den Innenseiten der Windschutzscheibe angebracht werden.

5. Befreiung von der Gurtanlegepflicht

Beim Vorliegen einer Behinderung kann das Anlegen eines Anschnallgurtes, mit dem eigentlich Verletzungen vermieden oder gemindert werden sollen, zu einer Gefährdung ihres Benutzers führen. Mit Rücksicht darauf kann die Straßenverkehrsbehörde eine Ausnahmegenehmigung von der Gurtanlegepflicht erteilen, wenn das Anlegen eines Gurtes aus gesundheitlichen Gründen nicht möglich ist, die Körpergröße weniger als 150 cm beträgt oder bei einer Körpergröße von mehr als 150 cm wegen der Position der Gurtverankerung der mit dem Anlegen des Gurtes verfolgte Schutzzweck nicht erreicht werden kann. Für die Erteilung einer solchen Genehmigung ist die Vorlage einer ärztlichen Bescheinigung erforderlich, die zwar eine Diagnose nicht enthalten, aus der jedoch hervorgehen muß, daß der Antragsteller auf Grund des ärztlichen Befundes von der Anschnallpflicht zu befreien ist.

6. Smog-Plakette

Schwerbehinderte, die außergewöhnlich gehbehindert, hilflos oder blind (Merkzeichen „aG", „H" oder „Bl") sind, unterliegen bei allen Fahrten nicht dem Verkehrsverbot der Stufen 1 und 2. Bei Vorlage des Schwerbehindertenausweises und des Kfz-Scheins erteilen die örtlichen Meldestellen die für den Nachweis der Ausnahmegenehmigung erforderliche Plakette.

7. Gebührenermäßigung

Gemäß § 5 Abs. 6 der Gebührenordnung für Maßnahmen im Straßenverkehr (GebOSt) vom 26. 6. 1970 (BGBl. S. 865) kann die für die Erhebung von Gebühren zuständige Stelle aus Billigkeitsgründen eine Gebührenermäßigung oder -befreiung gewähren, wenn deren Entstehung auf die Behinderung zurückzuführen ist. Zu denken ist etwa an die Gebühren des TÜV für die

Erstellung eines Eignungsgutachtens oder der Straßenverkehrsbehörde für die Eintragung besonderer Bedienungseinrichtungen oder Auflagen im Führerschein.

Gebühren, die wie etwa jene für die regelmäßige Hauptuntersuchung des Fahrzeugs unabhängig von der Behinderung entstehen, sind dagegen auch vom Schwerbehinderten in vollem Umfang zu entrichten.

8. Beitragsermäßigung

Einige Automobilclubs räumen ihren schwerbehinderten Mitgliedern Beitragsermäßigungen bis zu 50% des Jahresbeitrags ein:

ADAC	50% des*
Deutscher Touring Automobilclub e. V. – DTC –	Jahres-
Kraftfahrverband Deutscher Ärzte e. V. – KVDA –	beitrages
Deutscher-Motorsport-Verband e. V. – DMV –	10% bei Vollmitgliedschaft

Vor dem Beitritt zu einer solchen Vereinigung ist daher eine nähere Information über die Beitragsgestaltung zu empfehlen.

III. Rundfunk-, Fernseh- und Fernsprechgebührenbefreiung

Art und Schwere der Behinderung sind von großer Bedeutung für die Kommunikation des Schwerbehinderten mit seiner Umwelt. Will er davon nicht ausgeschlossen sein, ist er in der Regel auf technische Einrichtungen angewiesen, deren Benutzung Kosten nach sich zieht. Die dadurch verursachte Belastung wird durch die Befreiung von einer Reihe von Gebühren bzw. deren Ermäßigung verringert.

Dies gilt z. B. für die Befreiung von der Rundfunkgebührenpflicht, die durch Verordnung der Länder geregelt ist. In den Genuß kommen nach dem insoweit übereinstimmenden Wortlaut der Regelungen auf einen beim Sozialamt zu stellenden Antrag

1. Blinde oder nicht nur vorübergehend wesentlich Sehbehinderte mit einem GdB von 60 allein wegen der Sehbehinderung.

---

* Quelle: Informationen zum Schwerbehindertenrecht, Landesversorgungsamt Berlin, Stand: Juli 1990

2. Hörgeschädigte, die gehörlos sind oder denen eine ausreichende Verständigung über das Gehör auch mit Hörhilfen nicht möglich ist.

3. Behinderte, deren GdB nicht nur vorübergehend wenigstens 80 beträgt und die wegen ihres Leidens an öffentlichen Veranstaltungen ständig nicht teilnehmen können.

Die Voraussetzungen von Ziffer 2 sind erfüllt, wenn an beiden Ohren mindestens eine hochgradige Innenohrschwerhörigkeit vorliegt und hierfür ein GdB von wenigstens 50 anzusetzen ist.

Zu dem von Ziffer 3 erfaßten Personenkreis gehören u. a. Behinderte, bei denen – auch durch innere Leiden wie etwa schwere Herzleistungsschwäche oder eine schwere Lungenfunktionsstörung verursacht – schwere Bewegungsstörungen bestehen und die deshalb auf Dauer selbst mit Hilfe von Begleitpersonen oder mit technischen Hilfsmitteln (Rollstuhl) öffentliche Veranstaltungen (nicht ausschließlich Massenveranstaltungen) in ihnen zumutbarer Weise nicht besuchen können. Diese Voraussetzung ist auch erfüllt, wenn behinderungsbedingt lediglich die Teilnahme an einem nicht nennenswerten Teil solcher Veranstaltungen möglich ist (Urteil des BSG vom 23. 2. 1987 = SozR 3870 § 3 Nr. 24). Andererseits reicht es nicht aus, wenn in der näheren Wohnumgebung eines Schwerbehinderten, der nur für längere Wege einen Rollstuhl und eine Begleitperson benötigt, Veranstaltungen, die seinen Neigungen und Interessen entsprechen, nicht stattfinden (Urteil des BSG vom 3. 6. 1987 = SozR 3870 § 3 Nr. 25).

Zu dem von Ziffer 3 erfaßten Personenkreis rechnen auch Behinderte, die durch ihre Behinderung auf ihre Umgebung abstoßend oder störend wirken (etwa durch Entstellung, Geruchsbelästigung, laute Atemgeräusche oder grobe unwillkürliche Bewegungen). Einbezogen sind schließlich auch Behinderte, die nicht nur vorübergehend an ansteckungsfähiger Tuberkulose leiden, sowie geistig oder seelisch Behinderte, bei denen die Befürchtung besteht, daß sie bei der Teilnahme an einer öffentlichen Veranstaltung durch motorische Unruhe, lautes Sprechen oder aggressives Verhalten stören.

Darüber hinaus kommen auf Grund landesgesetzlicher Regelungen auch Personen, die den genannten Kriterien nicht entsprechen, in den Genuß der Gebührenbefreiung. Dies gilt etwa nach der in Berlin gültigen Verordnung über die Voraussetzungen für die Befreiung von der Rundfunkgebührenpflicht vom 19. 2. 1980

(GVBl. S. 429) für Sonderfürsorgeberechtigte i. S. des § 27 e BVG (Kriegsblinde, Ohnhänder, Querschnittsgelähmte, die eine Pflegezulage beziehen, und sonstige Empfänger einer Pflegezulage sowie Hirnbeschädigte und Beschädigte, deren GdB allein wegen Erkrankung an Tuberkulose oder wegen einer Gesichtsentstellung wenigstens 50 beträgt). Näheres ist den jeweiligen Landesregelungen zu entnehmen.

Der Nachweis über die Erfüllung der gesundheitlichen Voraussetzungen für die Befreiung von der Rundfunk- und Fernsehgebührenpflicht wird durch die Vorlage eines Schwerbehindertenausweises mit dem Merkzeichen „RF" geführt.

Innerhalb einer Haushaltsgemeinschaft wird die Befreiung nur gewährt, wenn der Haushaltsvorstand oder sein Ehegatte die Voraussetzungen dafür erfüllt. Etwas anderes gilt nur, wenn eine andere in der Haushaltsgemeinschaft lebende und die Voraussetzungen erfüllende Person das Gerät selbst zum Empfang bereithält.

Ist danach eine Befreiung von der Rundfunkgebührenpflicht zu gewähren, besteht auch ein Anspruch auf Gebührenermäßigung für einen Fernsprechanschluß. Der entsprechende Antrag ist beim Post- oder Fernmeldeamt zu stellen. Dadurch reduziert sich die Grundgebühr um monatlich 5,– DM.

IV. Bevorzugte Herstellung eines Fernsprechanschlusses

Daneben wird dem Kommunikationsproblem der Schwerbehinderten auch dadurch Rechnung getragen, daß sie bei der Herstellung von Fernsprechanschlüssen bevorzugt berücksichtigt werden. Abweichend von der Grundregel der Bearbeitung der Anträge nach der Reihenfolge ihres Eingangs kann der Anschluß auch sofort hergestellt werden, wenn dies zur Überwindung einer besonderen Hilflosigkeit, die durch amtliche Bescheinigung nachzuweisen ist, unabweisbar notwendig ist. Entsprechende Vordrucke sind bei der Bundespost TELEKOM erhältlich.

V. Postversand für Blinde

Zur Förderung der Kommunikation der Schwerbehinderten ist nach § 7 der Postordnung vom 16. 5. 1963 (BGBl. I S. 341) auch die Beförderung von *Blindensendungen* mit einem Höchstgewicht von 7 kg gebührenfrei. Dabei handelt es sich um Schriftstücke in Blindenschrift oder für Blinde bestimmte Tonaufzeichnungen, deren Absender oder Empfänger eine amtlich anerkannte Blindenanstalt ist. Diese Sendungen müssen mit einer offenen Umhüllung versehen sein und die Aufschrift „Blindensendung" tragen; ihr Inhalt muß leicht nachprüfbar sein.

VI. Postrentendienst

Als weitere Erleichterung ist der Rentendienst der Bundespost zu nennen. Auf einen bei jedem Postamt erhältlichen gebührenfrei an eine der unten genannten Stellen zu sendenden Antrag (Anhang VI) werden Renten in der gewünschten Form (u. a. auch Zustellung durch den Briefträger) gezahlt.

Anschriften der Rentenrechnungsstellen

Rentenrechnungstelle
Postfach 100031
8900 Augsburg 1
☎ (0821) 318–3909

Rentenrechnungsstelle
Postfach 270003
1000 Berlin 27
☎ (030) 4308–2602

Rentenrechnungsstelle
Postfach 100000
6000 Frankfurt 1
☎ (069) 7440–3737

Rentenrechnungsstelle
Postfach 600294

2000 Hamburg 60
☎ (040) 6388–4742

Rentenrechnungsstelle
Postfach 9118
3000 Hannover 1
☎ (0511) 677–6709

Rentenrechnungsstelle
Postfach 109105
5000 Köln 1
☎ (0221) 7733–411

Rentenrechnungsstelle
Postfach 502010
7000 Stuttgart 1
☎ (0711) 555–1521/1522

VII. Wohn- und Kindergeld

Zur wirtschaftlichen Sicherung angemessenen und familiengerechten Wohnens wird *auf Antrag Wohngeld* gewährt (§ 1 WoGG), und zwar in Gestalt eines Mietzuschusses oder Lastenzuschusses zu der zu berücksichtigenden Miete oder Belastung, also zu den Aufwendungen für die Wohnung. Bei der Ermittlung des zustehenden Miet- oder Lastenzuschusses wird der für die Miete oder die Lasten aufzuwendende Betrag dem Familieneinkommen gegenübergestellt. Übersteigt das Familieneinkommen den nach den – dem Wohngeldgesetz beigefügten – Anlagen 1 bis 10 zu ermittelnden monatlichen Höchstbetrag, dann wird Wohngeld nicht gewährt.

Das Familieneinkommen ist der Gesamtbetrag der Jahreseinkommen aller im Haushalt lebenden Familienangehörigen. Bei der Ermittlung dieses Jahreseinkommens wird zugunsten von zum Haushalt rechnenden Schwerbehinderten mit einem GdB von 100 oder wenigstens 80, wenn sie pflegebedürftig im Sinne des § 69 Abs. 3 Satz 1 BSHG sind (also so hilflos, daß der Schwerbehinderte für die alltäglichen Verrichtungen in erheblichem Umfang der Wartung und Pflege dauernd bedarf), ein *Freibetrag* von jeweils 3000,– DM im Jahr abgesetzt (§ 16 Abs. 2 Satz 1 WoGG). Bei einem GdB von 80 bis unter 100 oder von 50 bis unter 80 im Falle der häuslichen Pflegebedürftigkeit (§ 69 Absatz 3 BSHG) gilt ein Freibetrag von 2400,– DM.

Das gesetzliche *Kindergeld* nach dem Bundeskindergeldgesetz wird, gestaffelt nach der Anzahl der Kinder (vgl. § 10 BKGG), den Eltern bzw., genau genommen, dem Elternteil, den die Eltern gemeinsam zum Berechtigten bestimmt haben, für jedes Kind gezahlt; fehlt eine solche Auszahlungsbestimmung, dann erhält derjenige Elternteil das Kindergeld, der das Kind überwiegend unterhält (§ 3 Abs. 5 BKGG). Als Kinder gelten auch z. B. Stief- und Pflegekinder und sogar Enkel und Geschwister (zu den Voraussetzungen siehe § 2 Abs. 1 BKGG).

Das Kindergeld wird grundsätzlich nur bis zur Vollendung des 16. Lebensjahres gewährt. Über diesen Zeitpunkt hinaus besteht ein Anspruch längstens grundsätzlich bis zur Vollendung des 27. Lebensjahres, z. B. wenn sich das Kind in Schul- oder Berufsausbildung befindet (§ 2 Abs. 1 Satz 1 Nrn. 1–5 und § 2 Abs. 3 BKGG). Für ein Kind, das wegen köperlicher, geistiger oder seelischer Behinderung außerstande ist, sich selbst zu unterhalten (diese Voraussetzung wird der Erwerbsunfähigkeit im Sinne der gesetzlichen Rentenversicherung gleichgesetzt), gibt es das Kindergeld *zeitlich unbegrenzt*; ein derartiger zeitlich unbegrenzter Anspruch auf das Kindergeld setzt allerdings voraus, daß die Behinderung und die darauf beruhende Erwerbsunfähigkeit bereits *vor* der Vollendung des 27. Lebensjahres eingetreten waren (BSG, Urteil vom 14. 8. 1984 = BSGE Band 57 S. 108 ff.).

Abgesehen von den in § 2 Abs. 2 Nrn. 1–5 BKGG aufgeführten Tatbeständen wird das Kindergeld auch dann über das 16. Lebensjahr hinaus bis zur Vollendung des 21. Lebensjahres gezahlt, wenn das Kind wegen eines fehlenden Ausbildungsplatzes eine Berufsausbildung nicht aufnehmen oder nicht fortsetzen konnte oder wenn das Kind als Arbeitsloser der Arbeitsvermittlung zur Verfügung steht. In diesen Fällen entfällt allerdings der Kindergeldanspruch, wenn das Kind selbst wegen Berufs- oder Erwerbsunfähigkeit einen Anspruch auf laufende Geldleistungen in Höhe von mindestens 400,– DM im Monat hat.

Der Kindergeldanspruch entfällt generell, also für Kinder aller Altersstufen, wenn für das Kind gleichzeitig z. B. eine Kinderzulage aus der gesetzlichen Unfallversicherung oder ein Kinderzuschuß aus der gesetzlichen Rentenversicherung gewährt wird (vgl. im einzelnen § 8 BKGG).

Anders als beim Kindergeld, das bei Streitigkeiten in die Zuständigkeit der Sozialgerichte fällt, muß ein – streitiger – Wohngeldanspruch vor den Verwaltungsgerichten verfolgt werden; das Verfahren ist allerdings gerichtskostenfrei. Die Berufung gegen die Entscheidungen des Verwaltungsgerichts ist nur in beschränktem Umfange möglich, nämlich nur dann, wenn das Verwaltungsgericht dieses Rechtsmittel im Urteil zugelassen hat.

Auch beim Anspruch auf Kindergeld ist die Berufung eingeschränkt; das Rechtsmittel ist ausgeschlossen, wenn nur um den Beginn oder das Ende des Anspruchs auf Kindergeld oder nur um Kindergeld für Zeiträume, die bereits in der Vergangenheit liegen, also nicht um das laufende Kindergeld gestritten wird (§ 27 Abs. 2 BKGG).

VIII. Wohnungsbauförderung

Nach § 25 Abs. 1 des II. Wohnungsbaugesetzes (Wohnungsbau- und Familienheimgesetz – II. WoBauG) i.d.F. vom 11.7. 1985 (BGBl. I S. 1285) *erhöhen sich* die für die Gewährung von öffentlichen Mitteln zur Förderung des sozialen Wohnungsbaus *maßgeblichen Grenzen* (21600,– DM zuzüglich 10200,– DM für den zweiten und weitere 8000,– DM für jeden weiteren zur Familie des Wohnungssuchenden rechnenden Angehörigen) für Personen, die nicht nur vorübergehend einen GdB von wenigstens 50 aufweisen (Schwerbehinderte) und ihnen Gleichgestellte um je 4200,– DM pro Jahr. Beträgt der GdB nicht nur vorübergehend mindestens 80, erhöht sich der Betrag auf 9000,– DM. Gemäß § 116 dieses Gesetzes gelten in Berlin um 20% erhöhte Beträge.* Jahreseinkommen i.S. des Gesetzes ist der Gesamtbetrag der im vergangenen Jahr bezogenen Einkünfte i.S. des § 2 Abs. 1 und 2 EStG. Eine entsprechende Regelung gilt für die Heranziehung zur Leistung einer Ausgleichszahlung (Fehlbelegungsabgabe).* Zur Förderung von Hauptwohnungen in Familienheimen kann ein *Familienzusatzdarlehen* für jede zur Familie gehörende schwerbehinderte Person um 2000,– DM erhöht werden (§ 45 Abs. 1 II. WoBauG).

IX. Wohnungsbindung

Gemäß § 4 Absatz 2 des Gesetzes zur Sicherung der Zweckbestimmung von Sozialwohnungen (Wohnungsbindungsgesetz vom 22.7. 1982, BGBl. I S. 972) darf der Verfügungsberechtigte (Vermieter) die Wohnung einem Wohnungssuchenden grundsätzlich nur bei Vorlage eines für eine Wohnung der jeweiligen Größe geltenden Wohnberechtigungsscheins überlassen, bei dessen Erteilung gemäß § 5 Absatz 1 WoBindG grundsätzlich die oben (VIII) genannten Einkommensgrenzen zu berücksichtigen sind, die aber unter bestimmten Voraussetzungen auch überschritten werden können. Zu diesem Personenkreis, bei dem

---

* Wegen der Einzelheiten wird auf die Tabelle Anhang VII verwiesen

dringender Wohnbedarf anzunehmen ist, gehören Schwerbehinderte, wenn die derzeitigen Wohnverhältnisse wegen der anerkannten Leiden für sie objektiv ungeeignet sind und sie deshalb entweder einer eigenen oder einer anderen Wohnung bedürfen (Ausführungsvorschriften zum Wohnungsbindungsgesetz vom 18. 4. 1985, ABl. Berlin S. 1116).

X. Sparförderung

Entgegen den sonst gültigen Grundsätzen der Sparförderung, die für den Fall der *vorzeitigen Auflösung* von Bausparverträgen, Wohnungsbausparverträgen, Baufinanzierungsverträgen sowie Sparverträgen regelmäßig die Versagung und Rückforderung aller Prämien- und Steuervergünstigungen vorsehen, können Schwerbehinderte ohne negative Konsequenzen vorzeitig über ihr Sparguthaben verfügen, wenn der GdB des Sparers oder seines nicht dauernd von ihm getrennt lebenden Ehegatten nach Vertragsschluß auf mehr als 90 festgesetzt wird. Entsprechendes gilt bei Wohnungsbausparverträgen und Baufinanzierungsverträgen für die im Vertrag bezeichneten begünstigten anderen Personen. Auch muß bei einer vorzeitigen Verfügung über Sparverträge unter diesen Voraussetzungen die Arbeitnehmersparzulage nicht zurückgezahlt werden. Dies trifft ebenso auf Kapitalbeteiligungen oder Darlehensforderungen (Vermögensbeteiligungen) und Beiträge zu Kapitalversicherungen zu, wenn die Sperrfristen nicht eingehalten werden.

Schließlich unterbleibt auch bei der Überlassung von Vermögensbeteiligungen unter Verstoß gegen die Verpflichtung zur Einhaltung einer Sperrfrist die Nachbesteuerung, wenn der GdB des Arbeitenehmers oder seines nicht dauernd von ihm getrennt lebenden Ehegatten nach Erhalt der Vermögensbeteiligung auf mehr als 90 festgesetzt wird.

XI. Preisermäßigungen

Mit Rücksicht auf ihre besondere Belastung erhalten Schwerbehinderte bei der Benutzung bestimmter Einrichtungen Preisermäßigungen. Dies gilt für die Benutzung von öffentlichen

Schwimmbädern ebenso wie für die üblicherweise gewährte Ermäßigung (⅓ bis ½) der durch Ortssatzung festgelegten Kurtaxe.

Darüber hinaus werden Schwerbehinderten beim Besuch kultureller Einrichtungen und öffentlicher Veranstaltungen regelmäßig Karten zu ermäßigten Preisen angeboten.

Anhang I. Informationen

Tabelle 1: Behinderte nach Geschlecht und Alter
(31. 12. 1983)

Merkmal	Alter von ... bis unter ... Jahre								Insgesamt
	unter 4	4–15	15–25	25–35	35–45	45–55	55–65	65 u.mehr	
Schwerbehinderte ges.	11261	88177	173214	193218	350463	816238	1679696	2260276	2572543
%[1]	0,5	1,2	1,7	2,2	4,2	10,0	24,5	25,2	9,1
Männer	6132	50552	99990	111208	201135	488573	1026464	954910	2938964
%[1]	0,5	1,4	1,9	2,5	4,7	11,8	35,0	30,6	10,0
Frauen	5129	37625	73224	82010	149328	327665	653232	1305366	2633579
%[1]	0,4	1,1	1,5	1,9	3,6	8,2	16,6	22,3	8,2
Leichter Behinderte insgesamt	889	9338	40093	72054	168533	325537	324255	95027	1035746
%[1]	0,0	0,1	0,4	0,8	2,0	4,0	4,7	1,1	1,7
Männer	461	5359	25214	43928	92548	173731	159872	32654	533767
%[1]	0,0	0,1	0,5	1,0	2,1	4,2	5,5	1,0	1,8
Frauen	428	3979	14879	28126	75985	151828	164383	62373	501979
%[1]	0,0	0,1	0,3	0,7	1,8	3,8	4,2	1,1	1,6

Tabelle 2: Deutsche und ausländische Behinderte
(31. 12. 1983)

Alter von ... bis unter ... Jahren	Schwerbehinderte				Leichter Behinderte			
	Deutsche		Ausländer		Deutsche		Ausländer	
	Zahl	%[2]	Zahl	%[2]	Zahl	%[2]	Zahl	%[2]
unter 4	10163	0,5	1098	0,4	802	0,0	87	0,0
4–15	79750	1,2	8427	0,9	8572	0,1	766	0,1
15–25	166425	1,7	6789	0,9	38821	0,4	1272	0,2
25–35	185513	2,4	7705	0,8	67352	0,9	4702	0,5
35–45	333204	4,4	17259	2,0	155335	2,1	13198	1,5
45–55	791312	10,3	24926	5,3	309429	4,0	16128	3,4
55–65	1654299	24,8	25397	13,0	316047	4,7	8209	4,2
65 und mehr	2245269	25,4	15007	12,1	94000	1,1	1027	0,8
insgesamt	5465935	9,6	106608	2,3	990358	1,7	45388	1,0
Männer	2867732	10,7	71232	2,8	503520	1,9	30247	1,2
Frauen	2598203	8,7	35376	1,7	486838	1,6	15141	0,7

[1] Anteil an der Zahl der Einwohner gleichen Alters.
[2] Anteil an der Zahl der deutschen bzw. ausländischen Einwohner gleichen Alters.

Quelle: RdA 1985 S. 299

100

Tabelle 3: Betriebe/Dienststellen, Arbeitsplätze sowie mit Schwerbehinderten besetzte Plätze nach Wirtschaftsabteilungen und Landesarbeitsamtsbezirken/Bundesländern

– Betriebe/Dienststellen von Arbeitgebern mit 16 und mehr Arbeitsplätzen im Kalenderjahr 1986 –

– Berichtsmonat: Oktober 1986 –

A. Nach Wirtschaftsabteilungen

Merkmal	Betriebe/ Dienststellen	Arbeitsplätze insgesamt	darunter (Sp. 2)		der Berechnung der Pflichtzahl zugrunde zulegende Arbeitsplätze	mit Schwerbehinderten besetzte Arbeitsplätze				besetzte Arbeits-plätze insgesamt (Sp. 6–9)	Istquote (Sp. 10 in % von Sp. 5)
			Auszubildende	Stellen nach §7 Abs. 2 und 3 SchwbG		anrechenbare beschäftigte (ohne Mehrfachanwendungen)		sonstige anrechnungs-fähige Personen	zusätzlich besetzte Plätze durch Mehrfach-anrechnungen		
						Schwer-behinderte	Gleich-gestellte				
1	2	3	4	5	6	7	8	9	10	11
Land- und Forstwirtschaft, Tierhaltung und Fischerei . . .	1 995	64 339	4 421	2 247	57 671	1 920	75	34	101	2 130	3,7
Energiewirtschaft und Wasserversorgung, Bergbau .	1 533	463 592	31 983	2 338	429 271	26 751	524	11 195	511	38 981	9,1
Verarbeitendes Gewerbe (ohne Baugewerbe)	56 647	7 084 760	367 704	71 863	6 645 193	320 709	13 058	1 819	13 836	349 422	5,3
Baugewerbe	17 536	828 191	42 430	9 056	776 705	21 878	1 588	443	844	24 753	3,2
Handel	37 394	1 869 359	126 568	102 526	1 640 265	57 584	2 097	460	2 088	62 229	3,8
Verkehr und Nachrichtenübermittlung . . .	8 293	1 290 369	62 782	60 971	1 166 616	53 867	2 022	104	2 755	58 748	5,0

Quelle: ANBA 1988 S. 631

100

Merkmal	Betriebe/ Dienst- stellen	Arbeitsplätze				mit Schwerbehinderten besetzte Arbeitsplätze					Istquote (Sp. 10 in % von Sp. 5)
		Arbeits- plätze insgesamt	darunter (Sp. 2)		der Berechnung der Pflichtzahl zugrunde zuliegende Arbeitsplätze	anrechenbare beschäftigte		sonstige an- rechnungs- fähige Personen	zusätzlich besetzte Plätze durch Mehrfach- anrech- nungen	besetzte Arbeits- plätze insgesamt (Sp. 6–9)	
			Auszu- bildende	Stellen nach §7 Abs. 2 und 3 SchwbG		Schwer- behinderte	Gleich- gestellte				
						ohne Mehrfachanwendungen					
	1	2	3	4	5	6	7	8	9	10	11
Kreditinstitute und Versicherungsgewerbe	9 150	817 005	63 202	26 760	727 043	28 970	762	83	1 461	31 276	4,3
Dienstleistungen, soweit anderweitig nicht genannt . .	31 787	2 622 217	107 516	372 461	2 142 240	90 700	2 630	1 000	3 780	98 110	4,6
Organisationen ohne Erwerbscharakter und private Haushalte	4 596	311 685	9 358	41 807	260 520	13 333	327	49	428	14 137	5,4
Gebietskörperschaften und Sozialversicherung	10 503	2 579 221	86 013	110 587	2 382 621	150 949	2 886	853	5 793	160 481	6,7
Insgesamt¹)	**179 616**	**17 941 487**	**902 528**	**801 153**	**16 237 806**	**767 018**	**25 975**	**16 052**	**31 606**	**840 651**	**5,2**

Hinweis: Bagatelldifferenzen sind durch Runden von Kommastellen im Einzeldatenmaterial bedingt.
1) Einschließlich Betriebe/Dienststellen, die wirtschaftlich nicht zugeordnet werden können.

Quelle: ANBA 1988 S. 631

100

B. Nach Landesarbeitsamtsbezirken/Bundesländern[2]

Merkmal	Betriebe/ Dienst-stellen	Arbeitsplätze				mit Schwerbehinderten besetzte Arbeitsplätze					Istquote in % (Sp. 10) von Sp. 5)
		Arbeits-plätze insgesamt (Sp. 2)	darunter	Stellen nach § 7 Abs. 2 und 3 SchwbG	der Berechnung der Pflichtzahl zugrunde zulegende Arbeitsplätze	anrechenbare beschäftigte		sonstige an-rechnungs-fähige Personen	zusätzlich besetzte Plätze durch Mehrfach-anrech-nungen	besetzte Arbeits-plätze insgesamt (Sp. 6–9)	
			Auszu-bildende			Schwer-behinderte	Gleich-gestellte				
						ohne Mehrfachanwendungen					
	1	2	3	4	5	6	7	8	9	10	11
Schleswig-Holstein-Hamburg . .	12 591	1 232 868	63 327	60 693	1 108 848	46 170	2 731	101	3 544	52 546	4,7
davon: Schleswig-Holstein . .	6 914	566 529	34 957	23 084	508 488	21 742	1 474	80	2 139	25 435	5,0
Hamburg . .	5 677	666 339	28 370	37 609	600 360	24 428	1 257	21	1 405	27 111	4,5
Niedersachsen-Bremen	22 673	2 025 720	107 037	106 366	1 812 317	83 455	3 257	266	2 950	89 928	5,0
davon: Niedersachsen	19 970	1 739 416	91 979	92 953	1 554 484	72 316	2 925	240	2 468	77 949	5,0
Bremen	2 703	286 304	15 058	13 413	257 833	11 139	332	26	482	11 979	4,6
Nordrhein-Westfalen	45 306	4 770 227	242 316	219 711	4 308 200	267 975	5 266	13 753	6 129	293 123	6,8
Hessen	16 168	1 732 741	86 110	65 692	1 580 939	57 187	3 226	135	3 397	63 945	4,0
Rheinland-Pfalz-Saarland . . .	12 372	1 163 199	61 306	42 415	1 059 478	55 099	1 775	1 122	1 736	59 732	5,6
davon: Rheinland-Pfalz . . .	9 750	869 066	46 595	33 863	788 608	41 632	1 282	93	1 212	44 219	5,6
Saarland . . .	2 622	294 133	14 711	8 552	270 870	13 467	493	1 029	524	15 513	5,7
Baden-Württemberg	28 823	3 046 036	153 876	124 196	2 767 964	111 543	2 944	286	6 028	120 801	4,4
Bayern	36 811	3 290 108	163 282	146 720	2 980 106	113 328	6 542	351	7 078	127 299	4,3
davon: Nordbayern	16 411	1 424 982	73 386	65 029	1 286 567	52 677	2 475	157	2 356	57 665	4,5
Südbayern . . .	20 400	1 865 126	89 896	81 691	1 693 539	60 651	4 067	194	4 722	69 634	4,1
Berlin (West)	4 872	680 588	25 274	35 360	619 954	32 261	234	38	744	33 277	5,4
Bundesgebiet	**179 616**	**17 941 487**	**902 528**	**801 153**	**16 237 806**	**767 018**	**25 975**	**16 052**	**31 606**	**840 651**	**5,2**

2) Regionale Zuordnung nach dem Sitz des Betriebes/der Dienststelle.

Quelle: ANBA 1988 S. 631

434

Tabelle 4: Arbeitgeber, Arbeitsplätze sowie mit Schwerbehinderten besetzte Plätze nach Größenklassen der Zahl der Arbeits-
plätze, Größenklassen der Istquote und Landesarbeitsamtsbezirken/Bundesländern

– Arbeitgeber mit 16 und mehr Arbeitsplätzen im Kalenderjahr 1986 –

– Berichtsmonat Oktober 1986 –

A. Nach Größenklassen der Zahl der Arbeitsplätze

Merkmal	Arbeitgeber	Arbeitsplätze		mit Schwerbehinderten besetzte/unbesetzte Arbeitsplätze						Istquote (Sp. 8 in % von Sp. 2)
		der Berechnung der Pflichtzahl zugrunde-zulegende Arbeitsplätze	zu be-schäftigende Schwer-behinderte bei einem Pflichtsatz von 6%	anrechenbare beschäftigte		sonstige an-rechnungs-fähige Personen	zusätzlich besetzte Plätze durch Mehrfach-anrech-nungen	besetzte Arbeits-plätze insgesamt (Sp. 4–7)	unbesetzte Arbeits-plätze[1]	
				Schwer-behinderte	Gleich-gestellte					
				ohne Mehrfachanrechnungen						
	1	2	3	4	5	6	7	8	9	10
16 bis unter 30	45 371	970 318	58 218	29 667	1 383	579	908	32 537	34 378	3,4
30 bis unter 100	44 622	2 302 852	138 170	83 645	3 842	790	4 127	92 404	65 374	4,0
100 bis unter 300	13 664	2 263 924	135 834	99 457	4 171	539	5 134	109 301	46 397	4,8
300 bis unter 500	2 839	1 085 541	65 132	51 379	1 974	257	2 481	56 091	18 080	5,2
500 bis unter 1 000	2 031	1 398 253	83 895	69 358	2 447	392	3 148	75 345	20 150	5,4
1 000 bis unter 10 000 . . .	1 506	3 520 935	211 256	188 374	5 649	3 560	7 113	204 696	38 330	5,8
10 000 bis unter 50 000 . .	108	2 229 778	133 786	116 320	3 264	2 131	3 669	125 384	23 134	5,6
50 000 bis unter 100 000 . .	11	742 883	44 572	38 647	829	112	1 643	41 231	7 891	5,6
100 000 und mehr	9	1 723 322	103 399	90 171	2 416	7 692	3 383	103 662	12 559	6,0
Insgesamt²)	**122 693**	**16 237 806**	**974 268**	**767 018**	**25 975**	**16 052**	**31 606**	**840 651**	**266 299**	**5,2**

Quelle: ANBA 1988 S. 632

434

B. Nach Größenklassen der Istquote

Merkmal	Arbeitgeber	der Berechnung der Pflichtzahl zugrunde zuliegende Arbeitsplätze	zu beschäftigende Schwerbehinderte bei einem Pflichtsatz von 6%	Schwerbehinderte	Gleichgestellte	sonstige anrechnungsfähige Personen	zusätzlich besetzte Plätze durch Mehrfachanrechnungen	besetzte Arbeitsplätze insgesamt (Sp. 4–7)	unbesetzte Arbeitsplätze[1]	Istquote (Sp. 8 in % von Sp. 2)
				ohne Mehrfachanrechnungen						
	1	2	3	4	5	6	7	8	9	10
0	36 863	1 142 771	68 566	–	–	–	–	–	68 566	–
über 0 bis unter 1	1 060	236 642	14 198	1 506	66	5	29	1 606	12 592	0,7
1 bis unter 2	5 434	847 491	50 849	12 438	461	59	213	13 171	37 678	1,6
2 bis unter 3	9 156	1 421 427	85 285	33 667	1 296	94	1 023	36 080	49 205	2,5
3 bis unter 4	9 698	1 853 667	111 220	59 772	2 536	186	2 373	64 867	46 353	3,5
4 bis unter 5	10 890	2 691 253	161 475	112 024	4 077	281	4 650	121 032	40 443	4,5
5 bis unter 6	11 891	2 191 871	131 512	110 001	4 414	393	5 244	120 052	11 460	5,5
Zusammen	**84 992**	**10 385 122**	**623 107**	**329 408**	**12 850**	**1 018**	**13 532**	**356 808**	**266 299**	**3,4**
6 bis unter 7	7 160	2 533 786	152 027	149 415	4 715	724	6 891	161 745	–	6,4
7 bis unter 8	4 323	1 193 555	71 613	82 667	2 073	1 150	2 833	88 723	–	7,4
8 bis unter 9	3 439	772 583	46 354	60 515	1 533	1 396	1 851	65 295	–	8,5
9 bis unter 10	2 354	441 030	26 461	38 219	1 347	363	1 531	41 460	–	9,4
10 und mehr	7 893	911 730	54 703	106 794	3 457	11 401	4 968	126 620	–	13,9
Zusammen	**25 169**	**5 852 684**	**351 161**	**437 610**	**13 125**	**15 034**	**18 074**	**483 843**	**–**	**8,3**
Insgesamt[4]	**122 693**	**16 237 806**	**974 268**	**767 018**	**25 975**	**16 052**	**31 606**	**840 651**	**266 299**	**5,2**

Quelle: ANBA 1988 S. 632

C. Nach Landesarbeitsamtsbezirken/Bundesländern[3]

Merkmal	Arbeitgeber	Arbeitsplätze		mit Schwerbehinderten besetzte/unbesetzte Arbeitsplätze						
		der Berechnung der Pflichtzahl zugrundezulegende Arbeitsplätze	zu beschäftigende Schwerbehinderte bei einem Pflichtsatz von 6%	anrechenbare beschäftigte		sonstige anrechnungsfähige Personen	zusätzlich besetzte Plätze durch Mehrfachanrechnungen	besetzte Arbeitsplätze insgesamt (Sp. 4–7)	unbesetzte Arbeitsplätze[1]	Istquote (Sp. 8 in % von Sp. 2)
				Schwerbehinderte	Gleichgestellte					
				ohne Mehrfachanrechnungen						
	1	2	3	4	5	6	7	8	9	10
Schleswig-Holstein-Hamburg	8 788	980 590	58 835	40 325	2 124	137	3 119	45 705	19 397	4,7
davon: Schleswig-Holstein	4 759	414 867	24 892	17 023	1 155	77	1 911	20 166	9 067	4,9
Hamburg	4 029	565 723	33 943	23 302	969	60	1 208	25 539	10 330	4,5
Niedersachsen-Bremen	14 395	1 577 183	94 630	71 964	2 915	418	2 452	77 749	26 982	4,9
davon: Niedersachsen	12 663	1 378 899	82 734	63 550	2 659	403	2 038	68 650	23 482	5,0
Bremen	1 732	198 284	11 896	8 414	256	15	414	9 099	3 450	4,6
Nordrhein-Westfalen	32 323	4 883 470	293 008	293 732	7 001	13 419	8 168	322 320	46 502	6,6
Hessen	11 039	1 928 798	115 727	76 698	3 226	233	3 593	83 750	37 936	4,3
Rheinland-Pfalz-Saarland	7 921	853 724	51 223	43 076	1 427	1 115	1 417	47 035	12 986	5,5
davon: Rheinland-Pfalz	6 223	640 394	38 425	32 737	1 040	93	1 010	34 880	9 732	5,4
Saarland	1 698	213 330	12 798	10 339	387	1 022	407	12 155	3 254	5,7
Baden-Württemberg	20 803	2 647 296	158 837	105 346	3 022	294	5 442	114 104	55 348	4,3
Bayern	23 672	2 836 328	170 179	108 961	5 999	394	6 938	122 292	60 617	4,3
davon: Nordbayern	10 379	1 010 890	60 653	43 244	2 231	148	2 372	47 975	19 914	4,7
Südbayern	13 293	1 825 438	109 526	65 737	3 768	246	4 566	74 317	40 703	4,1
Berlin (West)	3 752	530 417	31 825	26 916	261	42	477	27 696	6 577	5,2
Bundesgebiet	**122 693**	**16 237 806**	**974 268**	**767 018**	**25 975**	**16 052**	**31 606**	**840 651**	**266 299**	**5,2**

Quelle: ANBA 1988 S. 632

435

435

Merkmal	Arbeitgeber	Arbeitsplätze		mit Schwerbehinderten besetzte/unbesetzte Arbeitsplätze				besetzte Arbeitsplätze insgesamt (Sp. 4–7)	unbesetzte Arbeitsplätze[1])	Istquote (Sp. 8 in % von Sp. 2)
		der Berechnung der Pflichtzahl zugrunde zulegende Arbeitsplätze	zu beschäftigende Schwerbehinderte bei einem Pflichtsatz von 6%	anrechenbare beschäftigte		sonstige anrechnungsfähige Personen	zusätzlich besetzte Plätze Mehrfachanrechnungen			
				Schwerbehinderte	Gleichgestellte					
				ohne Mehrfachanrechnungen						
	1	2	3	4	5	6	7	8	9	10

D. Nach Landesarbeitsamtsbezirken/Bundesländern[3]) – private Arbeitgeber

Merkmal	1	2	3	4	5	6	7	8	9	10
Schleswig-Holstein-Hamburg	8215	719613	43176	27782	1566	135	2044	31527	16527	4,4
davon: Schleswig-Holstein	4295	280527	16831	10697	842	76	1484	13099	6894	4,7
Hamburg	3920	439086	26345	17085	724	59	560	18428	9670	4,2
Niedersachsen-Bremen	13311	1158565	69513	50439	2370	406	1678	54893	21513	4,7
davon: Niedersachsen	11653	1012305	60739	44832	2165	391	1453	48841	18272	4,8
Bremen	1658	146260	8774	5607	205	15	225	6052	3241	4,1
Nordrhein-Westfalen	30506	3423085	205385	192107	4545	12041	4570	213263	43569	6,2
Hessen	10303	1342527	80551	48875	2449	206	2408	53938	30476	4,0
Rheinland-Pfalz-Saarland	7234	653674	39220	29242	1266	1100	966	32574	11423	5,0
davon: Rheinland-Pfalz	5661	487906	29275	22239	926	79	702	23346	8508	4,9
Saarland	1573	165768	9945	7003	340	1021	264	8628	2915	5,2
Baden-Württemberg	19389	2153246	129194	82533	2647	287	4410	89977	47260	4,2
Bayern	22301	2264751	135885	82037	5120	358	5091	92506	51829	4,1
davon: Nordbayern	9780	831900	49914	31983	1846	134	1548	35511	18707	4,3
Südbayern	12521	1432851	85971	50054	3274	224	3543	57095	33122	4,0
Berlin (West)	3699	316437	18986	13720	192	40	330	14282	6517	4,5
Bundesgebiet	**114958**	**12031898**	**721913**	**526735**	**20155**	**14573**	**21497**	**582960**	**229155**	**4,8**

Quelle: ANBA 1988 S. 633

E. Nach Landesarbeitsamtsbezirken/Bundesländern³) – öffentliche Arbeitgeber

Merkmal	Arbeitgeber	der Berechnung der Pflichtzahl zugrundezulegende Arbeitsplätze	zu beschäftigende Schwerbehinderte bei einem Pflichtsatz von 6%	anrechenbare beschäftigte ohne Mehrfachanrechnungen – Schwerbehinderte	anrechenbare beschäftigte ohne Mehrfachanrechnungen – Gleichgestellte	sonstige anrechnungsfähige Personen	zusätzlich besetzte Plätze durch Mehrfachanrechnungen	besetzte Arbeitsplätze insgesamt (Sp. 4–7)	unbesetzte Arbeitsplätze¹)	Istquote (Sp. 8 in % von Sp. 2)
	1	2	3	4	5	6	7	8	9	10
Schleswig-Holstein-Hamburg	573	260 977	15 658	12 543	558	2	1 075	14 178	2 832	5,4
davon: Schleswig-Holstein	464	134 340	8 060	6 326	313	1	427	7 067	2 173	5,3
Hamburg	109	126 637	7 598	2 217	245	1	648	7 111	659	5,6
Niedersachsen-Bremen	1 084	418 618	25 117	21 525	545	12	774	22 856	5 419	5,5
davon: Niedersachsen	1 010	366 594	21 996	18 718	494	12	585	19 809	5 211	5,4
Bremen	74	52 024	3 121	2 807	51	–	189	3 047	208	5,9
Nordrhein-Westfalen	1 817	1 460 385	87 623	101 625	2 456	1 378	3 598	109 057	2 932	7,5
Hessen	736	586 271	35 176	27 823	777	27	1 185	29 812	7 459	5,1
Rheinland-Pfalz-Saarland	687	200 050	12 003	13 834	161	15	451	14 461	1 563	7,2
davon: Rheinland-Pfalz	562	152 488	9 150	10 498	114	14	308	10 934	1 226	7,2
Saarland	125	47 562	2 853	3 336	47	1	143	3 527	337	7,4
Baden-Württemberg	1 414	494 050	29 643	22 813	375	7	1 032	24 227	8 088	4,9
Bayern	1 371	571 577	34 294	26 924	879	36	1 847	29 686	8 787	5,2
davon: Nordbayern	599	178 990	10 739	11 241	385	14	824	12 464	1 206	7,0
Südbayern	772	392 587	23 555	15 683	494	22	1 023	17 222	7 581	4,4
Berlin (West)	53	213 980	12 838	13 196	69	2	147	13 414	60	6,3
Bundesgebiet	**7 735**	**4 205 908**	**252 354**	**240 283**	**5 820**	**1 479**	**10 109**	**257 691**	**37 144**	**6,1**

Hinweis: Bagatelldifferenzen sind durch Runden von Kommastellen im Einzeldatenmaterial bedingt.

¹) Summe der unbesetzten Plätze von Arbeitgebern, die die Pflichtquote nicht erfüllen. Besetzte Plätze von Arbeitgebern, die über die Pflichtquote hinaus Schwerbehinderte beschäftigen, werden bei der Berechnung nicht saldiert.

²) Einschließlich 12 532 beschäftigungspflichtige Arbeitgeber, die im Oktober 1986 keine oder weniger als 16 Arbeitsplätze besetzt hatten.

³) Regionale Zuordnung nach dem Sitz des Arbeitgebers.

Quelle: ANBA 1988 S. 633

Tabelle 5: Arbeitslose Schwerbehinderte im Bundesgebiet (ohne Beitrittsgebiet) nach Landesarbeitsamtbezirken und Bundesländern
Monatszahlen 1989 und 1990

Jahresdurchschnittszahlen 1981 bis 1990

Landesarbeitsamtsbezirk/ Bundesland	Ende des Monats													
	Januar		Februar		März		April		Mai		Juni		Juli	
	1989	1990	1989	1990	1989	1990	1989	1990	1989	1990	1989	1990	1989	1990
	1	2	3	4	5	6	7	8	9	10	11	12	13	14
Männer und Frauen														
Schleswig-Holstein-Hamburg	7553	7541	7532	7536	7458	7385	7372	7354	7235	7296	7234	7262	7369	725
davon: Schleswig-Holstein	4691	4573	4656	4564	4642	4484	4554	4470	4416	4418	4404	4413	4453	440
Hamburg	2862	2968	2876	2972	2816	2901	2818	2884	2819	2887	2830	2849	2916	265
Niedersachsen-Bremen	17511	16277	16888	16243	16887	15995	16503	15712	16232	15473	16008	15328	16137	1564
davon: Niedersachsen	15542	14982	15355	14937	15356	14701	14995	14441	14791	14239	14604	14102	14715	1435
Bremen	1469	1295	1533	1306	1531	1294	1508	1271	1441	1234	1404	1226	1422	128
Nordrhein-Westfalen	57309	55131	57142	54682	56746	53959	56329	53979	55818	53512	55496	53590	55627	5346
Hessen	6720	6536	6701	6591	6650	6414	6617	6436	6417	6401	6292	6288	6457	653
Rheinland-Pfalz-Saarland	10703	10255	10615	10144	10556	9877	10356	9883	10078	9584	10145	9537	10196	963
davon: Rheinland-Pfalz	6810	6537	6775	6473	6706	6289	6599	6296	6375	6138	6454	6172	6502	619
Saarland	3893	3718	3840	3671	3850	3588	3757	3587	3703	3446	3691	3365	3694	343
Baden-Württemberg	10874	10172	10820	10201	10782	9910	10632	9772	10349	9534	10297	9364	10435	964
Bayern	18033	16527	17914	16311	17128	15407	16144	14583	15660	13948	15057	13738	15051	1384
davon: Nordbayern	9560	9048	9553	8989	9192	8585	8784	8215	8646	7892	8320	7867	8276	792
Südbayern	8473	7479	8361	7322	7936	6822	7360	6368	7014	6056	6737	5871	6775	591
Berlin (West)	4865	4869	4846	4863	4776	4857	4798	4888	4731	4852	4664	4845	4709	487
Bundesgebiet	**133068**	**127308**	**132458**	**126571**	**130983**	**123804**	**128751**	**122607**	**126520**	**120600**	**125195**	**119952**	**125981**	**12089**
Männer														
Schleswig-Holstein-Hamburg	5027	4939	4991	4937	4907	4829	4825	4794	4734	4748	4727	4720	4810	467
davon: Schleswig-Holstein	3202	3087	3178	3074	3138	3000	3060	2966	2967	2923	2953	2925	2983	288
Hamburg	1825	1852	1813	1863	1769	1829	1765	1828	1767	1825	1774	1795	1827	179
Niedersachsen-Bremen	11213	10599	11166	10599	11070	10428	10708	10241	10540	10055	10422	9891	10488	1008
davon: Niedersachsen	10235	9762	10151	9757	10062	9602	9722	9420	9589	9241	9489	9114	9543	927
Bremen	978	837	1015	842	1008	826	986	821	951	814	933	777	945	80
Nordrhein-Westfalen	39577	37736	39458	37353	39113	38460	38650	38651	38293	36499	37991	38066	38066	3635
Hessen	4395	4219	4387	4257	4353	4137	4295	4147	4126	4109	4040	4049	4111	417
Rheinland-Pfalz-Saarland	7781	7373	7757	7300	7716	7109	7525	7078	7372	6834	7361	6807	7371	686
davon: Rheinland-Pfalz	4579	4343	4601	4314	4546	4159	4444	4160	4306	4029	4332	4064	4338	408
Saarland	3202	3030	3156	2986	3170	2950	3081	2918	3066	2805	3029	2743	3033	278
Baden-Württemberg	6810	6368	6780	6364	6682	6092	6627	5948	6438	5795	6418	5682	6428	588
Bayern	11631	10547	11513	10420	10871	9667	9948	8902	8950	8465	9082	8284	9047	834
davon: Nordbayern	6102	5653	6037	5618	5768	5311	5344	4963	5183	4726	4937	4684	4922	471
Südbayern	5529	4894	5476	4802	5103	4356	4604	3939	4317	3739	4145	3600	4125	362
Berlin (West)	2993	2935	2979	2950	2934	2962	2898	2961	2858	2942	2821	2925	2839	294
Bundesgebiet	**89427**	**84716**	**89031**	**84180**	**87666**	**82086**	**85506**	**80949**	**83861**	**79447**	**82862**	**78885**	**83160**	**7933**
Frauen														
Schleswig-Holstein-Hamburg	2526	2602	2541	2599	2551	2556	2547	2560	2501	2548	2507	2542	2559	258
davon: Schleswig-Holstein	1489	1486	1478	1490	1504	1484	1494	1504	1449	1495	1451	1488	1470	151
Hamburg	1037	1116	1063	1109	1047	1072	1053	1056	1052	1053	1056	1054	1089	106
Niedersachsen-Bremen	5798	5678	5722	5644	5817	5567	5795	5471	5692	5418	5586	5437	5649	556
davon: Niedersachsen	5307	5220	5204	5180	5294	5099	5273	5021	5202	4998	5115	4988	5172	508
Bremen	491	458	518	464	523	468	522	450	490	420	471	449	477	47
Nordrhein-Westfalen	17732	17395	17684	17329	17613	17097	17649	17328	17525	17013	17507	17063	17561	1710
Hessen	2325	2317	2314	2334	2297	2277	2322	2289	2291	2292	2252	2239	2346	236
Rheinland-Pfalz-Saarland	2922	2882	2858	2844	2840	2768	2831	2805	2706	2750	2784	2730	2825	276
davon: Rheinland-Pfalz	2231	2194	2174	2159	2160	2130	2155	2136	2069	2109	2122	2108	2164	211
Saarland	691	688	684	685	680	638	676	669	637	641	662	622	661	65
Baden-Württemberg	4064	3804	4040	3837	4100	3818	4005	3797	3911	3739	3879	3682	4007	376
Bayern	6402	5980	6401	5891	6257	5740	6196	5681	5710	5483	5975	5454	6004	549
davon: Nordbayern	3458	3395	3516	3371	3424	3274	3440	3252	3463	3166	3383	3183	3354	321
Südbayern	2944	2585	2885	2520	2833	2466	2756	2429	2697	2317	2592	2271	2650	228
Berlin (West)	1872	1934	1867	1913	1842	1895	1900	1927	1873	1910	1843	1920	1870	192
Bundesgebiet	**43641**	**42592**	**43427**	**42391**	**43317**	**41718**	**43245**	**41658**	**42659**	**41153**	**42333**	**41067**	**42821**	**4156**

Quelle: ANBA 1991, Arbeitsstatistik 1990 – Jahreszahlen, S. 71

	Ende des Monats										Jahresdurchschnitt									
	August		September		Oktober		November		Dezember											
	1989	1990	1989	1990	1989	1990	1989	1990	1989	1990	1981	1982	1983	1984	1985	1986	1987	1988	1989	1990
	15	16	17	18	19	20	21	22	23	24	25	26	27	28	29	30	31	32	33	34
Männer und Frauen																				
	7275	7144	7191	6956	7187	6842	7177	6784	7331	6926	4313	5920	6934	7353	7409	7211	7255	7413	7331	7207
	4391	4350	4374	4259	4354	4195	4357	4205	4466	4332	2905	4029	4729	4901	4865	4690	4574	4608	4489	4395
	2864	2794	2817	2697	2833	2647	2820	2579	2865	2594	1408	1891	2205	2452	2544	2521	2681	2805	2843	2813
	15974	15384	15626	15001	15611	14921	15660	14826	16083	14957	12260	15169	17564	18923	18575	16594	16065	16406	16234	15527
	14557	14165	14281	13804	14243	13708	14323	13582	14738	13717					16844	15024	14612	14988	14803	14271
	1417	1219	1345	1197	1368	1213	1337	1244	1345	1240					1731	1570	1453	1418	1431	1256
	54935	52880	54254	52205	53959	52004	53910	51639	54032	51988	36505	46905	55185	59352	59081	55142	55738	57504	55562	53338
	6531	6350	6267	6242	6328	6157	6327	6048	6417	6237	4102	5458	6214	6432	6456	5940	6022	6481	6480	6361
	10051	9415	9991	9296	10008	9342	10081	9231	10055	9432		6313	9881	10433	10435	10101	10210	10346	10251	9662
	6275	6003	6285	5965	6364	5943	6373	5825	6413	5997		2788	7330	7251	7008	6793	6682	6538	6504	6170
	3776	3412	3706	3331	3644	3399	3708	3406	3642	3435		1931	2551	3181	3427	3308	3529	3808	3747	3491
	10271	9574	10149	9324	10138	9186	10061	9246	10158	9247	6853	9333	11223	11245	10685	10082	10167	10570	10434	9636
	15110	13695	14621	13447	14557	13281	14804	13329	15603	14118	12215	16329	19031	19482	18797	17143	16843	17099	15869	14414
	8296	7841	8036	7748	8072	7657	8123	7669	8518	8122	6595	8837	10070	9998	9383	8706	8571	8894	8636	8147
	6814	5854	6585	5699	6505	5624	6681	5660	7085	5996	5620	7492	8961	9484	9414	8437	8273	8205	7233	6287
	4693	4823	4578	4832	4662	4884	4649	4966	4648	5017	3993	4675	5127	5096	4571	4372	4501	4747	4720	4865
	124840	119265	122677	117303	122470	116617	122669	116069	124327	117922	86554	111964	131160	138316	136008	126585	126802	130567	126681	121010
Männer																				
	4645	4612	4637	4481	4654	4395	4661	4354	4812	4455	2876	4055	4781	5100	5077	4865	4875	4928	4791	4675
	2858	2867	2893	2807	2992	2759	2904	2767	3024	2865		2788	3292	3394	3334	3184	3130	3140	3011	2917
	1787	1745	1744	1674	1762	1636	1757	1587	1788	1590		1267	1490	1706	1743	1681	1745	1788	1781	1759
	10359	9886	10115	9590	10097	9599	10066	9540	10433	9640	8054	10036	11805	13100	12910	11179	10578	10739	10572	10046
	9430	9115	9233	9385	9201	8820	9223	8731	8709	8813					11718	10077	9631	9812	9632	9238
	929	771	882	757	896	779	843	809	863	827					1192	1052	946	927	940	807
	37541	35962	37051	35571	36747	35471	36671	35103	36879	35416	25052	32350	38770	42550	42536	38538	38749	38791	38092	36370
	4165	4087	4005	3979	4052	3926	4007	3884	4128	4052	2907	3856	4376	4542	4479	3931	3887	4211	4176	4088
	7244	6698	7164	6660	7215	6595	7201	6589	7001		4517	5883	7237	7775	7421	7512	7566	7425		6910
	4186	3934	4175	3914	4219	3892	4195	3831	4244	3962		4332	5145	5130	4973	4660	4523	4402	4355	4069
	4149	2764	3009	2698	3172	2768	3020	2764	2986			1551	2092	2644	2848	2760	2989	3164	3070	2841
	6386	5841	6284	5688	6258	5599	6224	5642	6329	5696	4430	6114	7386	7438	6990	6407	6384	6617	6486	5912
	9095	8281	8770	8159	8819	8084	9003	8201	9761	8859	7998	10856	12521	12878	12398	10935	10596	10625	9791	8989
	4946	4681	4747	4631	4815	4607	4847	4645	5189	5014	4317	5874	6630	6537	6190	5512	5343	5459	5252	4945
	4149	3600	4023	3528	4004	3477	4156	3556	4572	3845	3681	4982	5892	6241	6208	5423	5253	5166	4538	3944
	2827	2904	2770	2899	2812	2935	2807	2997	2804	3035	2265	2700	2976	3071	2778	2646	2731	2865	2864	2940
	82262	78271	80816	76979	80629	76669	80654	76316	82376	77903	58099	75850	89852	96455	94989	85872	85310	87332	84197	79831
Frauen																				
	2630	2532	2554	2475	2533	2447	2516	2430	2519	2471	1437	1865	2153	2253	2333	2347	2380	2485	2540	2531
	1533	1483	1481	1452	1462	1436	1453	1438	1442	1467		1241	1438	1507	1532	1506	1444	1468	1478	1477
	1097	1049	1073	1023	1071	1011	1063	992	1077	1004		624	715	746	801	840	936	1017	1062	1053
	5615	5498	5511	5414	5514	5322	5594	5286	5650	5317	4206	5133	5759	5822	5665	5415	5487	5666	5663	5481
	5127	5050	5048	4971	5042	4888	5100	4851	5158	4904					5126	4947	4981	5176	5171	5032
	488	448	463	440	472	434	494	435	482	413					539	518	506	491	491	449
	17394	16918	17203	16634	17212	16533	17239	16536	17153	16572	11453	14555	16416	16803	16545	16604	16988	17723	17470	16968
	2366	2263	2262	2263	2276	2231	2320	2164	2289	2185	1195	1602	1838	1889	1977	2009	2135	2270	2304	2272
	2807	2717	2807	2684	2818	2682	2866	2636	2825	2682	1796	2292	2643	2658	2614	2680	2699	2781	2826	2751
	2089	2069	2110	2051	2145	2051	2178	2035	2169	1994		2189	2185	2121	2035	2133	2159	2136	2149	2101
	718	648	697	633	673	631	688	642	656	647		380	458	537	578	547	540	645	677	650
	3685	3733	3865	3636	3880	3587	3837	3604	3809	3551	2423	3219	3837	3807	3695	3675	3783	3954	3948	3724
	6015	5414	5851	5288	5758	5197	5801	5128	5842	5259	4217	5473	6510	6604	6399	6208	6248	6474	6785	5525
	2665	2254	2542	2171	2501	2147	2525	2104	2513	2003	2278	2963	3441	3361	3193	3193	3228	3435	3384	3202
	1866	1919	1808	1933	1850	1949	1842	1969	1844	1982	1728	1975	2151	2025	1793	1726	1771	1882	1856	1926
	42578	40994	41861	40324	41841	39948	42015	39753	41951	40019	28455	36114	41308	41861	41019	40713	41492	43234	42684	41179

Tabelle 6: Arbeitslose Schwerbehinderte im Bundesgebiet (ohne Beitrittsgebiet) nach Landesarbeitsamtbezirken

A. Zeitliche Entwicklung 1985–1990

Jahr / Ende des Monats	Schleswig-Holstein-Hamburg	Nieder-sachsen-Bremen	Nord-rhein-Westfalen	Hessen	Rheinl.-Pfalz-Saarland	Baden-Württemberg	Nord-bayern	Süd-bayern	Berlin (West)	Bundesgebiet insgesamt	Bundesgebiet Männer	Bundesgebiet Frauen
	1	2	3	4	5	6	7	8	9	10	11	12
1985 Januar	7 558	19 628	60 760	6 805	11 070	11 283	10 666	10 496	4 839	143 105	101 132	41 973
Februar	7 682	19 533	60 433	6 745	10 925	11 180	10 466	10 479	4 810	142 253	100 980	41 273
März	7 518	19 034	59 805	6 516	10 619	11 019	10 146	10 473	4 756	139 586	98 658	40 928
April	7 455	18 801	59 427	6 401	10 518	10 871	9 432	10 350	4 640	137 075	96 208	40 867
Mai	7 316	18 596	59 131	6 401	10 338	10 566	9 030	9 163	4 820	135 171	94 447	40 724
Juni	7 406	18 644	59 392	6 393	10 301	10 418	8 884	9 106	4 487	134 736	93 755	40 981
Juli	7 465	18 289	59 317	6 452	10 331	10 441	8 890	8 984	4 476	135 000	93 557	41 443
August	7 462	18 644	58 575	6 425	10 210	10 592	9 051	9 149	4 357	134 110	92 754	41 356
September	7 164	17 838	57 577	6 252	10 115	10 291	8 919	8 828	4 327	131 311	90 754	40 590
Oktober	7 239	17 717	57 725	6 275	10 134	10 343	8 681	8 831	4 382	131 887	90 462	40 462
November	7 305	17 773	57 827	6 311	10 173	10 383	8 912	8 912	4 365	131 415	91 374	40 513
Dezember	7 423	18 235	58 319	6 372	10 335	10 633	9 336	9 447	4 304	134 465	93 415	41 050
1986 Januar	7 783	18 616	59 296	6 625	10 844	10 975	9 928	9 940	4 599	138 606	96 567	42 039
Februar	7 740	18 558	59 039	6 484	10 894	10 969	9 928	9 860	4 516	138 081	96 081	41 977
März	7 502	17 222	55 998	6 119	10 328	10 335	8 512	9 814	4 419	130 633	89 633	41 000
April	7 301	16 598	54 935	5 756	9 919	9 948	8 326	8 282	4 371	125 606	85 315	40 491
Mai	7 022	16 179	54 118	5 697	9 866	9 849	8 350	8 086	4 314	123 701	83 419	40 282
Juni	7 074	15 968	53 926	5 825	9 837	9 802	8 292	7 803	4 324	122 719	82 472	40 247
Juli	7 059	16 214	54 188	5 789	10 044	9 951	8 396	7 917	4 265	123 829	82 901	40 928
August	6 825	16 084	53 190	5 621	9 928	9 917	8 235	7 844	4 238	123 538	82 638	40 898
September	6 871	15 546	53 277	5 663	9 655	9 543	8 241	7 696	4 230	120 708	80 637	40 112
Oktober	6 931	15 510	53 213	5 663	9 740	9 641	8 029	7 705	4 323	121 297	80 752	39 956
November	6 931	15 570	53 277	5 663	9 846	9 765	8 029	7 953	4 323	121 297	81 425	39 872
Dezember	7 234	15 899	54 225	5 940	10 097	10 033	8 609	8 448	4 304	124 684	84 228	40 456
1987 Januar	7 344	16 481	55 813	6 073	10 454	10 344	9 345	9 220	4 439	129 513	88 194	41 319
Februar	7 499	16 586	55 602	6 706	10 646	10 135	9 319	9 065	4 374	129 282	88 317	40 965
März	7 429	16 442	55 465	5 978	10 305	10 006	9 070	8 821	4 407	128 495	87 774	40 721
April	7 250	16 915	55 465	5 802	10 305	9 980	8 490	8 273	4 508	126 075	85 143	40 932
Mai	7 119	15 650	55 213	5 863	10 010	10 059	8 250	8 068	4 510	124 602	83 755	40 847
Juni	7 178	15 655	55 176	5 924	9 911	10 439	8 244	7 995	4 517	124 569	83 585	40 974
Juli	7 158	16 079	56 075	6 091	10 146	10 352	8 385	7 921	4 621	126 915	84 400	42 215
August	7 078	16 133	56 107	6 127	10 129	10 123	8 203	7 990	4 601	126 915	84 599	42 296
September	7 144	15 757	55 572	6 155	10 098	10 352	8 222	7 931	4 456	125 217	84 341	41 876
Oktober	7 210	15 932	55 857	6 017	10 051	10 123	8 222	7 797	4 534	125 743	83 698	42 045
November	7 286	15 973	56 144	6 161	10 097	10 162	8 262	8 006	4 572	126 663	84 493	42 170
Dezember	7 485	16 467	57 471	6 322	10 352	10 420	8 951	8 520	4 652	130 640	88 019	42 621

Quelle: ANBA 1991, Arbeitsstatistik 1990 – Jahreszahlen, S.72

1988

Januar	7659	17084	58425	6687	10748	10791	9149	9660	4806	**135009**	91331	43678
Februar	7651	16945	58378	6627	10528	10523	8916	9553	4743	**134502**	91099	43403
März	7547	16768	58262	6505	10568	10563	9424	9192	4743	**133517**	90304	43013
April	7387	16300	57861	6505	10440	10487	8785	8784	4610	**130848**	87879	42969
Mai	7318	16114	57689	6339	10278	10519	8624	8646	4761	**129288**	86494	42794
Juni	7300	16351	57327	6373	10167	10777	8711	8320	4766	**129319**	86078	43241
Juli	7325	16343	57480	6522	10286	10738	8822	8276	4797	**130894**	86911	43983
August	7349	16016	56514	6498	10036	10381	8562	8036	4819	**129925**	86243	43682
September	7241	15959	56694	6373	10084	10537	8436	8072	4741	**127856**	84758	43070
Oktober	7277	16060	56568	6360	10107	10588	8391	8123	4740	**127896**	84708	43148
November	7277	16448	56406	6489	10413	10639	9028	8518	4741	**127856**	84873	43023
Dezember	7456								4694	**129595**	86598	42997

1989

Januar	7553	17011	57309	6720	10703	10874	8473	9560	4865	**133068**	89427	43641
Februar	7532	16888	57142	6701	10615	10820	8361	9553	4846	**132458**	89031	43427
März	7458	16887	56746	6650	10556	10782	7936	9192	4776	**130983**	87666	43317
April	7372	16503	56329	6617	10356	10632	7360	8784	4798	**128751**	85506	43245
Mai	7235	16632	55818	6417	10078	10349	7014	8646	4731	**126520**	83861	42659
Juni	7275	16238	55490	6457	10196	10297	6737	8320	4664	**125195**	82862	42333
Juli	7369	16137	55627	6531	10051	10271	6614	8276	4693	**125981**	83160	42821
August	7275	15974	54935	6267	9991	10149	6585	8036	4578	**124840**	82262	42578
September	7191	15626	54254	6328	10008	10138	6505	8072	4662	**122677**	80816	42361
Oktober	7187	15611	53959	6327	10081	10061	6505	8123	4649	**122470**	80629	41841
November	7177	15660	53910	6417	10055	10158	7065	8518	4648	**122669**	80654	42015
Dezember	7331	16083	54032							**124327**	82376	41951

1990

Januar	7541	16277	55131	6536	10255	10172	9048	7479	4869	**127308**	84716	42592
Februar	7536	16243	54682	6591	10144	10201	8989	7322	4863	**126571**	84180	42391
März	7385	15995	53959	6414	9877	9910	8585	6822	4857	**123804**	82086	41718
April	7296	15473	53512	6436	9883	9772	8215	6368	4888	**122607**	80949	41658
Mai	7262	15328	53590	6288	9537	9364	7892	6056	4852	**120600**	79447	41153
Juni	7257	15644	53462	6537	9632	9649	7929	5911	4874	**119952**	78885	41067
Juli	7144	15384	52880	6350	9415	9574	7841	5854	4823	**119265**	78333	41962
August	6956	15001	52205	6242	9296	9324	7748	5699	4832	**117303**	78371	40924
September	6842	14921	52004	6157	9342	9186	7657	5624	4884	**116617**	76979	40324
Oktober	6926	14639	51639	6048	9231	9246	7669	5660	4966	**116069**	76669	39948
November		14957	51988	6237	9432	9247	6122	5996	5017	**117922**	76316	39753
Dezember											77903	40019

1977	2520	6456	17172	2829	3151	3598	3067	3130	**46065**	33624	12441
1978	2788	7350	21175	2914	3932	4148	3457	3510	**53683**	38849	14834
1979	3318	8466	25561	2855	4410	4691	3906	3586	**61418**	43079	18339
1980	3413	9709	28437	3056	4944	5106	4303	3753	**67686**	45776	21910
1981	3920	9263	36505	5458	6853	6595	5520	3993	**86554**	58099	28455
1982	6934	17564	46905	6214	9881	8961	6935	4675	**111964**	75850	36114
1983	7353	18923	59352	6432	11223	9998	9484	5127	**132160**	89852	41308
1984	7409	18575	59081	6456	11245	9383	9414	5096	**138316**	94459	41061
1985	7211	16594	55142	5940	10685	8706	8437	4571	**136008**	94989	41019
1986	7415	16065	55738	6022	10101	8571	8273	4501	**126585**	85872	40713
1987	7413	16406	56065	6157	10210	8894	8205	4747	**126802**	85310	41492
1988	7331	16234	55562	6480	10570	8636	8203	4720	**130567**	87332	43234
1989	7207	15527	53338	6361	9636	8147	5267	4865	**126881**	84197	42684
1990									**121010**	79831	41179

Tabelle 7: Arbeitslose ohne und mit gesundheitlichen Einschränkungen 1990 und 1989 (Bestandsdaten Ende September) – ohne Beitrittsgebiet –

Merkmale	1990 (absolut)				1990 (%)				1989 (%)			
	alle Arbeitslosen	ohne ges. Einschränk.	mit ges. Einschränk.	Schwerbehinderte	alle Arbeitslosen	ohne ges. Einschränk.	mit ges. Einschränk.	Schwerbehinderte	alle Arbeitslosen	ohne ges. Einschränk.	mit ges. Einschränk.	Schwerbehinderte
alle Arbeitslosen – abs.	**1 727 742**	**1 279 941**	**447 801**	**118 622**	.	.	.	.	**1 880 644**	**1 427 277**	**453 367**	**124 297**
– in %					**100**	**100**	**100**	**100**	**100**	**100**	**100**	**100**
Männer	870 045	609 139	260 906	77 948	50,4	47,6	58,3	65,7	50,6	47,9	58,9	65,9
Frauen	857 697	670 802	186 895	40 674	49,6	52,4	41,7	34,3	49,4	52,1	41,1	34,1
Berufsausbildung												
ohne abgeschl. B.	807 820	564 117	243 703	62 041	46,8	44,1	54,4	52,3	47,2	44,6	55,2	52,9
mit abgeschl. B.	919 922	715 824	204 098	56 581	53,2	55,9	45,6	47,7	52,8	55,4	44,8	47,1
– betrieblich	705 499	519 559	185 940	50 899	40,8	40,6	41,5	42,9	40,4	40,4	40,4	41,9
– Berufsfach-/Fachschule	94 456	81 303	13 153	3 657	5,5	6,4	2,9	3,2	5,6	6,4	3,2	3,5
– FHS	34 058	31 893	2 165	860	2,0	2,5	0,5	0,7	2,0	2,4	0,5	0,7
– Wiss. Hochschule	85 909	83 069	2 840	1 165	5,0	6,5	0,6	1,0	4,8	6,1	0,6	1,1
Stellung im Beruf												
Arbeiter	1 057 691	716 447	341 244	86 733	61,2	56,0	76,2	73,1	60,4	55,3	76,2	72,2
– Nichtfacharbeiter	728 052	490 408	237 644	57 349	42,1	38,3	53,1	48,3	42,2	38,6	53,6	48,2
– Facharbeiter	329 639	226 039	103 600	29 384	19,1	17,7	23,1	24,8	18,2	16,8	22,6	24,1
Angestellte	670 051	563 494	106 557	31 889	38,8	44,0	23,8	26,9	39,6	44,7	23,8	27,8
– mit einfacher Tätigk.	262 724	208 340	54 384	16 162	15,2	16,3	12,1	13,6	16,4	17,7	12,6	14,4
– mit gehobener Tätigk.	407 327	355 154	52 173	15 727	23,6	27,7	11,7	13,3	23,2	27,0	11,2	13,3
vorher. Erwerbstätigkeit												
abhängiges Arb. verh.	976 329	703 735	272 594	71 506	56,5	55,0	60,9	60,3	60,3	59,6	62,5	61,1
– Nichtfacharbeiter	438 492	286 810	151 682	35 572	25,4	22,4	33,9	30,0	26,7	24,1	35,1	29,9
– Facharbeiter	157 477	104 821	52 627	16 122	9,1	8,2	11,8	13,6	9,5	8,7	11,8	13,4
– Angestellte einfache T.	184 579	142 993	41 586	12 248	10,7	11,2	9,3	10,3	12,3	13,1	9,8	11,1
– Angestellte gehobene T.	195 781	169 082	26 699	7 564	11,3	13,2	6,0	6,4	11,7	13,6	5,7	6,6

Quelle: ANBA 1991, Arbeitsstatistik 1990 – Jahreszahlen, S. 750

betr./sonst. Ausbildungsverhältnisse	29 204	25 128	4 076	913	1,7	2,0	0,9	0,8	2,3	2,6	1,2	1,0
sonst. Erwerbstätigkeit	26 764	22 342	4 422	899	1,5	1,7	1,0	0,8	1,8	2,0	1,2	1,0
Erwerbst. unterbrochen	424 772	283 881	140 891	40 081	24,6	22,2	31,5	33,8	23,0	21,0	29,2	31,8
ohne bish. ET (in der BRD)	270 673	244 855	25 818	5 223	15,7	19,1	5,8	4,4	12,6	14,8	5,8	5,2
Alter												
unter 20 Jahre	60 385	55 860	4 525	766	3,5	4,4	1,0	0,6	3,9	4,7	1,2	0,7
20 bis unter 25 Jahre	211 895	184 596	27 299	4 647	12,3	14,4	6,1	3,9	13,4	15,5	6,7	4,2
25 bis unter 30 Jahre	250 771	216 439	34 332	6 207	14,5	16,9	7,7	5,2	15,2	17,4	8,1	5,8
30 bis unter 35 Jahre	227 495	195 610	31 885	6 564	13,2	15,3	7,1	5,5	12,9	14,8	7,2	5,7
35 bis unter 40 Jahre	177 608	145 246	32 362	6 933	10,3	11,3	7,2	5,8	10,2	11,1	7,4	5,7
40 bis unter 45 Jahre	137 783	102 509	35 274	7 623	8,0	8,0	7,9	6,4	7,7	7,7	7,8	6,3
45 bis unter 50 Jahre	145 209	94 956	50 253	12 670	8,4	7,4	11,2	10,7	9,2	8,1	12,6	11,7
50 bis unter 55 Jahre	198 816	111 639	87 177	24 712	11,5	8,7	19,5	20,8	11,0	8,4	19,2	20,5
55 bis unter 60 Jahre	252 606	132 716	119 890	41 531	14,6	10,4	26,8	35,0	13,3	9,6	24,8	33,7
60 bis unter 65 Jahre	65 174	40 350	24 824	6 969	3,8	3,2	5,5	5,9	3,3	2,7	5,0	5,6
in Arbeitslosigkeit seit												
unter 1 Monat	244 279	205 788	38 491	7 734	14,1	16,1	8,6	6,5	14,3	16,3	8,2	6,3
1 bis unter 3 Monaten	364 784	300 247	64 537	14 014	21,1	23,5	14,4	11,8	21,4	23,7	14,3	11,9
3 bis unter 6 Monaten	280 555	217 576	62 979	14 805	16,2	17,0	14,1	12,5	15,6	16,2	13,7	12,5
6 bis unter 12 Monaten	324 769	240 726	84 043	21 821	18,8	18,8	18,8	18,4	17,2	16,8	18,4	18,4
12 bis unter 24 Monaten	239 272	156 492	82 780	24 320	13,8	12,2	18,5	20,5	14,7	13,4	18,9	20,3
24 Monate und länger	274 133	159 112	115 021	35 928	15,9	12,4	25,7	30,3	16,7	13,6	26,6	30,5
Gesundheitliche Einschränkungen	447 801	447 801	447 801	118 622	25,9		100	100	24,1		100	100
Schwerbehinderte	118 622	118 622	118 622	118 622	6,9		26,5	100	6,6		27,4	100
davon GdB												
– 80 und mehr	21 345	21 345	21 345	21 345	1,2		4,8	18,0	1,1		4,6	16,9
– 50 bis unter 80	93 629	93 629	93 629	93 629	5,4		20,9	78,9	5,2		21,7	79,1
– 30 < 50, gleichgestellt	3 648	3 648	3 648	3 648	0,2		0,8	3,1	0,3		1,1	3,9
– 30 < 50, n. gleichgest.	27 766	27 766	27 766		1,6		6,2		1,7		7,0	
übr. m. gesundh. Einschr.	301 413	301 413	301 413		17,4		67,3		15,8		65,6	

Tabelle 8: Beschäftigung und Arbeitslosigkeit Schwerbehinderter – ohne Beitrittsgebiet –

Merkmal	Zeitpunkt/ Zeitraum	1980	1982	1983	1984	1985	1986	1987	1988	1989	1990
1. Beschäftigte Schwerbehinderte											
bei Arbeitgebern mit 16 oder mehr Arbeitsplätzen	Oktober	937 310	972 291	917 199	867 944	828 344	809 045	791 465	786 246	779 422	
davon: Schwerbehinderte		879 861	921 439	868 999	823 839	785 438	767 018	752 630	746 511	739 341	
Gleichgestellte		34 861	30 264	27 809	26 417	26 287	25 975	25 763	26 083	26 708	
sonst. anrechnungsf. Personen		22 588	20 588	20 391	17 688	16 619	16 052	13 072	13 652	13 373	
bei Arbeitgebern mit weniger als 16 Arbeitsplätzen	Oktober	(63 000)	(63 000)	(63 000)	69 500	(69 500)	(69 500)	(69 500)	(69 500)	112 600	
insgesamt	Oktober	1 000 310	1 035 291	980 199	937 444	897 844	878 545	860 965	855 746	892 022	
2. Arbeitslose Schwerbehinderte insgesamt	Ende September[1]	67 415	117 256	134 986	139 110	133 336	122 493	129 109	130 466	124 297	118 622
davon: Schwerbehinderte		63 959	111 770	129 292	132 858	127 266	116 802	122 379	124 386	119 405	114 974
Gleichgestellte		3 456	5 486	5 694	6 252	6 070	5 691	6 730	6 080	4 892	3 648
darunter: 1 Jahr oder länger arbeitslos		22 223	44 598	58 732	67 698	70 433	64 217	66 421	67 705	63 225	60 248
3. Schwerbehinderte abhängige Erwerbspersonen (Zeile 1 und Zeile 2)	September/ Oktober	1 067 725	1 152 547	1 115 185	1 076 554	1 031 180	1 001 038	990 074	986 212	1 016 319	
4. Arbeitslosenquote[2] in %	Ende September	6,9	10,2	11,7	12,5	12,4	11,9	12,9	13,2	12,6	11,7

Quelle: ANBA 1991, Arbeitsstatistik 1990 – Jahreszahlen, S. 751

5. Durchschnittliche Dauer der Arbeitslosigkeit in Monaten	Mai/Juni³⁾	13,7	14,0	12,6	12,8	12,2	12,0	12,3	11,7	10,4	.
6. Arbeitsvermittlungen	Jahres-summe	30 441	28 940	28 745	26 103	24 823	24 888	21 741	20 090	15 646	22 838
7. Schwerbehinderte im erwerbsfähigen Alter	Ende Dezember										
– von 15 bis unter 65 Jahren			2 705 668		2 715 714		2 939 523		⁴⁾		
– von 15 bis unter 60 Jahren			1 879 893		1 883 649		2 017 547		–		
8. Erwerbsquote (Zeile 3 in % von Zeile 7)											
– von 15 bis unter 65 Jahren			37,6		36,5		35,1				
– von 15 bis unter 60 Jahren			54,0		52,7		51,1				
9. Anteil von Schwerbehinderten am Zugang an Arbeitslosen – in %	Mai/Juni	3,0	3,2	3,3	3,2	3,2	3,2	3,6	4,1	3,7	3,8
10. Erwerbspersonen in 1000	Jahres-durchschnitt	30 321⁵⁾	29 779	29 611	29 386	29 188	28 897	28 659	28 605	28 558	27 948
11. Anteil der Schwerbehinderten an allen Erwerbspersonen (Zeile 3 in % von Zeile 10) . . .			3,4	3,3	3,4	3,4	3,6	3,8	3,9	4,0	3,8

Tabelle 9: Pflichtsätze i.S. des Schwerbehindertengesetzes und weitere mit Schwerbehinderten besetzte Arbeitsplätze – ohne Beitrittsgebiet –

Erfüllungs-quote von … %	Jahr (jeweils Oktober) (1)	Beschäftigungs-pflichtige Arbeitgeber (2)	Insgesamt (§ 7 Abs. 1–3 SchwbG) (3)	dar. für Auszubildende (§ 8 Satz 1 SchwbG) (4)	die nicht als Stellen gelten (§ 7 Abs. 2 u. 3 SchwbG) (5)	die der Berechnung zugrunde liegen (Sp. 3 – (Sp. 4 u. 5)) (6)	Pflichtplätze (6% aus Sp. 6) (7)	Schwerbehinderte (8)	Gleich-gestellte (9)	sonstige anrechnungs-fähige Personen (10)	Schwerbehinderte Gleichgestellte u. sonst. anrechnungs-fähige Personen (Sp. 8–10) (11)	Zusätzl. besetzte Plätze durch Mehrfach-anrechnungen (12)	Als besetzt gezählte Arbeits-plätze (Sp. 11 u. 12) (13)	Ist-Quote (Sp. 13 in % von Sp. 6) (14)	Abweichungen v. Pflicht-Soll (Differenz zwischen Sp. 13 u. Sp. 6) (15)
0 bis unter 6	1983	83 882	10 085 614	·	476 311	9 595 367	575 722	319 517	12 532	632	332 681	10 706	343 386	3,6	−232 365
	1984	91 344	11 056 774	·	543 501	10 500 202	630 012	339 187	13 519	646	353 352	11 703	365 054	3,5	−264 958
	1985	93 081	11 989 626	·	595 893	11 381 345	682 881	359 749	14 071	1 041	374 861	13 374	388 235	3,4	−294 646
	1986	84 992	11 484 433	585 087	514 224	10 385 122	623 107	329 408	12 850	1 018	343 276	13 532	356 808	3,4	−266 299
	1987	86 386	12 306 376	635 075	583 901	11 087 400	665 244	350 189	13 339	975	364 503	13 587	378 090	3,4	−287 154
	1988	86 601	12 947 236	669 383	625 282	11 652 571	699 154	364 327	13 873	933	379 133	14 940	394 073	3,4	−305 081
	1989	**91 275**				**12 107 025**	**726 421**	**371 835**	**14 290**	**940**	**387 065**	**15 454**	**402 519**	**3,3**	**−323 902**
6 oder mehr	1983	27 405	7 270 806	·	292 483	6 973 129	418 388	549 483	15 278	19 759	584 520	15 409	599 928	8,6	+181 540
	1984	26 469	6 684 127	·	278 116	6 401 417	384 085	484 653	12 899	17 042	514 594	14 040	528 633	8,3	+144 548
	1985	24 642	5 976 718	·	256 374	5 717 542	343 053	425 689	12 216	15 578	453 483	12 085	465 568	8,1	+122 515
	1986	25 169	6 457 054	317 441	286 929	5 852 684	351 161	437 610	13 125	15 034	465 769	18 074	483 843	8,3	+132 682
	1987	24 013	5 922 362	301 015	267 590	5 353 757	321 225	402 441	12 424	12 097	426 962	16 054	443 016	8,3	+121 791
	1988	23 374	5 616 484	286 071	256 638	5 074 152	304 449	382 184	12 210	12 719	407 113	15 820	422 933	8,3	+118 484
	1989	**22 175**				**4 813 121**	**288 787**	**367 506**	**12 418**	**12 433**	**392 357**	**14 900**	**407 257**	**8,5**	**+118 470**
Insgesamt	1983	111 287	17 356 420	·	768 794	16 568 496	994 110	868 999	27 809	20 391	917 200	26 115	943 314	5,7	·
	1984	117 813	17 740 901	·	821 617	16 901 619	1 014 097	823 839	26 417	17 688	867 944	25 743	893 687	5,3	·
	1985	117 123	17 966 344	·	852 267	17 098 887	1 025 933	785 438	26 287	16 619	828 344	25 459	853 803	5,0	·
	1986	110 161	17 941 487	902 528	801 153	16 237 806	974 268	767 018	25 975	16 052	809 045	31 606	840 651	5,2	·
	1987	110 399	18 228 738	936 090	851 491	16 441 157	986 469	752 630	25 763	13 072	791 465	29 641	821 106	5,0	·
	1988	111 875	18 563 720	955 454	881 820	16 726 723	1 003 603	746 511	26 083	13 652	786 246	30 760	817 006	4,9	·
	1989	**113 450**	**18 770 869**	**920 123**	**930 600**	**16 920 146**	**1 015 208**	**739 341**	**26 708**	**13 373**	**779 422**	**30 354**	**809 776**	**4,8**	·

Quelle: ANBA 1991, Arbeitsstatistik 1990 – Jahreszahlen, S. 752

Tabelle 10: Arbeitslose Schwerbehinderte nach Altersgruppen – 1984 bis 1990; – ohne Beitrittsgebiet –

Altersgruppen / Einzeljahrgänge	1984	1985	1986	Ende September 1987	1988	1989	1990
unter 20 Jahre	1,3	1,3	1,3	1,0	0,9	0,7	0,6
20 bis unter 25 Jahre	6,2	5,8	5,7	5,2	4,7	4,2	3,9
25 bis unter 30 Jahre	5,7	5,9	6,4	6,1	6,1	5,8	5,2
30 bis unter 35 Jahre	5,2	5,3	5,7	5,5	5,5	5,7	5,5
35 bis unter 40 Jahre	5,8	5,5	6,0	5,9	5,9	5,7	5,8
40 bis unter 45 Jahre	8,3	7,7	7,4	7,0	6,6	6,3	6,4
45 bis unter 50 Jahre	12,4	12,7	13,1	12,8	12,2	11,7	10,7
50 bis unter 55 Jahre	15,9	16,4	18,0	18,7	19,6	20,5	20,8
55 bis unter 60 Jahre	33,9	34,7	31,7	32,8	32,8	33,7	35,0
dav.: 55 Jahre	4,7	5,1	5,4	5,2	5,0	5,9	6,5
56 Jahre	5,4	5,7	6,5	6,7	6,4	6,4	7,5
57 Jahre	6,1	6,6	7,5	7,5	7,6	7,7	7,6
58 Jahre	7,8	7,7	6,3	6,8	6,8	6,6	6,5
59 Jahre	9,9	9,6	6,0	6,7	7,0	7,0	6,9
60 bis unter 65 Jahre	5,1	4,7	4,8	5,0	5,6	5,6	5,9
dav.: 60 Jahre	2,8	2,6	2,2	2,1	2,3	2,3	2,4
61 Jahre	0,9	0,8	1,1	1,1	1,2	1,2	1,2
62 Jahre	0,6	0,6	0,7	0,8	0,9	0,9	0,9
63 Jahre	0,4	0,4	0,5	0,5	0,7	0,7	0,7
64 Jahre	0,4	0,3	0,3	0,4	0,5	0,6	0,6
Zusammen .... %	100	100	100	100	100	100	100
absolut	139 110	133 336	122 493	129 109	130 466	124 297	118 622

Quelle: ANBA 1991 S. 752

*Tabelle 11: Offene Stellen, die auch für Schwerbehinderte gemeldet wur-
den – ohne Beitrittsgebiet –*

Jahr (September)	Bestand	Anteil an allen offenen Stellen	davon für			
			Angestellten Berufe		Gewerbliche Berufe	
		%	absolut	%	absolut	%
1982	6568	8,1	4767	72,6	1801	27,4
1983	7990	10,2	4908	61,4	3082	38,6
1984	9523	10,5	6862	72,1	2661	27,9
1985	15729	13,4	10564	67,2	5165	32,8
1986	46335	28,0	26687	57,6	19648	42,4
1987	64938	36,1	34231	52,7	30707	47,3
1988	81227	39,8	41172	50,7	40055	49,3
1989	118938	41,2	52897	44,5	66041	55,5
1990	143286	44,8	65824	45,9	77462	54,1

Quelle: ANBA 1991, Arbeitsstatistik 1990 – Jahreszahlen, S. 753

(gültig ab 1. Juli 1990)

| Land | Haushaltsvorstände und Alleinstehende DM | Alleinstehende vom Beginn des 19. bis zum Vollendung des 25. Lebensjahres***) DM | Sonstige Haushaltsangehörige | | | | |
			bis zur Vollendung des 7. Lebensjahres DM	bis zur Vollendung des 7. Lebensjahres beim Zusammenleben mit einer Person, die allein für die Pflege und Erziehung des Kindes sorgt DM	von Beginn des 8. bis zur Vollendung des 14. Lebensjahres DM	vom Beginn des 15. bis zur Vollendung des 18. Lebensjahres DM	vom Beginn des 19. Lebensjahres an DM
Baden-Württemberg	447	402	224	246	291	402	358
Bayern*	435	392	218	239	283	392	248
Bremen	451	406	226	248	293	408	361
Berlin	462	–	231	254	300	416	370
Hamburg	457	411	229	251	297	411	366
Hessen	449	404	225	247	292	404	359
Niedersachsen**	440	396	220	242	286	396	352
Nordrh.-Westfalen	449	404	225	247	292	404	359
Rheinland-Pfalz	447	402	224	246	291	402	358
Saarland	443	396	220	242	286	396	352
Schleswig-Holstein	440	396	220	242	286	396	352

* Von der obersten Landessozialbehörde festgesetzte Mindestbeträge. Die Höhe der Regelsätze bestimmen die örtlichen Träger der Sozialhilfe.
** Mindestbeträge für die Regelsätze. Die Städte und Landkreise können mit Genehmigung des Sozialministers andere Regelsätze festsetzen.
*** Die Sonderregelung vom Beginn des 19. bis zur Vollendung des 25. Lebensjahres findet keine Anwendung in Berlin und Erlangen. Dort erhalten auch alleinstehende Haushaltsvorstände dieser Altersgruppe den Regelsatz eines Haushaltsvorstandes in Höhe von 100 v.H.

Quelle: info also 1990 S. 179

Anhang II B. Erste Verordnung zur Neufestsetzung von Geldleistungen und Grundbeträgen nach dem Bundessozialhilfegesetz in dem in Artikel 3 des Einigungsvertrages genannten Gebiet

Vom 17. Mai 1991

(BGBl. I S. 1138)

Auf Grund der Anlage I Kapitel X Sachgebiet H Abschnitt III Nr. 3 Buchstabe h des Einigungsvertrages vom 31. August 1990 in Verbindung mit Artikel 1 des Gesetzes vom 23. September 1990 (BGBl. 1990 II S. 885, 1096) und dem Organisationserlaß vom 23. Januar 1991 (BGBl. I S. 530) verordnet der Bundesminister für Familie und Senioren im Einvernehmen mit dem Bundesminister für Wirtschaft und dem Bundesminister der Finanzen:

§ 1 Für das in Artikel 3 des Einigungsvertrages genannten Gebiet werden die Höhe der Blindenhilfe und des Pflegegeldes sowie die Grundbeträge der Einkommensgrenzen nach dem Bundessozialhilfegesetz (Gesetz) neu festgesetzt. Es betragen
1. die Blindenhilfe nach Vollendung des 18. Lebensjahres 600 Deutsche Mark;
2. die Blindenhilfe bis zur Vollendung des 18. Lebensjahres 300 Deutsche Mark;
3. das Pflegegeld nach § 69 Abs. 4 Satz 1 des Gesetzes 220 Deutsche Mark;
4. das Pflegegeld für die in § 24 Abs. 2 des Gesetzes genannten Personen 600 Deutsche Mark;
5. der Grundbetrag nach § 79 Abs. 1 und 2 des Gesetzes 780 Deutsche Mark;
6. der Grundbetrag nach § 81 Abs. 1 des Gesetzes 1175 Deutsche Mark;
7. der Grundbetrag nach § 81 Abs. 2 des Gesetzes 1800 Deutsche Mark.

§ 2 Diese Verordnung tritt am 1. Juli 1991 in Kraft.

Anhang II. C. Ausführungsvorschriften über die Festsetzung der Regelsätze und Barleistungen nach § 21 Abs. 3 BSHG, Mehrbedarfszuschläge nach § 23 Abs. 1 bis 4 BSHG sowie Eigenanteile von Unterhaltsverpflichteten für die westlichen und östlichen Bezirke sowie West-Staaten

Vom 14. Mai 1991

Soz VII A 12

Tel.: 21 22 – 22 07 oder 21 22 – 1, intern 9 79 – 22 07

Aufgrund des § 3 des Gesetzes zur Ausführung des Bundessozialhilfegesetzes vom 21. Mai 1962 (GVBl. S. 471) wird bestimmt:

1. Regelsätze

Die Regelsätze für Empfänger von Hilfe zum Lebensunterhalt werden vom 1. Juli 1991 an wie folgt festgesetzt:

östliche Bezirke	westliche Bezirke	und West-Staaten
a) für Haushaltsvorstände und Alleinstehende	483,00 DM	468,00 DM
b) für sonstige Haushaltsangehörige		
– bis zur Vollendung des 7. Lebensjahres	242,00 DM	234,00 DM
– bis zur Vollendung des 7. Lebensjahres beim Zusammenleben mit einer Person, die allein für die Pflege und Erziehung des Kindes sorgt	266,00 DM	257,00 DM
– vom Beginn des 8. bis zur Vollendung des 14. Lebensjahres	314,00 DM	304,00 DM
– vom Beginn des 15. bis zur Vollendung des 18. Lebensjahres	435,00 DM	421,00 DM
– vom Beginn des 19. Lebensjahres an	386,00 DM	374,00 DM

2. Barleistungen

Die Barleistungen nach § 21 Abs. 3 BSHG werden ab 1. Juli 1991 wie folgt festgesetzt:

	westliche Bezirke	und West-Staaten
a) Der Barbetrag für Hilfeempfänger in Anstalten, Heimen oder gleichartigen Einrichtungen nach § 21 Abs. 3 und § 27 Abs. 3 BSHG beträgt	144,90 DM	140,40 DM

Trägt der Hilfeempfänger einen Teil der Kosten des Aufenthaltes in der Einrichtung selbst, so erhält er einen zusätzlichen Barbetrag in Höhe von 5 v. H. seines Einkommens, höchstens jedoch in Höhe von

	72,50 DM	70,20 DM
Höchstbetrag der Barleistung	217,40 DM	210,60 DM

b) Für minderjährige Hilfeempfänger, die auf Kosten der Sozialhilfe untergebracht sind, beträgt der Barbetrag in den vorstehend genannten Einrichtungen

– vom Beginn des 5. Lebensjahres bis zur Einschulung (gegebenenfalls bis zur Vollendung des 6. Lebensjahres) monatlich	8,70 DM	8,40 DM
– vom Beginn der Einschulung (gegebenenfalls vom Beginn des 7. Lebensjahres) bis zur Vollendung des 10. Lebensjahres monatlich	21,70 DM	21,10 DM
– vom Beginn des 11. bis zur Vollendung des 14. Lebensjahres monatlich	43,50 DM	42,10 DM
– vom Beginn des 15. bis zur Vollendung des 17. Lebensjahres monatlich	86,90 DM	84,20 DM
– im 18. Lebensjahr monatlich	101,40 DM	98,30 DM

c) Minderjährige Hilfeempfänger, die nicht mehr der allgemeinen 10jährigen Schulpflicht unterliegen und eine weiterführende Schule besuchen bzw. in der Berufsausbildung stehen oder im Eingangsverfahren oder Arbeitstrainingsbereich einer anerkannten Werkstatt für Behinderte gefördert werden, erhalten einen Zuschlag in Höhe von 30 vom Hundert des maßgebenden Barbetrages:
   – vom Beginn des 16. bis zur Vollendung des 17. Lebensjahres be-

trägt der Barbetrag dann insgesamt monatlich	113,00 DM	109,50
– im 18. Lebensjahr monatlich	131,80 DM	127,80 DM

3. Mehrbedarfszuschläge nach § 23 Abs. 1 bis 4 BSHG ab 1. Juli 1991
(**Achtung:** § 23 Abs. 1 Nr. 1 und 2 finden in den östlichen Bezirken und West-Staaten keine Anwendung).

(1) Der Mehrbedarf von 20 vom Hundert nach § 23 Abs. 1, § 23 Abs. 2 2. Halbsatz beträgt:

a) für Haushaltsvorstände und Alleinstehende	95,60 DM	93,60 DM
b) für sonstige Haushaltsangehörige		
– bis zur Vollendung des 7. Lebensjahres	48,40 DM	46,80 DM
– bis zur Vollendung des 7. Lebensjahres beim Zusammenleben mit einer Person, die allein für die Pflege und Erziehung des Kindes sorgt	53,20 DM	51,40 DM
– vom Beginn des 8. bis zur Vollendung des 14. Lebensjahres	62,80 DM	60,80 DM
– vom Beginn des 15. bis zur Vollendung des 18. Lebensjahres	87,00 DM	84,20 DM
– vom Beginn des 19. Lebensjahres an	77,20 DM	74,80 DM

Ein Mehrbedarf in vorgenannter Höhe ist anzuerkennen, soweit nicht im Einzelfall ein abweichender Bedarf besteht. Die Einzelfallprüfung kann auch zu einem geringeren Bedarf führen.

(2) Der Mehrbedarf von 40 vom Hundert des Regelsatzes eines Haushaltsvorstandes (§ 23 Abs. 2 letzter Halbsatz, § 23 Abs. 3 BSHG) beträgt

a) für Haushaltsvorstände und Alleinstehende, soweit in den Fällen des § 23 Abs. 3 BSHG nicht im Einzelfall ein abweichender Bedarf besteht	193,20 DM	187,20 DM
b) für sonstige Haushaltsangehörige		
– vom Beginn des 16. bis zur Vollendung des 18. Lebensjahres	174,00 DM	168,40 DM
– vom Beginn des 19. Lebensjahres	154,40 DM	149,60 DM

(3) Der Mehrbedarf für Erwerbstätige nach § 23 Abs. 4 Nr. 1 BSHG (ein Viertel des Regelsatzes eines Haushaltsvorstandes) beträgt

a) Sockelbetrag	120,75 DM	117,00 DM
b) der Höchstbetrag (50 vom Hundert des Regelsatzes eines Haushaltsvorstandes	241,50 DM	234,00 DM
	rd. 242,00 DM	

(4) Der Mehrbedarf für Erwerbstätige mit beschränktem Leistungsvermögen (ein Drittel des Regelsatzes eines Haushaltsvorstandes) beträgt

a) Sockelbetrag	161,00 DM	156,00 DM
b) der Höchstbetrag (zwei Drittel des Regelsatzes eines Haushaltsvorstandes	322,00 DM	312,00 DM

Die Höhe des Mehrbedarfs nach § 23 Abs. 4 Nr. 2 BSHG (Mehrbedarf für kostenaufwendigere Ernährung) ist gesondert geregelt.

4. Eigenanteile von Unterhaltsverpflichteten ab 1. Juli 1991

Für die Berechnung des Eigenanteils von Unterhaltsverpflichteten sind

a) für Haushaltsvorstände und Alleinstehende	966,00 DM	936,00 DM
b) für sonstige Haushaltsangehörige		
– bis zur Vollendung des 7. Lebensjahres	363,00 DM	351,00 DM
– bis zur Vollendung des 7. Lebensjahres beim Zusammenleben mit einer Person, die allein für die Pflege und Erziehung des Kindes sorgt	399,00 DM	385,50 DM
– vom Beginn des 8. bis zur Vollendung des 14. Lebensjahres	471,00 DM	456,00 DM
– vom Beginn des 15. bis zur Vollendung des 18. Lebensjahres	652,50 DM	631,50 DM
– vom Beginn des 19. Lebensjahres an	579,00 DM	561,00 DM

zugrunde zu legen (zweifacher bzw. eineinhalbfacher Regelsatz).

5. Inkrafttreten

Diese Verwaltungsvorschriften treten am 1. Juli 1991 in Kraft.

Anhang III. Übersicht der Nachteilsausgleiche[1]

Personenkreis	Merkzeichen im Ausweis	Nachteilsausgleich
Blinde und/oder Hilflose	„Bl" und/oder „H"	Unentgeltliche Wertmarke und Kfz-Steuerbefreiung
Außergewöhnlich Gehbehinderte	„aG" (ohne „Bl" und „H")	Wertmarke für 120,– DM bzw. 60,– DM oder unentgeltlich, wenn sozial schwach, und Kfz-Steuerbefreiung
Erhebliche Gehbehinderte aus medizinischen Gründen	„G" (ohne „Bl" und „H")	Wertmarke für 120,– DM bzw. 60,– DM oder unentgeltlich, wenn sozial schwach, oder Kfz-Steuerermäßigung um 50 v. H. des Steuersatzes
Gehörlose, die nicht erheblich gehbehindert sind	keine	Wertmarke für 120,– DM bzw. 60,– DM oder unentgeltlich, wenn sozial schwach, oder ab 1. 1. 1987 Kfz-Steuerermäßigung um 50 v. H. des Steuersatzes
1. Kriegsbeschädigte und Gleichgestellte sowie Entschädigungsberechtigte mit MdE um wenigstens 70 v. H. oder MdE um 50 und 60 v. H. mit Merkzeichen „G" (aufgrund der anerkannten Schädigungsfolgen), de	„G"	Unentgeltliche Wertmarke

[1] **Quelle:** Informationen zum Schwerbehindertenrecht, Stand: Juni 1990 (hsg. vom Landesversorgungsamt Berlin)

Personenkreis	Merkzeichen im Ausweis	Nachteilsausgleich
nen Freifahrt vor dem 1. 10. 1979 zuerkannt worden ist.		
2. Der vorstehend genannte Personenkreis, wenn Kfz-Befreiung vor dem 1. 6. 1979 gewährt worden ist bzw. zugestanden hätte	„G"	Unentgeltliche Wertmarke und Kfz-Steuerbefreiung
3. Der unter 1. genannte Personenkreis, wenn auch diejenigen mit MdE um wenigstens 70 v. H. heute Merkzeichen „G" haben oder gehörlos sind	„G"	Unentgeltliche Wertmarke **oder** Kfz-Steuerermäßigung
4. Kriegsbeschädigte und Gleichgestellte sowie Entschädigungsberechtigte mit einer MdE um 50 oder 60 v. H. **ohne** Merkzeichen „G" oder Gehörlosigkeit, wenn Kfz-Steuerbefreiung vor dem 1. 6. 1979 gewährt worden ist bzw. zugestanden hätte.	Keine	Keine Wertmarke jedoch Kfz-Steuerbefreiung
Schwerbehinderte, denen die Notwendigkeit ständiger Begleitung im Ausweis bescheinigt ist	„B" in Verbindung mit den vorstehenden Merkzeichen	Die Begleitpersonen haben Freifahrt, auch wenn der Schwerbehinderte keine Wertmarke löst und deshalb den vollen Fahrpreis entrichtet

[1] **Quelle:** Informationen zum Schwerbehindertenrecht, Stand: Juni 1990 (hsg. vom Landesversorgungsamt Berlin)

Anhang IV. Übersicht der Nachteilsausgleiche für schwerbehinderte Halter eines Kraftfahrzeuges[1]

Nachteilsausgleich	Personenkreis	Merkzeichen im Ausweis
1. Kfz-Steuerbefreiung	a) Blinde und/oder Hilflose sowie außergewöhnlich Gehbehinderte b) Kriegsbeschädigte und Gleichstellte sowie Entschädigungsberechtigte mit einer MdE um wenigstens 50 vom Hundert, die vor dem 1. Juni 1979 von der Kraftfahrzeugsteuer wegen ihrer Behinderung befreit waren bzw. denen dieser Anspruche zugestanden hätte.	„Bl" und/oder „H" und „aG"
2. Kfz-Steuerermäßigung um 50 v.H. des Steuersatzes	Schwerbehinderte, die aus medizinischen Gründen erheblich gehbehindert sind und Gehörlose, sofern nicht die Voraussetzungen von 1. erfüllt sind.	„G" (ohne „Bl" und/oder „H")

[1] **Quelle:** Informationen zum Schwerbehindertenrecht, Stand Juni 1990 (hsg. vom Landesversorgungsamt Berlin)

Anhang V.
Vierte Verordnung zur Durchführung des Schwerbehindertengesetzes (Ausweisverordnung Schwerbehindertengesetz – SchwbAwV)

Vom 15. Mai 1981 (BGBl. I S. 431)

in der Fassung der Bekanntmachung vom 25. Juli 1991
(BGBl. I S. 1739)[1]

Erster Abschnitt. Ausweis für Schwerbehinderte

§ 1. Gestaltung des Ausweises

(1) Der Ausweis im Sinne des § 4 Abs. 5 des Schwerbehindertengesetzes über die Eigenschaft als Schwerbehinderter, den Grad der Behinderung und weitere gesundheitliche Merkmale, die Voraussetzung für die Inanspruchnahme von Rechten und Nachteilsausgleichen nach dem Schwerbehindertengesetz oder nach anderen Vorschriften sind, wird nach dem in der Anlage zu dieser Verordnung abgedruckten Muster 1 ausgestellt. Der Ausweis ist mit einem fälschungssicheren Aufdruck in der Grundfarbe grün versehen.

(2) Der Ausweis für Schwerbehinderte, die das Recht auf unentgeltliche Beförderung im öffentlichen Personenverkehr in Anspruch nehmen können, ist durch eine halbseitigen orangefarbenen Flächenaufdruck gekennzeichnet.

(3) Der Ausweis für Schwerbehinderte, die zu einer der in § 65 Abs. 1 Satz 1 Nr. 2 Buchstabe a des Schwerbehindertengesetzes genannten Gruppen gehören, ist nach § 2 zu kennzeichnen.

(4) Der Ausweis für Schwerbehinderte mit weiteren gesundheitlichen Merkmalen im Sinne des Absatzes 1 ist durch Merkzeichen nach § 3 zu kennzeichnen.

§ 2. Zugehörigkeit zu Sondergruppen

(1) Im Ausweis ist auf der Vorderseite unter dem Wort „Schwerbehindertenausweis" die Bezeichnung „Kriegsbeschädigt" einzutragen, wenn der Schwerbehinderte wegen einer Minderung der Erwerbsfähigkeit um wenigstens 50 vom Hundert Anspruch auf Versorgung nach dem Bundesversorgungsgesetz hat.

---

[1] Neubekanntmachung der Ausweisverordnung vom 15. 5. 1981 (BGBl. I S. 431) auf Grund des Art. 2 der Zweiten VO zur Änderung der Ausweisverordnung Schwerbehindertengesetz vom 26. Juni 1991 (BGBl. I S. 1398).

(2) Im Ausweis sind auf der Vorderseite folgende Merkzeichen einzutragen:

1. **VB** wenn der Schwerbehinderte wegen einer Minderung der Erwerbsfähigkeit um wenigstens 50 vom Hundert Anspruch auf Versorgung nach anderen Bundesgesetzen in entsprechender Anwendung der Vorschriften des Bundesversorgungsgesetzes hat oder wenn die Minderung der Erwerbsfähigkeit wegen des Zusammentreffens mehrerer Ansprüche auf Versorgung nach dem Bundesversorgungsgesetz, nach Bundesgesetzen in entsprechender Anwendung der Vorschriften des Bundesversorgungsgesetzes oder nach dem Bundesentschädigungsgesetz in ihrer Gesamtheit wenigstens 50 vom Hundert beträgt und nicht bereits die Bezeichnung nach Absatz 1 oder ein Merkzeichen nach Nummer 2 einzutragen ist,

2. **EB** wenn der Schwerbehinderte wegen einer Minderung der Erwerbsfähigkeit um wenigstens 50 vom Hundert Entschädigung nach § 28 des Bundesentschädigungsgesetzes erhält.

Beim Zusammentreffen der Voraussetzungen für die Eintragung der Bezeichnung nach Absatz 1 und des Merkzeichens nach Satz 1 Nr. 2 ist die Bezeichnung „Kriegsbeschädigt" einzutragen, es sei denn, der Schwerbehinderte beantragt die Eintragung des Merkzeichens „EB".

§ 3. Weitere Merkzeichen

(1) Im Ausweis sind auf der Rückseite folgende Merkzeichen einzutragen:

1. **aG** wenn der Schwerbehinderte außergewöhnlich gehbehindert im Sinne des § 6 Abs. 1 Nr. 14 des Straßenverkehrsgesetzes oder entsprechender straßenverkehrsrechtlicher Vorschriften ist,

2. **H** wenn der Schwerbehinderte hilflos im Sinne des § 33 b des Einkommensteuergesetzes oder entsprechender Vorschriften ist,

3. **Bl** wenn der Schwerbehinderte blind im Sinne des § 24 Abs. 1 des Bundessozialhilfegesetzes oder entsprechender Vorschriften ist,

4. **RF** wenn der Schwerbehinderte die landesrechtlich festgelegten gesundheitlichen Voraussetzungen für die Befreiung von der Rundfunkgebührenpflicht erfüllt,

5.  wenn der Schwerbehinderte die im Verkehr mit Eisenbahnen tariflich festgelegten gesundheitlichen Voraussetzungen für die Benutzung der 1. Wagenklasse mit Fahrausweis der 2. Wagenklasse erfüllt.

(2) Im Ausweis mit orangefarbenem Flächenaufdruck sind folgende Eintragungen vorgedruckt:
1. auf der Vorderseite das Merkzeichen

$$\boxed{\text{B}}$$

und der Satz: „Die Notwendigkeit ständiger Begleitung ist nachgewiesen",

$$\boxed{\text{G}}$$

2. auf der Rückseite
im ersten Feld das Merkzeichen

Ist nicht festgestellt, daß ständige Begleitung im Sinne des § 60 Abs. 2 des Schwerbehindertengesetzes notwendig ist, ist die vorgedruckte Eintragung nach Nummer 1 zu löschen. Das gleiche gilt für die vorgedruckte Eintragung nach Nummer 2, wenn bei einem Schwerbehinderten nicht festgestellt ist, daß er in seiner Bewegungsfähigkeit im Straßenverkehr erheblich beeinträchtigt im Sinne des § 60 Abs. 1 Satz 1 des Schwerbehindertengesetzes oder entsprechender Vorschriften ist.

§ 3 a. Beiblatt

(1) Zum Ausweis für Schwerbehinderte, die das Recht auf unentgeltliche Beförderung im öffentlichen Personenverkehr in Anspruch nehmen können, ist auf Antrag ein Beiblatt nach dem in der Anlage zu dieser Verordnung abgedruckten Muster 2 in der Grundfarbe weiß auszustellen. Das Beiblatt ist Bestandteil des Ausweises und nur zusammen mit dem Ausweis gültig.

(2) Schwerbehinderte, die das Recht auf unentgeltliche Beförderung in Anspruch nehmen, erhalten auf Antrag ein Beiblatt, das mit einer Wertmarke nach dem in der Anlage zu dieser Verordnung abgedruckten Muster 3 versehen ist. Auf die Wertmarke werden eingetragen das Jahr und der Monat, von dem an die Wertmarke gültig ist, sowie das Jahr und der Monat, in dem ihre Gültigkeit abläuft. Sofern in Fällen des § 59 Abs. 1 Satz 3 des Schwerbehindertengesetzes der Antragsteller zum Gültigkeitsbeginn keine Angaben macht, wird der auf den Eingang des Antrages und die Entrichtung der Eigenbeteiligung folgende Monat auf der Wertmarke eingetragen. Spätestens mit Ablauf der Gültigkeitsdauer der Wertmarke wird das Beiblatt ungültig.

(3) Schwerbehinderte, die an Stelle der unentgeltlichen Beförderung die Kraftfahrzeugsteuerermäßigung in Anspruch nehmen wollen, erhalten

auf Antrag ein Beiblatt ohne Wertmarke. Bei Einräumung der Kraftfahrzeugsteuerermäßigung wird das Beiblatt mit einem Vermerk des zuständigen Finanzamtes versehen. Die Gültigkeitsdauer des Beiblattes entspricht der des Ausweises.

(4) Schwerbehinderte, die zunächst die Kraftfahrzeugsteuerermäßigung in Anspruch genommen haben und statt dessen die unentgeltliche Beförderung in Anspruch nehmen wollen, haben das Beiblatt (Absatz 3) nach Löschung des Vermerks durch das Finanzamt bei Stellung des Antrages auf ein Beiblatt mit Wertmarke (Absatz 2) zurückzugeben. Entsprechendes gilt, wenn Schwerbehinderte vor Ablauf der Gültigkeitsdauer der Wertmarke an Stelle der unentgeltlichen Beförderung die Kraftfahrzeugsteuerermäßigung in Anspruch nehmen wollen. In diesem Fall ist das Datum der Rückgabe (Eingang beim Versorgungsamt) auf das Beiblatt nach Absatz 3 einzutragen.

(5) Bis zum 30. Juni 1991 ausgegebene Beiblätter und Wertmarken behalten ihre Gültigkeit.

§ 4. Sonstige Eintragungen

(1) Die Eintragung von Sondervermerken zum Nachweis von weiteren Voraussetzungen für die Inanspruchnahme von Rechten und Nachteilsausgleichen, die Schwerbehinderten nach landesrechtlichen Vorschriften zustehen, ist auf der Vorderseite des Ausweises zulässig.

(2) Die Eintragung von Merkzeichen oder sonstigen Vermerken, die in dieser Verordnung (§§ 2, 3, 4 Abs. 1 und § 5 Abs. 3) nicht vorgesehen sind, ist unzulässig.

§ 5. Lichtbild

(1) Der Ausweis für Schwerbehinderte, die das 10. Lebensjahr vollendet haben, ist mit dem Lichtbild des Ausweisinhabers in der Größe eines Paßbildes zu versehen. Das Lichtbild hat der Antragsteller beizubringen.

(2) Bei Schwerbehinderten, die das Haus nicht oder nur mit Hilfe eines Krankenwagens verlassen können, ist der Ausweis auf Antrag ohne Lichtbild auszustellen.

(3) In Ausweisen ohne Lichtbild ist in dem für das Lichtbild vorgesehenen Raum der Vermerk „Ohne Lichtbild gültig" einzutragen.

§ 6. Gültigkeitsdauer

(1) Auf der Rückseite des Ausweises ist als Beginn der Gültigkeit des Ausweises einzutragen:

1. in den Fällen des § 4 Abs. 1 und 4 des Schwerbehindertengesetzes der Tag des Eingangs des Antrags auf Feststellung nach diesen Vorschriften,

2. in den Fällen des § 4 Abs. 2 des Schwerbehindertengesetzes der Tag des Eingangs des Antrags auf Ausstellung des Ausweises nach § 4 Abs. 5 des Schwerbehindertengesetzes.

Ist auf Antrag des Schwerbehinderten nach Glaubhaftmachung eines besonderen Interesses festgestellt worden, daß die Eigenschaft als Schwerbehinderter, ein anderer Grad der Behinderung oder ein oder mehrere gesundheitliche Merkmale bereits zu einem früheren Zeitpunkt vorgelegen haben, ist zusätzlich das Datum einzutragen, von dem ab die jeweiligen Voraussetzungen mit dem Ausweis nachgewiesen werden können. Ist zu einem späteren Zeitpunkt in den Verhältnissen die für die Feststellung und den Inhalt des Ausweises maßgebend gewesen sind, eine wesentliche Änderung eingetreten, ist die Eintragung auf Grund der entsprechenden Neufeststellung zu berichtigen und zusätzlich das Datum einzutragen, von dem ab die jeweiligen Voraussetzungen mit dem Ausweis nachgewiesen werden können, sofern der Ausweis nicht einzuziehen ist.

(2) Die Gültigkeit des Ausweises ist für die Dauer von längstens 5 Jahren vom Monat der Ausstellung an zu befristen. In den Fällen, in denen eine Neufeststellung wegen einer wesentlichen Änderung in den gesundheitlichen Verhältnissen, die für die Feststellung maßgebend gewesen sind, nicht zu erwarten und gewährleistet ist, daß die für den Ausweisinhaber jeweils örtlich zuständige, in § 4 Abs. 5 Satz 1 des Schwerbehindertengesetzes bestimmte Behörde regelmäßig über die persönlichen Verhältnisse des Ausweisinhabers unterrichtet ist, kann die Gültigkeitsdauer des Ausweises auf längstens 15 Jahre vom Monat der Ausstellung an befristet werden.

(3) Für Schwerbehinderte unter 10 Jahren ist die Gültigkeitsdauer des Ausweises bis längstens zum Ende des Kalendermonats zu befristen, in dem das 10. Lebensjahr vollendet wird.

(4) Für Schwerbehinderte im Alter zwischen 10 und 15 Jahren ist die Gültigkeitsdauer des Ausweises bis längstens zum Ende des Kalenderjahres zu befristen, in dem das 20. Lebensjahr vollendet wird.

(5) Bei nichtdeutschen Schwerbehinderten, deren Aufenthaltsgenehmigung, Aufenthaltsgestattung oder Arbeitserlaubnis befristet ist, ist die Gültigkeitsdauer des Ausweises längstens bis zum Ablauf des Monats der Frist zu befristen.

(6) Die Gültigkeitsdauer des Ausweises kann auf Antrag höchstens zweimal verlängert werden. Bei der Verlängerung eines nach Absatz 3 ausgestellten Ausweises über das 10. Lebensjahr des Ausweisinhabers hinaus, längstens bis zur Vollendung des 20. Lebensjahres, gilt § 5 Abs. 1.

(7) Der Kalendermonat und das Kalenderjahr, bis zu deren Ende der Ausweis gültig sein soll, sind auf der Vorderseite des Ausweises einzutragen.

§ 7. Verwaltungsverfahren

(1) Für die Ausstellung, Verlängerung, Berichtigung und Einziehung des Ausweises sind die für die Kriegsopferversorgung maßgebenden Verwaltungsverfahrensvorschriften entsprechend anzuwenden. soweit sich aus § 4 Abs. 5 des Schwerbehindertengesetzes nichts Abweichendes ergibt.

(2) Zum Beiblatt mit Wertmarke (§ 3a Abs. 1 und 2) ist ein von der Deutsche Bundesbahn und/oder der Deutschen Reichsbahn unter Zugrundelegung des § 2 des Güterkraftverkehrsgesetzes und der zu seiner Durchführung erlassenen Vorschriften aufgestellten, für den Wohnsitz oder gewöhnlichen Aufenthalt des Ausweisinhabers maßgebenden Streckenverzeichnis nach dem in der Anlage abgedruckten Muster 5 auszuhändigen. Bis zum 31. Dezember 1993 kann im Beitrittsgebiet der Umkreis von 50 km um den Wohnsitz oder gewöhnlichen Aufenthalt des Ausweisinhabers auch auf andere Weise festgelegt werden. Das Straßenverzeichnis ist mit einem fälschungssicheren halbseitigen orangefarbenen Flächenaufdruck gekennzeichnet.

Zweiter Abschnitt. Ausweis für sonstige Personen zur unentgeltlichen Beförderung im öffentlichen Personenverkehr

§ 8. Ausweis für sonstige freifahrtberechtigte Personen

(1) Der Ausweis für Personen im Sinne des Artikels 2 Abs. 1 des Gesetzes über die unentgeltliche Beförderung Schwerbehinderter im öffentlichen Personenverkehr vom 9. Juli 1979 (BGBl. I S. 989), soweit sie nicht Schwerbehinderte im Sinne des § 1 des Schwerbehindertengesetzes sind, wird nach dem in der Anlage zu dieser Verordnung abgedruckten Muster 4 ausgestellt. Der Ausweis ist mit einem fälschungssicheren Aufdruck in der Grundfarbe grün versehen und durch einen halbseitigen orangfarbenen Flächenaufdruck gekennzeichnet. Zusammen mit dem Ausweis ist ein Beiblatt auszustellen, das mit einer Wertmarke nach dem in der Anlage zu dieser Verordnung abgedruckten Muster 3 versehen ist.

(2) Für die Ausstellung des Ausweises nach Absatz 1 gelten die Vorschriften des § 1 Abs. 3, § 2, § 3 Abs. 1 Nr. 5 und Abs. 2 Satz 1 Nr. 1 und Satz 2, § 4 Abs. 2, § 5 und § 6 Abs. 2, 3, 4, 6 und 7 sowie des § 7 entsprechend, soweit sich aus Artikel 2 Abs. 2 und 3 des Gesetzes über die unentgeltliche Beförderung Schwerbehinderter im öffentlichen Personenverkehr nichts Besonderes ergibt.

Muster 1

(Vorderseite)

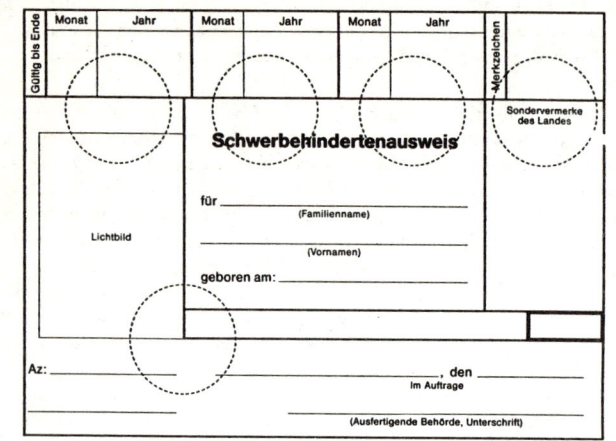

(Rückseite)

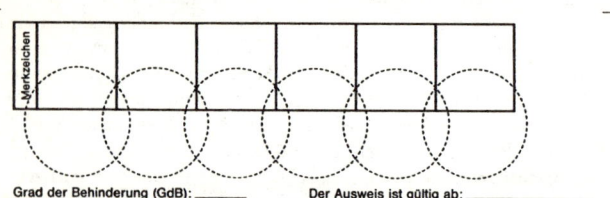

Grad der Behinderung (GdB): _____   Der Ausweis ist gültig ab: _____

Abweichend hiervon kann mit diesem Ausweis nachgewiesen werden:

Der Ausweis ist amtlicher Nachweis für die Eigenschaft als Schwerbehinderter, den Grad der Behinderung, die auf ihm eingetragenen weiteren gesundheitlichen Merkmale und die Zugehörigkeit zu Sondergruppen. Er dient dem Nachweis für die Inanspruchnahme von Rechten und Nachteilsausgleichen, die Schwerbehinderten nach dem Schwerbehindertengesetz oder nach anderen Vorschriften zustehen.
Änderungen in den für die Eintragungen maßgebenden Verhältnissen sind der ausstellenden Behörde unverzüglich mitzuteilen. Nach Aufforderung ist der Ausweis, der Eigentum der ausstellenden Behörde bleibt, zum Zwecke der Berichtigung oder Einziehung vorzulegen. Die mißbräuchliche Verwendung ist strafbar.

Muster 2

Beiblatt zum Ausweis des Versorgungsamtes

Az.:

Der Inhaber dieses Beiblattes ist im öffentlichen Personenverkehr
(§ 59 Abs. 1 Sätze 1 und 2 SchwbG) unentgeltlich zu befördern,
sofern das nebenstehende Feld mit einer Wertmarke versehen ist,
und zwar für den Zeitraum, der auf der Wertmarke eingetragen ist.

Raum für Wertmarke oder
Bescheinigung des Finanzamts

Gilt nur in Verbindung mit dem gültigen Ausweis

Muster 3

Anhang VI. Änderungsanzeige im Postrentendienst

Anschrift des Absenders

_____

_____

_____

| Vorwahl | Rufnummer |

☎ ( )

Mit diesem Vordruck können der **Rentenrechnungsstelle** (Anschrift s. Seite 3) Wünsche für eine bestimmte Zahlweise oder Änderungen der persönlichen Verhältnisse, die auf die Zahlung oder die Höhe der Rente Einfluß haben, mitgeteilt werden.

Bitte Zutreffendes ankreuzen ☒ und deutlich in **Druckbuchstaben** oder mit Schreibmaschine ausfüllen.

Erläuterungen der Kreisziffern ○ auf der abzutrennenden Seite 3 beachten!

Änderungsanzeige im Postrentendienst ① Bitte für jede Rente ein Formblatt ausfüllen.

Allgemeines – Immer ausfüllen –

Post-abrechnungs-nummer ②   Versicherungsnummer oder Rentenzeichen ②

☐ Bisher habe ich noch keine Zahlung durch die Rentenrechnungsstelle erhalten.

Familienname, Vorname des Zahlungsempfängers (bei Namensänderung bitte den bisherigen Namen angeben) | Geburtsdatum

Bisherige Wohnung (Postfach oder Straße und Hausnummer, Postleitzahl, Wohnort)

A. Änderungen

1. Neue Wohnung
Postfach oder Straße und Hausnummer, Postleitzahl, Wohnort

2. Künftig wünsche ich folgende Zahlweise

☐ Unbar (siehe weiter unter B.)

☐ Geändertes Konto (siehe weiter unter B.)

☐ Zahlungsanweisung zur Verrechnung ⑥

☐ Zustellung durch Briefträger

3. Ableben – Falls zur Hand, bitte Sterbeurkunde beifügen –

☐ des Zahlungsempfängers

☐ des Berechtigten

☐ eines Kindes

Familienname und Vorname des Verstorbenen | Sterbetag

4. Andere Änderungen
z.B. Heirat oder Namensänderung mit Angabe des neuen Namens – bitte Urkunde beifügen –

B. Unbare Zahlung – Nur ausfüllen bei Antrag auf unbare Zahlung und bei Kontoänderung –

Kontoinhaber (Familienname, Vorname)

Geldinstitut mit Ortsangabe

Bankleitzahl | Konto– oder Sparbuchnummer ③

Wenn der Kontoinhaber nicht mit dem Zahlungsempfänger personengleich ist, bitte zusätzlich den Vordruck **D.** auf der Rückseite beachten. ④

Ich verpflichte mich, der Rentenrechnungsstelle unverzüglich jede Änderung der Verhältnisse, die die Zahlung oder den Anspruch selbst beeinflußt, schriftlich mitzuteilen und überzahlte Beträge der Deutschen Bundespost zurückzuzahlen. Dazu beauftrage ich das jeweils kontoführende Geldinstitut mit Wirkung auch meinen Erben gegenüber, überzahlte Beträge der Deutschen Bundespost für Rechnung des Leistungsträgers zurückzuzahlen. Dieser Antrag mit dem vorstehenden Auftrag kann nur von mir – aber nicht von meinen Erben – widerrufen oder geändert werden.

– Unterschrift siehe Rückseite –   – Bitte wenden –

C. Vorschußzahlung an Witwen ⑤
– Die Witwenrente muß beim Versicherungsträger besonders beantragt werden –

Mein Ehemann ist verstorben. Die Sterbeurkunde habe ich beigefügt.
Ich beantrage hiermit eine Vorschußzahlung

Familienname, Vorname der Witwe

☐ bar an folgende Anschrift:

Postfach oder Straße und Hausnummer, Postleitzahl, Wohnort

Kontoinhaber (Familienname, Vorname)	Bankleitzahl
☐ unbar auf folgendes Konto: ⑦	
Geldinstitut mit Ortsangabe	Konto- oder Sparbuchnummer ③

Ich habe meinen Wohnsitz oder gewöhnlichen Aufenthalt im Bereich der Deutschen Bundespost. Meinen Wohnsitz kann ich durch Vorlage meines Personalausweises oder Reisepasses belegen.

☐ Ja   ☐ Nein

Ich verpflichte mich, aufgrund dieses Antrags überzahlte Beträge der Deutschen Bundespost zurückzuzahlen. Bei unbarer Zahlung beauftrage ich dazu das vorgenannte Geldinstitut mit Wirkung auch meinen Erben gegenüber, überzahlte Beträge der Deutschen Bundespost für Rechnung des Leistungsträgers zurückzuzahlen.

Die hiermit abgegebenen personenbezogenen Daten werden unter Beachtung des Bundesdatenschutzgesetzes erhoben. Die Zahlungsempfänger von Renten aus der Rentenversicherung der Arbeiter und der Angestellten sind nach § 1296 der Reichsversicherungsordnung und § 73 des Angestelltenversicherungsgesetzes zur Anzeige von Wohnungsänderungen verpflichtet. Alle anderen Angaben sind freiwillig, aber für eine ordnungsgemäße Rentenauszahlung bzw. für die Bearbeitung Ihres Antrags unter B. oder C. notwendig.

– Von der Rentenrechnungsstelle auszufüllen –
Erledigt

(Unterschrift, Datum)

D. Nur ausfüllen, wenn der Kontoinhaber (s. unter B.oder C.) nicht mit dem Zahlungsempfänger personengleich ist

Der Zahlungsempfänger muß hier seine oben geleistete Unterschrift bestätigen lassen, wenn Beträge auf das Konto einer anderen Person überwiesen werden sollen. Bei einem Gemeinschaftskonto, das auch den Namen des Zahlungsempfängers lautet, entfällt diese Bestätigung.	Diese Erklärung ist vom Kontoinhaber abzugeben, wenn die Zahlung auf das Konto eines Dritten überwiesen werden soll. Bei Überweisung auf ein Gemeinschaftskonto müssen sämtliche Inhaber dieses Kontos – ausgenommen der Zahlungsempfänger selbst – die Erklärung unterschreiben.
Die Unterschrift kann von einem Postamt, von dem Geldinstitut, das das Konto führt, oder von einer zur Führung eines öffentlichen Siegels berechtigten Person bestätigt werden.	
Bestätigung	**Erklärung**
Es wird bestätigt, daß der Zahlungsempfänger (Familienname, Vorname)	Ich verpflichte mich, aufgrund vorstehenden Antrags (unter B. oder C.) überzahlte Beträge der Deutschen Bundespost zurückzuzahlen, und beauftrage dazu das jeweils kontoführende Geldinstitut mit Wirkung auch meinen Erben gegenüber, überzahlte Beträge der Deutschen Bundespost für Rechnung des Leistungsträgers zurückzuzahlen.
die obenstehende Unterschrift als von ihm vollzogen anerkannt hat.	
Der Zahlungsempfänger	
☐ ist mir persönlich bekannt.	
☐ hat sich ausgewiesen durch (Art und Nr. des Ausweises)	
ausgestellt von (Behörde, Datum der Ausstellung)	Postleitzahl, Ort, Datum
Postleitzahl, Ort, Datum	
(Dienststempel oder Stempel)	
(Unterschrift des Bestätigenden)	(Unterschrift des Kontoinhabers)

Anhang VII.
Einkommensgrenzen im sozialen Wohnungsbau

I. Wohnberechtigungsschein

Haushaltsgröße	
1 Person	25 920 DM
2 Personen	38 160 DM

Die Einkommensgrenze erhöht sich:	
für jede weitere Person um	9 600 DM
für jeden Schwerbehinderten mit einem GdB von 50–70 um mit einem GdB ab 80 um	5 040 DM 10 800 DM

In Berlin gelten um 20% erhöhte Beträge

II. Fehlbelegungsabgabe

Wohnungsinhaber einer Sozialwohnung können, wenn ihr Jahreseinkommen eine bestimmte Einkommensgrenze übersteigt, zu einer Ausgleichszahlung (Fehlbelegungsabgabe) herangezogen werden.

Die Einkommensgrenze ergibt sich aus der Zahl aller Personen, die auf Dauer in der Wohnung leben.

Haushaltsgröße	Einkommensgrenze jährlich	Überschreitungsgrenzen		
		20 v.H.	35 v.H.	50 v.H.
1 Person	21 600	25 920	29 160	32 400
2 Personen	31 800	38 160	42 930	47 700
3 Personen	39 800	47 760	53 730	59 700
4 Personen	47 800	57 360	64 530	71 700

Quelle: Information zum Schwerbehindertenrecht – Landesversorgungsamt Berlin – Stand: Juni 1990

Die Einkommensgrenze erhöht sich:

für jede weitere Person um	8 000	9 600	10 800	12 000
für jeden Schwerbehinderten mit				
einem GdB				
von 50–70 um	4 200	5 040	5 670	6 300
ab 80 um	9 000	10 800	12 150	13 500

Die Ausgleichszahlung beträgt bei Überschreiten der zulässigen Einkommensgrenze um mehr als 20 v. H. = 0,50 DM
mehr als 35 v. H. = 1,25 DM
mehr als 50 v. H. = 2,00 DM
je Quadratmeter Wohnfläche monatlich.

Anhang VIII.
Anschriften der Hauptfürsorgestellen in den neuen Bundesländern

Hauptfürsorgestelle für das Land Brandenburg
Am Stadtring 3
O-7500 Cottbus

Hauptfürsorgestelle für das Land Brandenburg
– Zweigstelle –
Karl-Liebknecht-Straße 30
O-1200 Frankfurt/Oder

Hauptfürsorgestelle für das Land Brandenburg
– Zweigstelle –
Mangerstraße 10
O-1500 Potsdam

Landesamt für Familie und Soziales im Freistaat Sachsen
– Hauptfürsorgestelle –
Altchemnitzer Straße 40
O-9048 Chemnitz

Hauptfürsorgestelle für das Land Sachsen
– Zweigstelle –
Weinbergstraße 52/54
O-7045 Dresden

Hauptsfürsorgestelle für das Land Sachsen
– Zweigstelle –
Karl-Tauchnitz-Straße 10 b
O-7010 Leipzig

Amt für Versorgung und Soziales
des Landes Sachsen-Anhalt
– Hauptfürsorgestelle –
Heinrich-Zille-Straße 9
O-4020 Halle

Hauptfürsorgestelle für das Land Sachsen-Anhalt
– Zweigstelle –
Editharing 31
O-3080 Magdeburg

Hauptfürsorgestelle für das Land Thüringen
Marktstraße 54

O-5020 Erfurt

Hauptfürsorgestelle für das Land Thüringen
– Zweigstelle –
August-Bebel-Straße 5

O-6000 Suhl

Hauptfürsorgestelle für das Land Mecklenburg-Vorpommern
Leninstraße 120

O-2000 Neubrandenburg

Hauptfürsorgestelle für das Land Mecklenburg-Vorpommern
– Zweigstelle –
Reutzstraße 12

O-2786 Schwerin

Hauptfürsorgestelle für das Land Mecklenburg-Vorpommern
– Zweigstelle –
August-Bebel-Straße 80

O-2500Rostock

Hauptfürsorgestelle für das Land Mecklenburg-Vorpommern
– Zweigstelle –Neuer Markt 14 (Sozialamt)

O-2300 Stralsund

Hauptfürsorgestelle Berlin
– Zweigstelle Friedrichshain –
Gabriel-Max-Straße 9

O-1017 Berlin

Quelle: Behindertenrecht 1991 S. 24

Sachverzeichnis

Zahlen = Seiten

Buchanzeigen

»Ein Kleinod der juristischen Literatur«

(Dr. Egon Schneider, Köln in MdR 9/1988 zur Vorauflage)

Creifelds Rechtswörterbuch

Das Creifelds'sche Rechtswörterbuch erläutert knapp und präzise in lexikalischer Form rund **10.000 Rechtsbegriffe** aus allen Gebieten. Es ermöglicht damit Juristen wie Laien eine rasche Orientierung bei der Klärung täglicher Rechtsfragen.

Fundstellenhinweise auf Rechtsprechung und Spezialliteratur helfen zusätzlichen Informationen nachzugehen. Die Behandlung der rechtlichen Formen und Zusammenhänge wird ergänzt durch wichtige Begriffe aus den Grenzgebieten von **Recht, Wirtschaft und Politik,** deren Rechtsgrundlagen dargestellt werden.

Der Anhang enthält **nützliche Übersichten,** z. B. über den Weg der Gesetzgebung, das Gerichtswesen, Rechtsmittelzüge, die gesetzliche Erbfolge, über die Sozialversicherung und die Rentenversicherung.

Aktuell:

Die 10., neubearbeitete Auflage berücksichtigt die enorme Weiterentwicklung durch Gesetzgebung und Rechtsprechung u. a. in über **400 neue Stichwörtern.** Eingearbeitet ist jetzt eine Vielzahl **wichtiger neuer Gesetze,** wie z. B. ● das Steuerreformgesetz 1990 ● das Gesundheits-Reformgesetz ● das Sprecherausschußgesetz ● das Poststrukturgesetz ● das Gesetz zur Einführung von Kronzeugenregelung bei terroristischen Straftaten ● das Gesetz zur Einführung eines Dienstleistungsabends ● das Bundesarchivgesetz.

Neu gefaßt und erweitert wurden ferner zahlreiche Stichwörter wegen umfangreicher Gesetzesänderungen, wie etwa ● im Betriebsverfassungsgesetz mit einer Neudefinition der leitenden Angestellten ● im Straßenverkehrsrecht (StVO und StVZO) mit weiteren Sicherheitsvorschriften und ● im Europarecht.

Der Creifelds bleibt auch in der 10. Auflage das handliche Nachschlagewerk, das den schnellen Zugriff auf alle wichtigen Rechtsfragen ermöglicht.

Begründet von Dr. Carl Creifelds, Senatsrat a. D., München.
Herausgegeben von Dr. Lutz Meyer-Goßner, Richter am BGH Karlsruhe.
Bearbeiter: Dr. Dieter Guntz, Vors. Richter am OLG München, Paul Henssler, Steuerberater, Leiter der Akademie für Wirtschaftsberatung, Bad Herrenalb, Prof. Dr. h.c. Hans Kauffmann, Ministerialdirigent, Leiter des Bayer. Landesjustizprüfungsamtes, München, Dr. Lutz Meyer-Goßner, Richter am BGH Karlsruhe, Prof. Friedrich Quack, Richter am BGH Karlsruhe, Heinz Ströer, Ministerialdirektor a.D., München

**10., neubearbeitete Auflage. 1990
XV, 1428 Seiten.
In Leinen DM 72,–**
ISBN 3-406-33964-6

VERLAG C.H. BECK

ARBEITSRECHT/

Textausgaben

ArbG · Arbeitsgesetze

mit wichtigsten Bestimmungen zum Arbeitsverhältnis, Kündigungsrecht, Arbeitsschutzrecht, Berufsbildungsrecht, Tarifrecht, Betriebsverfassungsrecht, Mitbestimmungsrecht und Verfahrensrecht.
(dtv-Band 5006, Beck-Texte)

JugR · Jugendrecht

Sozialgesetzbuch – Allgemeiner Teil (Auszug), Kinder- und Jugendhilfegesetz, Adoptionsvermittlungsgesetz, Bürgerliches Gesetzbuch (Auszug), Haager Minderjährigenschutz-Übereinkommen (Auszug), Regelunterhalt-Verordnung, Unterhaltsvorschußgesetz, Gesetz zum Schutze der Jugend in der Öffentlichkeit, Gesetz über die Verbreitung jugendgefährdender Schriften, Jugendarbeitsschutzgesetz, Berufsbildungsgesetz (Auszug), Berufsbildungsförderungsgesetz, Bundesausbildungsförderungsgesetz, Jugendgerichtsgesetz und andere Gesetze und Verordnungen.
(dtv-Band 5008, Beck-Texte)

AVG · Angestelltenversicherungsgesetz

mit Angestelltenversicherungs-Neuregelungsgesetz und Sozialgesetzbuch.
(dtv-Band 5020, Beck-Texte)

SGB · RVO – Sozialgesetzbuch · Reichsversicherungsordnung

mit Arbeiterrentenversicherungs-Neuregelungsgesetz und Handwerkerversicherungsgesetz.
(dtv-Band 5024, Beck-Texte)

BAföG · Bildungsförderung

Bundesausbildungsförderungsgesetz mit Durchführungsverordnungen und Ausbildungsförderungsgesetzen der Länder, Berufsbildungsgesetz, Berufsbildungsförderungsgesetz, Arbeitsförderungsgesetz (Auszug) mit Anordnungen der Bundesanstalt für Arbeit.
(dtv-Band 5033, Beck-Texte)

SchwbG · BVG Schwerbehindertengesetz, Bundesversorgungsgesetz

Durchführungsverordnungen zum Schwerbehindertengesetz, Opferentschädigungsgesetz, Sozialgerichtsgesetz, Sozialgesetzbuch – Allg. Teil, Steuervergünstigungen für Behinderte.
(dtv-Band 5035, Beck-Texte)

AFG · Arbeitsförderungsgesetz

mit AFG-LeistungsVO, Arbeitslosenhilfe-VO, ZumutbarkeitsAO, MeldeAO, ArbeitnehmerüberlassungsG.
(dtv-Band 5037, Beck-Texte)

MitbestG · Mitbestimmungsgesetze

in den Unternehmen mit allen Wahlordnungen.
(dtv-Band 5524, Beck-Texte)

BeamtenR · Beamtenrecht

Bundesbeamtengesetz, Beamtenrechtsrahmengesetz, Bundesbesoldungsgesetz mit Anlagen, Beamtenversorgungsgesetz, Bundesdisziplinarordnung, Beihilfevorschriften und weitere Vorschriften des Beamtenrechts.
(dtv-Band 5529, Beck-Texte)

SGB V · Gesetzliche Krankenversicherung

mit Gesundheitsreformgesetz (Auszug), Sozialgesetzbuch Allgemeiner Teil, Gemeinsame Vorschriften für die Sozialversicherung.
(dtv-Band 5559, Beck-Texte)

SGB VI · Gesetzliche Rentenversicherung

mit Fremdrentengesetz, Fremdrenten- und Auslandsrenten-Neuregelungsgesetz, Versicherungsunterlagenverordnung.
(dtv-Band 5561, Beck-Texte)

BAT-O · Bundes-Angestelltentarifvertrag-Ost

(dtv-Band 5565, Beck-Texte)

SOZIALRECHT im

Rechtsberater

Schaub · Arbeitsrecht von A–Z
Aussperrung, Betriebsrat, Gewerkschaften, Gleichbehandlung, Jugendarbeitsschutz, Kündigung, Mitbestimmung, Mutterschaftsurlaub, Ruhegeld, Streik, Tarifvertrag, Zeugnis u. a. m.
(dtv-Band 5041, Beck-Rechtsberater)

Spinnarke · Arbeitssicherheit
(dtv-Band 5055, Beck-Rechtsberater)

Brühl · Sozialhilfe für Betroffene von A–Z
Alleinerziehende, Arbeitslose, Ausländer, Aussiedler, Behinderte, Ehegatten, Frauen, Heimbewohner, Kinder, Kranke, Nichtseßhafte, Pflegebedürftige, Studierende, Wohnungssuchende, Zuwanderer.
(dtv-Band 5060, Beck-Rechtsberater)

Ströer · Meine soziale Rentenversicherung
Neue Bemessungsgrundlagen, Versicherungspflicht, Freiwillige Versicherung, Höherversicherung, Anrechnungsfähige Zeiten, Renten, Rentenformel, Rentenantrag, Kuren.
(dtv-Band 5085, Beck-Rechtsberater)

Ströer · Meine soziale Krankenversicherung
Gesundheitsvorsorge, Arzt, Zahnarzt, Krankenhaus, Kur, Mutterschaft, Häusliche Pflege, Schutz im Ausland und den Überleitungsvorschriften für die neuen Bundesländer.
(dtv-Band 5087, Beck-Rechtsberater)

Schaub · Der Betriebsrat
Aufgaben, Rechte, Pflichten
Wahl und Organisation des Betriebsrats, Mitbestimmung in sozialen und personellen Angelegenheiten, Beteiligung des Betriebsrates in wirtschaftlichen Angelegenheiten, Verfahren nach dem BetrVG.
(dtv-Band 5202, Beck-Rechtsberater)

Köbl
Meine Rechte und Pflichten als berufstätige Frau
Arbeitsrecht, Arbeitssicherheit, Mutterschutz, Gleichbehandlung.
(dtv-Band 5204, Beck-Rechtsberater)

Schaub
Meine Rechte und Pflichten im Arbeitsgerichtsverfahren
Klagearten, Klageerhebung, Güteverhandlung, Vertretung durch Anwalt, Rechtsmittel, Vollstreckung, Einstweilige Verfügung, Beschlußverfahren, Kosten.
(dtv-Band 5205, Beck-Rechtsberater)

Schaub/Schusinski/Ströer
Erfolgreiche Altersversorgung
Alles Wichtige zur Rentenversicherung, zur betrieblichen Altersversorgung, zur Alterssicherung im öffentlichen Dienst.
(dtv-Band 5207, Beck-Rechtsberater)

Wolber
Gesetzliche Unfallversicherung
Alles über Arbeitsunfälle.
(dtv-Band 5223, Beck-Rechtsberater)

Francke
Berufsausbildung von A–Z
Alles Wissenswerte über die Rechte und Pflichten der Auszubildenden, Ausbilder und Ausbildenden.
(dtv-Band 5228, Beck-Rechtsberater)

Schaub
Meine Rechte und Pflichten als Arbeitnehmer
Anbahnung und Abschluß des Arbeitsvertrages sowie seine Beendigung, Rechte und Pflichten, der Einfluß des Betriebsrats, Betriebsnachfolge, Sonderrechte und Berücksichtigung der Rechtseinheit.
(dtv-Band 5229, Beck-Rechtsberater)

FAMILIENRECHT UND

Studienbücher

Ramm, Familienrecht
Band I: Recht der Ehe
(dtv-Band 5504,
Beck-Studienbücher)

Textausgaben

Scheidung – Versorgungsausgleich, Unterhalt
(dtv-Band 5558, Beck-Texte)

Rechtsberater

v. Münch, Ehe- und Familienrecht von A–Z
Eheschließung, Ehescheidung, Ehevertrag, Unterhalt, Versorgungsausgleich, Elterliche Sorge, Annahme als Kind.
(dtv-Band 5042,
Beck-Rechtsberater)

Heiß/Heiß, Die Höhe des Unterhalts von A–Z
Arbeitseinkommen, Bedürftigkeit, Ehegattenunterhalt, Eigenbedarf, Kindesunterhalt, Leistungsfähigkeit, Steuern, Vermögen, Verwirkung, Verzicht, Zinsen, Zugewinnausgleich.
(dtv-Band 5059,
Beck-Rechtsberater)

Winkler, Erbrecht von A–Z
Gesetzliche Erbfolge, Testament, Erbvertrag, Pflichtteil, Erbenhaftung, Nichteheliches Kind, Testamentsvollstrecker, Erschaftsteuer, Vollmacht, Erbrecht der DDR.
(dtv-Band 5061,
Beck-Rechtsberater)

Friedrich
Testament und Erbrecht
Testamentsinhalt, Testamentsmuster, Erbvertrag, Erbverzichtsvertrag, Gemeinschaftliches Testament, Widerruf und Anfechtung des Erbvertrages, Gesetzliche Erbansprüche, Erbschaftskauf.
(dtv-Band 5084,
Beck-Rechtsberater)

v. Münch, Die Scheidung nach neuem Recht
Voraussetzungen und Folgen der Scheidung, Unterhaltsansprüche mit aktuellen Tabellen, Versorgungsausgleich, Sorgerecht, Scheidungsverfahren.
(dtv-Band 5209,
Beck-Rechtsberater)

Oberloskamp
Wie adoptiere ich ein Kind? Wie bekomme ich ein Pflegekind?
Rechtliche Erfordernisse und Folgen, Kindesvermittlung, behördliches und gerichtliches Verfahren.
(dtv-Band 5215,
Beck-Rechtsberater)

Jerschke
Mein und Dein in der Ehe
Die Regelung von Vermögensfragen zwischen Eheleuten.
Unterhalt, Haushaltsführung, Grunderwerb, Schenkung, Vermögen, Steuer, Haftung, Ehevertrag, Testament, Trennung, Scheidung.
(dtv-Band 5217,
Beck-Rechtsberater)

ERBRECHT im

STRASSENVERKEHRSRECHT im dtv

Textausgaben

StVR · Straßenverkehrsrecht
Straßenverkehrsgesetz, Straßenverkehrs-Ordnung mit farbiger Wiedergabe der Verkehrszeichen und Straßenverkehrs-Zulassungs-Ordnung, Pflichtversicherungsgesetz, Verwarnungsgeldkatalog und Bußgeldkatalog.
(dtv-Band 5015, Beck-Texte)

Meine Führerscheinprüfung
Die Richtlinien für die Prüfung der Bewerber um eine Erlaubnis zum Führen von Kraftfahrzeugen und für die Prüfung über die Beherrschung der Grundzüge der energiesparenden Fahrweise mit allen Prüfungsfragen und Antworten.
(dtv-Band 5016, Beck-Texte)

OWiG · Ordnungswidrigkeitengesetz
Gesetz über Ordnungswidrigkeiten mit Auszügen aus der Strafprozeßordnung, dem Jugendgerichtsgesetz, dem Straßenverkehrsgesetz, der Abgabenordnung, dem Wirtschaftsstrafgesetz u.a.
(dtv-Band 5022, Beck-Texte)

Verwarnungs- und Bußgeldkataloge
Verwarnungsgeldkatalog, Bußgeldkatalog in der bundeseinheitlichen und bayerischen Fassung, Mehrfachtäter-Punktsystem und weitere Vorschriften des Straßenverkehrsrechts.
(dtv-Band 5039, Beck-Texte)

Rechtsberater

Händel
Straßenverkehrsrecht von A–Z
Verkehrsregeln, Verkehrszeichen, Fahrerlaubnis, Alkohol, Verkehrsmedizin, Kraftfahrtversicherung, Ordnungswidrigkeiten und Strafverfahren, Sonderbestimmungen für die bisherige DDR.
(dtv-Band 5050, Beck-Rechtsberater)

Hartmann · Der Verkehrsunfall
Vorbeugen, Vermeiden, Abwickeln.
(dtv-Band 5083, Beck-Rechtsberater)

Bode
Meine Rechte und Pflichten als Verkehrsteilnehmer
Führerschein, Kraftfahrzeugzulassung, Verkehrsregeln, Strafe, Geldbuße, Fahrverbot, Entziehung der Fahrerlaubnis, Haftpflichtversicherung. Mit Übergangsregelungen für die neuen Bundesländer
(dtv-Band 5268, Beck-Rechtsberater)

Becker · Alkohol im Straßenverkehr
Meine Rechte und Pflichten
(dtv-Band 5277, Beck-Rechtsberater)

Bode · Führerschein – erwerben und behalten
Rechte und Pflichten bei Beantragung und Besitz einer Fahrerlaubnis u.a. mit vollständigem Bußgeldkatalog, Verwarnungsgeldkatalog, Mehrfachtäter-Punktsystem. Übergangsrecht für die neuen Bundesländer.
(dtv-Band 5286, Beck-Rechtsberater)

Küppersbusch/Ostermair
Der Kraftfahrer und seine Versicherung
(dtv-Band 5298, Beck-Rechtsberater)

Deutscher Taschenbuch Verlag